わが子との言い争いはもうやめよう！

—幸せな親子関係を築く方法—

著
マイケル・P・ニコルス

訳
加藤直子，赤塚麻子，佐藤美奈子

星　和　書　店

Seiwa Shoten Publishers

2-5 Kamitakaido 1-Chome
Suginamiku Tokyo 168-0074, Japan

Stop Arguing with Your Kids

How to Win the Battle of Wills by Making Your Children Feel Heard

by

Michael P. Nichols, PhD

Translated from English

by

Naoko Kato

Asako Akatsuka

Minako Sato

序

親にとって、子どもから絶えず口ごたえされることほどしゃくにさわることはありません。「やらなきゃダメ?」「やりたくないんだもん!」。親ならば聞き慣れたこれらの言葉で、家庭は戦場に変わっていきます。就寝時刻に始まり、ちょっとした雑用、宿題、テレビ、コンピュータ、門限……。ありとあらゆることが論争になっては、親の我慢も限界でしょう。子どもの気持ちに理解を示してやるどころではありません。大概、どこの家でも、習慣化した口論によって親は疲れ切り、楽しむどころか、耐えるばかりの家庭生活を送っているものです。

言い争いがどれほど不愉快なものかは、みなさん、よくご存じだと思いますが、それが親子関係に及ぼす破壊的な影響について、私たちは本当に正しく理解しているでしょうか。言い争いは、徐々に親の立場を蝕《むしば》んでいきます。四六時中、言い争いが繰り返されることによって、子どもは、自分を導き、支えてくれる力強い存在であったはずの親を、敵のように感じ始めるからです。さらに、子どもというのは、どこまでなら自分の思う通りにできるのかを確かめるために親に口ごたえをするようなところがあります。そして、信じがたいことに、そんなときでも親に保護されているという感覚を必要としています。ところが、絶えず言い争いをしていては、親の権威もあったものでなく、そこでは子どもを尊重する気持ちも失われていることでしょう。その結果、子どもは親に否定されたように感じ、自発的に行動することをためらうようになってしまいます。

親の瞳の奥を覗《のぞ》き込んだとき、子どもには、そこに映った自分の姿がどのように見えているでしょうか。まともな感情や考えを持った人物でしょうか。頑固で口ごたえの多い子どもでしょうか。子どもは親の瞳に映る自分の姿を手がかりに様々に判断するところがあります。しかし、ひっきりなしに口論を繰り返していては、子どもは、自分のどのような感情は共感してもらえ、どのような感情は受け入れてもらえないのかを学ぶことができません。

また、親と常に言い争ってばかりいると、子どもは自分を厄介者だと感じるようになるでしょう。なぜかと言えば、それは、親が子どもをそのような目で見ているからです。

幸いにも、こんなふうにならないようにするためによい方法があります。それが本書で紹介する応答的傾聴という方法です。応答的傾聴は、親が主導権を握って、子どもとの会話をうまく運べるようにするためのスキルです。子どもに対して、高圧的に命令してそうするのではありません。子どもを従わせようと躍起になって敵対するのではなく、子どもの願望や考えに積極的に関心を寄せるように親の考え方を改めるのです。親がその権威を放棄するということではなく、あくまでも最終的な決定権を持ちながら、子どもの話もしっかりと聞く、ということがこの方法のポイントです。

あなたが、家の中で繰り広げられる親子喧嘩に、ほとほとうんざりし、本書を手にしたのだとしたら、この応答的傾聴はきっと役立つことでしょう。本書で紹介する考え方の中には、これまで耳にしたことがあるものも、また、初めてのものもあるかもしれません。いずれにせよ、応答的傾聴を真摯《しんし》に行えば、あなたの人間関係が大きく改善されるということは、まず間違いありません。子どもとの関係が改善されるだけでなく、あらゆる人々との関係がすばらしいものになるのではないかと思います。

応答的傾聴は、既に広く知られている「積極的傾聴（アクティヴ・リスニング）」などの技法とは異なります。単に、子どもが表現した感情をそのまま伝え返したり、子どもが口にしたことを別の言葉に置き換えたりするだけではなく、子どもがどのような意見や願望を持っているのかを引き出し、それに耳を傾け、しっかりと受け止めるということが、この方法の目指すところだからです。また、応答的傾聴は、子どもの気持ちを理解しているようなふりをして、主導権を握ろうとするものでもありません。子どもが何を考え、感じているのか、これまで親が知らなかった子どもの一面を知ることをその目的としています。この応答的傾聴を常に実践していけば、親子での言い争いが減り、子どもは親に以前より心を開くようになっていくことでしょう。本書ではまず、応答的傾聴とはどういった方法かということについて説明し、次に、このスキルを様々な状況でどのように用いるかについて紹介していきます。

応答的傾聴を習得するためには、多少練習が必要ですが、実践してみると、極めて役立つスキルであることがわかるでしょう。いったん、身についてしまえば、その効果は、単に言い争いを減らすにとどまりません。子どもが内的にどのような体験をしているのかがわかるようになり、親子関係に深く好ましい影響を及ぼします。みなさんは、子どもと言い争ってばかりで大変だと感じる時間は一日の中でどのぐらいありますか？　子どもとの関係が協力的というよりは、むしろ敵対的だと感じることはどのくらいの頻度であるでしょう？　応答的傾聴を丁寧に実践していけば、そのような関係をより良いものにしていくことができるのです。少々、努力してみるだけの価値があると思いませんか。

応答的傾聴には五つのステップがありますが、それらはどれも単純明快で、非常に効果的です。ワークショップに参加した親からは、この方法を用いることによって、親子関係に驚くべき変化が見られた、といった感謝の言葉が多く寄せられています。

応答的傾聴というのは、感じていることや考えていることを子どもが語ってくれるよう、積極的に働きかける方法です。私がカウンセリングを行っている人の中には、こうしたやり方を正しく理解せず、形だけの働きかけでよしとしてしまうような人もいます。そのようなとき、私は自分の説明が不十分だったのだろうと感じます。幸いなことに、ワークショップや治療セッションでは、この重要なステップを明確化する機会があるので、よかったのですが。そのようなわけで、本書では、そういった際の経験を活かしながら、より一層わかりやすく、応答的傾聴の方法を伝えたいと思っています。

もちろん、応答的傾聴を実践すれば、それだけで、子どもとの言い争いが一切なくなるということはありません。全ての言い争いをなくすことなど不可能です。しかし、その頻度と、それが及ぼすダメージを大幅に減らすことは可能だと思います。また、順を追って説明していきますが、応答的傾聴は、言い争いになってしまった後の関係修復にも高い効果を発揮します。

本書では、以下のテーマを取り上げていきます。

- 言い争いに巻き込まれないようにする方法。
- 子どもがどれほど反抗的かを判定するための簡単なテスト。
- 日々の雑用、就寝時間、きょうだい関係、誰がどこに座るか、宿題、テレビ、コンピュータの時間といった問題に関する議論を短く切り上げる方法。
- なぜ子どもは親に心を開かないのか。その対処方法。
- 親に敬意を払うように仕向けるには？
- 人前で起きた喧嘩を収める方法。
- 同じ問題で繰り返し言い争わないようにする方法。
- 言い争わずに子どもをしつける方法。
- ぐずり。
- かんしゃく。

- 子どもの持って生まれた気質に合わせた対応とは。
- 言い争いを引き起こしやすい親かどうかを判定するための簡単なテスト。
- 十代の子どもたちは、なぜ前向きに生きるよりも、親とすぐに喧嘩をする方を選んでしまうのか。
- 無言の主張。
- 話し合いによって、お互いが納得できる結論を導くには？
- なぜ十代の子どもは本心を言わないのか。心の内をどのように解釈するか。
- 子どもが親を張り合わせて利用しようとするときにはどうしたらよいか。
- 無意味な言い争いを未然に防ぐ方法。

子どもとのコミュニケーションを改善させる目的で用いられる最近の方法は、たいてい、応答的傾聴のステップを一つ、ないし複数含んでいます。相手の考えに耳を傾けるということは、もちろん、私が考え出したものではありません。感情と行動を区別することの重要さも私が最初に言い出したわけではありません。しかし、これらの要素を、単純ながらも効果的に組み合わせたのは、私が成し遂げたことではないかと思っています。本書に示した考えの多くは、長年にわたる家族療法の実践の中で私が学んできたこと、また、ひとりの父親として、自分の家族の話をうまく聞けるようになるために懸命に努力する中で学んできたことです。自信を持って、本書をお届けします。

年月とともに、私は、より良いセラピストになっていると信じたいと思いながら仕事をしてきました。長くやっていれば、何が有効に働き、何が有効に働かないかがわかるようになるものだからです。ただし、もし私が以前より良いセラピストになれているとしたら、同時に私はよりせっかちなセラピストになっているのではないかと思います。ある家族が、毎回同じ古いパターンにはまってしまって、身動きが取れなくなっている様子を繰り返し目にし、それが二十七回目ともなれば、きっと私は我慢できないでしょう。そんなせっかちな私ですが、幸いにも、どの家族の中にも、私と一緒に共同治療者の役割を担ってくれる人に出会うことができています。他人を責めたり、文句を言ったりすることをやめ、破壊的な家族パターンを生み出す一因になっていた自らのあり様を変えて、新たな一歩を踏み出せる人物がどの家族の中にもいるものです。他の人がどのように行動したとしても、必ずやその状況を変えることができ、現実にすばらしい変化を生み出せる人。あなたはそうした人物になれる人だと思います。

ウィリアムズバーグ、ヴァージニア州
マイケル・P・ニコルス

もくじ

第四章　子どもに協力的になってもらうには　100

第五章　習慣化した言い争いの悪循環を断つ　150

パート I

応答的傾聴で、言い争いを撲滅する

第一章
闘わずして子どもを育てる方法

ケイティは、赤い巻き毛をした七歳の愛らしい女の子です。ある日曜日、ケイティと母親のグレンダは動物園へ行き、その後、お気に入りのレストランで夕食をとって帰宅しました。家に着いたのは夜遅かったのですが、母親は、寝る前の三十分間だけ、ケイティにコンピュータゲームをすることを許してあげました。その日は一日中興奮しっぱなしだったので、寝る前に気持ちを静めるための時間が必要かもしれない、と思ったからでした。

三十分が過ぎました。グレンダはケイティにおやすみのキスをしようとしゃがみました。「さあ、いい子ね、寝る時間よ」

「ママ、お願い！　もうあとほんのちょっとだけポケモンをやらせて！　私、疲れてないわ、だから寝たくないの」

「残念だけど、もう寝なくてはいけない時間よ。今日はたっぷり遊んだし、明日は学校があるでしょ。それに朝がつらいことはあなたもわかっているはずよ。好きなだけ起きていていいわよとママが許してしまったら、明日の朝、ちゃんと起きて、学校へ行く支度なんてできないでしょ」

グレンダは辛抱強く言いました。彼女は、「やりなさいと言ったら、とにかくやりなさい」と頭ごなしに物を言うような親ではありませんでした。こうして欲しいと親が言うことには、それなりの理由があるということを娘に理解して欲しいと思っていたのです。

「ちゃんと起きるって約束するから！」ケイティは粘ります。

「ねえ、ケイティ、今日は動物園で楽しく過ごしたでしょう？　それに中華レストランでスペシャルコースも食べたじゃない。だからもう、お利口にして、寝る支度をしましょう」

「ねぇ、ママ、**お願い**、あと二、三分でいいの。もうちょっとで終わるところなの」

なおも抵抗するケイティに、グレンダは、「コンピュータを切って、寝る準備をしなさい！」と、大声をあげました。ケイティにぐずられるのはもうたくさんでした。

「ママはなんでもかんでも、ダメ、ダメって言うばっかりじゃない！　そんなのずるいわ！」と、ケイティは泣き出しました。

グレンダは頭にきていたので、「五分以内にベッドに入りなさい、そうしないと承知しないわよ！」と、いつになく強い調子で言いました。ケイティは泣きながら、自分の部屋に駆け上がっていきました。

グレンダは、娘の後を追いかけたい思いに駆られながらも、その衝動を抑えました。その場をうまく収められるような気分ではなかったからです。（私はあの子のためにこんなにしてあげているのに、どうしてあの子ったら、ちっとも協力してくれないのかしら？）（とても楽しく過ごしたすばらしい一日を、どうして台無しにしてしまうのかしら？）

グレンダが、その場に座り込み、憂鬱《ゆううつ》な気分でいると、寝室からケイティのしゃくりあげる声がかすかに聞こえてきました。グレンダの気持ちは乱れ、罪悪感で胸が苦しくなりました。もっとうまくこの件を解決できる方法は、きっとあったはずです。グレンダのように愛情深い母親が、幼いわが子を泣かすことなく眠りにつかせるにはどうしたらよかったのでしょうか？

十五分後、グレンダがケイティの様子を見に行くと、ケイティは、じっと横になって、寝ているふりをしていました。「おやすみなさい」とグレンダはそっと言いましたが、返事はありません。ケイティの額にキスをしようとグレンダがしゃがむと、ケイティが身体をこわばらせているのがわかりました。

ケイティは、階段を下りていく母親の足音を聞きながら、「ママ、戻ってきて」と叫びたい気持ちと闘っていました。ケイティは怒りと悲しみで混乱していたのです。（どうしてママは、あと五分ぐらいポケモンをやることを許してくれないのかしら？）そう思う一方で、母親を怒らせるようなことをしてしまったことが嫌でたまりませんでした。いい子でなかったからといって、そのことでわが子を嫌う親などいないものですが。

＊＊＊

十五歳になるマーティンは、とてもしっかりした子どもだったので、これまで、かなりの自由を与えられてきました。十歳のときには、一人でバスに乗って繁華街へ行くことを許され、十三歳になると、ベビーシッターをしたり、芝刈りをしたりして、放課後にお金を稼ぐようになっていました。そのような子どもだったので、マーティンが「友達とパメラ・アンダーソン(訳注1)の映画を観に行く」と言い出したとき、父親は大変なショックを受け、「それはR指定の映画(訳注2)だろう？　残念だけど、映画が観たいなら別の作品にしなさい」と言い渡しました。

マーティンは耳を疑いました。（こんな無害な映画を「観たらだめだ」なんて、父さんはどうかしている）と思いました。ポルノ映画を観に行こうとしているわけではありません。

「ねえ、お願いだよ、父さん。友達はみんな行くんだよ」

「おまえの友達が行こうが行くまいがそんなことは問題じゃない。もし友達のご両親が、監督者なしでR指定の映画を観に行くことを許したとしても、それは彼らの自由だ」

マーティンは、友達が、自分の親に、どのような映画を観に行くのか、ちゃんと話していないかもしれないと思いました。しかし、そのことは口にせず、とにかく父親を説得しようとしました。

「父さんと一緒に映画を観に行くのと、友達と一緒に行くのとどんな違いがあるっていうの？　同じ映画であることに変わりはないよ、そうでしょう？」

「そんなことが重要なんじゃない。私は、おまえに自分の年齢をごまかして、こそこそと映画館に入るような真似をして欲しくないんだ」

「そもそも、あんなばかげた指定を作ったのはいったい誰なの？　どうして暴力シーン満載の映画を観るのはよくて、性的描写がちょっとある映画は観ちゃダメなの？　テレビじゃ、いつだって、もっと過激なのをやっているじゃないか」

「そんなことは知らないし、どうでもいいことだ。とにかく、ダメと言ったらダメだ！」父親は、何事につけ、つべこべ言う息子の性格にほとほとうんざりしていました。

「もう、いいよ！」マーティンはぶつくさ言いながら自分の部屋に上がっていきました。

父親からすれば、この件はこれで終わりでした。それまで何の心配もいらなかった息子のことです。今回も親が下した決定を尊重してくれるものと信じて疑いませんでした。

しかし、マーティンの方は、自分の部屋に戻ってからも、父親があれほどわからず屋だったとは信じられず、気持ちは収まらないままでした。これまでかなりの自由を許されてきました。にもかかわらず、今さら、自分の時間を友達と一緒にどのように過ごすのか、いちいち父親に指示されるなど考えてもみなかったからです。

(訳注1) グラビアアイドルとしても人気を博したカナダ出身のモデル、女優。
(訳注2) 性的、暴力的要素を含むため、十七歳以下は成人保護者同伴が必要な映画。

＊＊＊

親子で言い争いをすると、どんな展開になるかを、ケイティとマーティンのエピソードは示しています。最終的には、大抵、親が自分の意見を通しますが、親も子もすっきりした気持ちになるわけではなく、後味の悪さが残ります。

ケイティの母親は、娘のことを「とても意志が強い子」だと言っていました。親は、反抗的な子どものことを、そんなふうによく言います。少なくとも、気持ちに余裕があるときは、そんな言葉が用いられます。しかし、気を許すにしたがって、親は次のように言い出します。

「娘はわがままばっかり」
「息子は自分が正しいの一点張り」
「生意気！」

実際、子どもの口ごたえに対処するというのは、親の「仕事」の中でも最も大変なことのひとつです。親が何かをやりなさいと言ったときに、時折でも、子どもがすんなりやってくれるなら、生活はどれだけ楽になることでしょう。

「どうしていつも私ばっかりやらなきゃいけないの？」
「いっつもダメって言うじゃない！」
「お願い、お願い、お願い！」
「私の番じゃないわ！」

あなたにとってこのような反抗的な言葉は耳慣れたものですか？　だとしたら、子どもの口ごたえに対処しなくてはならないということが、どれほど不愉快なことかわかるでしょう。

どこまでが良い子で、どこからが悪い子なのか？

うちの子は他の子に比べて反抗的だと思ったことがありますか？　おそらく、どんな子どもも、なんだかんだと口ごたえするものです。あなたの子どもは、ひょっとすると、他の子どもより素直かもしれません。

本書を書くにあたって、私は地方新聞に広告を出し、「反抗的な子ども」に関してインタビューに応じてくれる親を募りました。どのような人々が応募してきたかを知ったら、驚くことでしょう。

たとえば、親から許可されないことがあったとき、必ずしも黙ってその決定に従うのではなく、ダメな理由を聞きたがるという、ただそれだけのことで、ティーンエイジャーの息子のことを「反抗的」だとみなす父親がいました。また、口ごたえするからではなく、親の言う通りにしないことがあるというだけで、「反抗的」というレッテルを貼られている子どももいました。その一方で、私の長年にわたる臨床経験の中には、子どもにすっかりなめられているのに、そのことをなんとも思わず、けろっとしているような親もいましたが。

あなたの子どもがどの程度反抗的なのかを把握するために、私の経験に基づいて作成した次のテストに答えてみてください。

❖「あなたの子どもはどれほど反抗的か」チェックリスト

以下の記述は、あなたの子どもに、どの程度当てはまりますか？「ほとんど当てはまらない」「ときどき当てはまる」「よく当てはまる」の三つの中から一つを選んで□の中に番号を書いてください。

1…ほとんど当てはまらない　2…ときどき当てはまる　3…よく当てはまる

□1. 親子で意見が一致しない場合、最終的には子どもは親の決定に従う。
□2. 子どもが親に喧嘩をふっかけるとき、親の考えに文句は言っても、決して親を直接攻撃しないよう、気を付けている。
□3. 言い争いになっていることに関して、親の考えを説明しても、子どもはそれを理解しようとするのではなく、言い返すチャンスを狙っているだけのように感じられる。
□4. 親が本気であることがわかると、大抵、子どもは口ごたえをやめる。
□5. 人や出来事について何か親が意見を述べると、それとは反対の意見を主張する傾向がある。
□6. 何もかもがうまくいきそうにないとき、非常に感情的になって、親に当たる。
□7. ひとたび言い争いになると、自分の思い通りになるまで言い争い続けようとする傾向がある。
□8. 親がいくつかの選択肢を示しているにもかかわらず、その選択肢にはないものを選ぼうとする。
□9. 親から何かをするように言われたら、すぐにそれに取りかかる。
□10. 気付くと、親子でいがみ合っている。
□11. 親子で言い争いになったとき、親が主張している点を積極的に理解しようとする姿勢が子どもに見られる。
□12. 欲しいものがあると、ひたすら欲しがり、諦めない。親が根負けして同意するまで、くい下がる。

□13. 自分の思い通りにしないと気がすまないことが多い。

□14. 言い出したら聞かない性格だ。

□15. 親は決着がつき、既に終わったと思っていても、その議論を蒸し返す。

採点：3、5〜8、10、12〜15の項目は選んだ答えの数字をそのまま加え、1、2、4、9、11の項目は、選んだ答えの数字を逆にして（1は3点、2は2点、3は1点として計算します）加えて、合計得点を出してください。

回答の結果：

● 31点以上…あなたの子どもはかなり反抗的です。

● 21点から30点…あなたの子どもは平均的です。

● 20点以下…あなたの子どもはそれほど反抗的ではありません。

最初に述べましたが、このテストは、子ども自身について、あるいは親子関係について考えてもらうため、私の経験をもとに考案したものです。もし、あなたのお子さんの得点が低かったとしたら、よかったですね、これから本書で紹介する提案を実践するのは、それほど難しくは感じないでしょう。逆に、得点が高かった場合、あなたは、実践にかなり苦労するかもしれません。とはいえ、次の二つの章で紹介することは、それだけ一層大きな利益をもたらす内容になっていると思います。

「やらなくちゃダメ？」

言葉の定義というものは難しい場合が少なくありませんが、「議論する」という言葉の場合もそれほど簡単ではありません。というのも、この言葉が全く異なる二つの言外の意味を持っているからです。一つは、比較的良い意味で用いられる「議論」です。大抵の親は論理的思考を子どもに身につけてもらいたいと思うものですが、「ある考えを持つに至った理由を提示すること」「論拠をもって相手を説得すること」は、その論理的思考を獲得するための練習になります。六歳の子どもが、新しいことをしてみたいと思う理由を話すことも、十四歳の子どもが友達と一緒に何かをするための許可をもらいたくて親を説得しようとすることも、問題になるような行為ではありません。このような「議論」は、異なる考え方を持った親と子が、そのギャップを埋めるために行う「合理的な話し合い」だからです。

しかし、家庭におけるこのような「合理的な話し合い」の回数を減らしたくて、この本を手にしたわけではないと思います。それよりも、二つ目の意味の方が、みなさんにとっては身近であり、問題となるものでしょう。親の考えを無視し、ひたすら自分の思いを通そうとするときの子どもの行動を指して用いられる「言い争い」という意味での「議論」です。子どもと言い争いになると、それは話し合いとは言えません。攻撃されているかのように感じられ、不愉快で、腹立たしいものです。このような言い争いをしたところで、論理的思考が養われることはありません。相手を感情的に痛めつけているだけだからです。

「やらなくちゃダメ？」「やりたくないの！」といった、日常を戦場に変えてしまうようなこれらの言葉は、親であれば聞き慣れたものでしょう。子どもというのは自分の思い通りになるときしか幸せを感じないのではないか、とさえ思えてきます。思い通りにならなければ、反抗し、どこまでいっても決着しそうにない激しい議論をふっかけてきます。一時的にやんだとしても、それは後で攻撃を再開するための休止にすぎません。

合理的な話し合いとしての「議論」と、子どもが自分の思いを通そうすることだけを目的にした「言い争い」には、根本的な違いがあります。それは、前者では、最終的に、親の決定が尊重されるのに対して、後者では、そうならない、という点です。子どもが自分の意見を主張したとしても、親の権限にまでたてつくことがないような、理性的な意見交換がなされる場合は「話し合い」と言えますが、子どもが自分の思い通りにしようとして、親の考えや最終決定を無視するような場合には、「口ごたえ」といった用語を当てたほうが適切です。子どもが親に反抗し、自分の思いを通そうとして、家庭内に非常に大きな軋轢《あつれき》を引き起こすとき、この二つ目の意味での「議論」すなわち言い争いが起きているわけです。

グレンダが就寝時間をめぐってケイティと言い争いになったときのことを思い出してみてください。言い争いは、親の心も、子どもの心も、様々にかき乱します。親子の絆は危うくなり、相手を敵のように感じ始め、それまで、「私たち」であった関係は、突如として「**私対あなた**」に変わってしまいます。母親であるグレンダは（**どうしてケイティはもう少し協力的になれないのかしら？**）と思い、一方のケイティからすれば、（**どうしてママはあんなに意地悪なの？**）となるわけです。

ある程度の親子喧嘩は仕方がないにしても、いつも言い争ってばかりでは、平和だった家庭を敵意が支配するようになっていきます。口論が繰り返されれば、親は次第に子どものことを正しく評価できなくなり、子どもも、親が自分のことを本気で考えてくれている、大切に思ってくれていると感じられなくなるでしょう。七歳になったケイティが、親に何かをするように言われるたびに口ごたえをすれば、グレンダは幼い頃のケイティの姿ばかりを思い出し、懐かしむようになるかもしれません。大きな瞳で母親の顔を見上げながら、何でも素直に「うん、うん」とうなずいていた、あのかわいかったケイティを。親が目の前の子どもとの時間を楽しまずに、過ぎ去りし幼い日の面影を追って、寂しく思うというのは残念なことです。

十五歳のマーティンが父親に対して主張していたのは、R指定されている映画に行きたいということだけではありませんでした。もちろんそれもありましたが、全ての言い争いがそうであるように、表に出てきている問題より、背後に隠れている問題の方が議論されるべきテーマである場合が多いものです。たとえば、マーティンは、暴力描写よりも性描写に厳しい映画の評価システムについて問題を提起していました。しかし、父親は、その点を議論して、わが子にうまく言いくるめられ、映画に行くことを許可するような事態を招きたくなかったので、この点を話し合おうとはしませんでした。他にも、取り上げられなかったために、父親に伝わらなかった問題があります。それは、「十五歳にもなって、どういう映画を観るかということに関していちいち指図されたくない」という少年の気持ちでした。

父親を説得することができないなら、いやそれ以前に、父親にじゅうぶんに話を聞いてもらうことさえできないのなら、言い争いなどせずに、こっそり父親に背いた方がましだ、と十五歳の少年が考えてしまうのも時間の問題でしょう。

＊　＊　＊

子どもとの口論がどれほど不愉快なものかは、誰に教えてもらうまでもなく、親はよく承知しています。もめずにすむことなど何ひとつありません。朝、起きたときから、夜、寝るときまで、あらゆることで、「お願い、もうちょっとだけ」「どうしてダメなの？」「そんなの不公平よ！」と、うんざりするほどの繰り返し。スムーズに事は運びません。全てが対立のもととなるのです。これでは毎回喧嘩です。良い子のときはごく稀で、口ごたえしかしないように思える子どももいます。

自分の思いを通そうと、あらゆる手を使って、親に対して、はむかう、そのような子どもを前にして、親は、ただ、無力感と激しい憤りに駆られるばかりです。

しかし、不本意に思いながらも、結局、子どもと口論をしてしまっては、親も子どもと同等レベルになってしまいます。本来、管理する立場にある人は、言い争いをする必要がありません。なぜなら、上に立つ人だからです。言い争わずに、命令すればよいのです。もしも、言い争いが慢性化すれば、親も子もなくなり、敵対的な感情だけが両者を支配するようになるでしょう。それでは親子とは言えません。

＊　＊　＊

互いの言葉に反応していくうちに、言い争いは感情的になっていくものです。次に、ローレライという十一歳の娘を持つ母親の話を聞いてみましょう。

「柔軟に対応しようとはしています。でも、私が決められた日課をこなすように娘に言っても『だって、今は**これ**をやっているから、**それ**はできないわ』と娘は言うでしょう。ならばと思って、娘に時間を与え、しばらくしてから、もう一度声をかけたとしても、娘はやっぱり『やりたくない』と言うと思います。私が何かをするように言うたびに、娘はことごとく、反対するんです」

たとえば、「そこのテーブルか、自分の部屋で宿題をやってしまいなさい」というように、母親が娘に選択肢を示してやると、ローレライは、選択肢にはなかった、ソファで宿題を始めます。「だって、私はソファでやりたいんだもん！」こんなことの繰り返しです。母親は次のように言っています。「私は引き込まれてしまうんです。娘があまりにカッとなるので、私も引きずられて感情的になってしまうというか……。怒鳴り合いになってしまうこともあります。娘が冷静さを失うので、私も自制心を失ってしまうんです」

どうですか、あなたも身に覚えがありませんか？

感情的になって、自制心を失い、怒鳴り合う……。これが対立の行き着く先です。多くの場合、最も起きて欲しくないようなときに、言い争いは起こります。子どもが口ごたえさえしなければ楽しかったはずの時間は、全く別のものになってしまいます。めそめそした泣き声、文句、不平不満（人間はまさしく子ども時代から人生の半分を、こういう行為に費やすものですが）を耳にするというのは、騒々しい音楽が鳴り響く部屋で頭痛に耐えるようなものでしょう。しかも、それは、単なる騒音ではありません。親の気をうまくひこうとする言葉だったり、わがままだったり、「私が、私が、私が」と主張する声。どれも親を苛立たせずにはいられません。あらゆることが意地の張り合いで、心身は消耗するばかりです。

それは、次のような、なんでもないことから始まる場合もあります。

「テレビを消しなさい」
「もう寝る支度をしなくちゃいけないわ」
「着替える時間よ」

それを聞いて、子どもは次のように抵抗します。

「え〜っ、お願い、この番組が終わるまで待って！」
「まだ寝ない！　疲れてないもん」
「今、着ている服じゃ、なんでダメなの！」

このような子どもの抵抗から、親子は対立していきます。子どもが頑固であればあるほど、親も頑なになり、子どもが反抗的になればなるほど、親も苛立ちを募らせます。そのように感情をエスカレートさせてもいいことはありません。冷静さを失うだけです。

どんなに穏やかな人でも、あまりに口ごたえばかりされれば、カッとしてしまうでしょう。しかし、残念ながら、感情的になれば、親が勝つか、子どもが勝つか、という、ただの意地の張り合いです。そうではなく、両者が勝って、いい気分になれた方がよいとは思いませんか。それこそが、応答的傾聴なのです。

応答的傾聴で対立を解く

応答的傾聴は、親の方から働きかけていくテクニックです。この方法を用いれば、子どもに口ごたえされても、親はそれに引きずられることなく対処できるようになるでしょう。応答的傾聴を実践して、子どもの気持ちに耳を傾ければ、子どもの言葉を聞いて、瞬間的にイラッとするのではなく、自然と自分の感情がコントロールできるようになるからです。反抗的な子どもとの会話もうまく運べるようになります。応答的傾聴は、魔法ではないので、これを用いるためには、本書で説明するように、時に、忍耐力や想像力が必要です。しかし、応答的傾聴を用いれば、これまで喧嘩ばかりでうんざりしてきた子どもとの関係を、親はうまく掌握《しょうあく》できるようになるでしょう。

＊　＊　＊

言い争いには二人の人間が必要です。つまり、自分の思い通りにしようと主張する子どもと、これに反対する親がいて、言い争いは生じます。一方の人間が何かを強く主張し、もう一方の人間がそれに反対するとしたら、どちらかが譲らない限り言い争いは収まりません。ということは、逆に、反論せずに、子どもが何を求めているのかということに親が耳を傾けていれば、その間は、言い争いにはならないということです。最終的には、親は、子どもの訴えに対して、「いい」か「ダメ」かの返事をしなくてはなりませんが、それまでの話し合いで、親の決定に敬意を表し、それに従う関係が子どもとの間で築けていれば、それ以上、言い争いにはなりません。

子どもと言い争いになりやすい親の反応と、応答的傾聴を用いた反応を比較してみましょう。

子どものセリフ	言い争いを引き起こしやすい親の反応
「ジェシーが僕の部屋に入ってきて、部屋中、メチャクチャにしちゃったんだ！」	「どうして、あなたたち兄弟は、なんとか一日、仲良く過ごすことができないのかしら？」
「誰かが私のヘアブラシを盗んだわ！」	「誰もあなたのヘアブラシなんか持っていかないわ。あなたがどこかに置き忘れただけなんじゃないの？」
「お母さんなんか、大っ嫌い！」	「まぁ、それは残念だわ。でも、それはあなたが〜を全くできないからでしょ」
「歯列矯正器具をつけるつもりなんてないわ！」	「気持ちはわかるけど、その矯正具は歯並びを良くするのに役立つのよ」

次に、応答的傾聴を用いた場合の反応を挙げてみます。

子どものセリフ	応答的傾聴を用いた反応
「ジェシーが僕の部屋に入ってきて、部屋中、メチャクチャにしちゃったんだ！」	「本当に嫌だったのね！」
「誰かが私のヘアブラシを盗んだわ！」	「まぁ、大変！」
「お母さんなんか、大っ嫌い！」	「お母さん、本当にあなたのことを怒らせてしまったのね」
「歯列矯正器具をつけるつもりなんてないわ！」	「どうしてつけたくないのか聞かせてくれない？」

子どもが親と言い争いをするのは、自分の願望を親に伝え、それが、かなえられることを望んでいるからです。たとえば、コンピュータゲームをするためにもう少し遅くまで起きていたいとか、R指定の、ある映画を観たいという願望を伝え、親にそれを許可してもらいたいために子どもは言い争いをしかけてきます。つまり、ほとんど全ての言い争いには、願望などの感情を表現する部分

と、それがかなえられるよう懇願する部分が含まれているといえます。そして、残念なことに、親は、子どもの要望に応じられないとき、それを正当化しようとして、子どもが抱いた願望、気持ちさえも否定し、その結果、言い争いになるという過ちを犯してしまいがちです。

七歳のケイティが、ゲームをしたいために、「疲れていないから眠りたくない」と主張したとき、母親は、よくありがちな対応をしてしまいました。なぜケイティは寝る必要があるのかということを説明し始めたのです（子どもが言われたことをしたがらないのは、そうすべき理由をわかっていないからと言わんばかりに）。もし母親が応答的傾聴を実践していたら、このときの口論は、どのような経過をたどる可能性があったか、考えてみましょう。

願望などの感情を言葉にすることと、その願望を実際の行動に移すこととは別のことです。応答的傾聴を用いる際には、そのことをしっかりと心に留めておいてください。

「さあ、いい子ね、寝る時間よ」

「ママ、お願い！　もうあとほんのちょっとだけポケモンをやらせて。私、疲れてないわ、だから寝たくないの」

このときに、母親のグレンダが、なぜケイティはもう寝なくてはいけないのかという理由を並べたてるのではなく、ケイティの気持ちを引き出すように働きかけていたとしたらどうなったでしょう。最初は「ゲームはどんな具合なの？」といった言葉でよいと思います。

そのように言えば、おそらくケイティは、やっているゲームの状況などを話してくれるでしょう。しかし、心の中では、ゲームをやり終えるまで起きていてもいいと母親から許可を得たいと思っているかもしれません。もし、グレンダがさらに応答的傾聴を続けられるとしたら、寝なくてはいけない理由を説明したいという気持ちを再びぐっと抑えます。そして、代わりに「きっと、ゲームを最後までやってしまいたいわよね。好きなだけ起きていたいって思うときもあるものよね」などと伝えてみるとよいかもしれません。大切なのは、ケイティがどんな気持ちでいるのかを自ら語ってくれるように仕向け、その気持ちを受け止めてあげることです。

ところで、子どもの就寝時間を変更するつもりがないとしたら、グレンダはどこかの時点でそのことを伝えなくてはいけません。実際、グレンダは、そのことを伝えるのをあまり先延ばしにはできないでしょう。その際は、ケイティを抱き上げ、あるいはケイティの手をとり、「かわいそうだとは思うのよ。ゲームを最後までやりたいというあなたの気持ちはわかるの。でもね、もう寝なくてはいけないわ」と言って、子ども部屋まで連れていきます。

このように、もっと起きていたいという自分の気持ちを母親が受け止めてくれたことで、気持ちが多少収まったとしても、もう寝なくてはならないということについて、ケイティはまだ不満を口にするかもしれません。そうであっても、母親は、腹を立てたり、言い返したりしてはいけません。ケイティが不満を訴えるのは、母親にいま一度自分の気持ちを伝え、共感してもらいたいからです。グレンダは「そうよね、納得できないわよね」と声をかけるとよいでしょう。

このように対応していくと、反抗はすぐに収まり、子どもはそれほど不機嫌にならずにすみます。「もう少し起きていたい」というケイティの願望は、結局はかなえられないのですが、自分の願望を母親に理解してもらえたことで、多少なりとも気がすむのでしょう。

> 子どもが親の言うことに従わないとき、その反抗心を和らげるために親は何と言ったらよいと思いますか。「子どもの反抗心をなくそうなどと思わないこと」がその答えです。そのような気持ちになったり、願望を持ったりすることは、きわめて自然なこととして、子どもの反抗心を受け入れてください。

幼い子どもが親の決めたルールに従うのを嫌がるとき、必ずしもそこに何か深い「理由」があるわけではありません。どうして子どもというのは、夜遅くまで起きていたがるのでしょう？　それは起きていたいからです。(原注1)　そのように、特に深い理由を持っていない子どもに対して、親が決めたルールがいかに正当なものであるかを印象づけようとして、早く寝なくてはならない理由を必死に説明しようとすれば、論争になるのは当然です。そうではなくて、子どもの気持ちを理解しようとしてください。そうすれば、子どもは、親の決めたルールに逆

(原注1)　この回答に納得しかねる人は、次の質問について考えてみてください。あなたはどんなアイスクリームが好きですか？　それはどうしてですか？

らわなくなるでしょう。子どもの抵抗にうまく対処するには、親は、言葉を控え、子どもの話に耳を傾けることが大切なのです。

相手が十代の子どもになると、少し、話が違ってきます。十五歳のマーティンは、R指定の映画に行く、行かないということで父親と言い争いをしましたが、この言い争いには、思春期によく見られる三つの大きなテーマが隠されていました。そのテーマとは、「やりたいことをする自由」「権威者の偽善」「自分の考えを尊重する権利」です。マーティンの父親が、応答的傾聴の原則にそって息子に向き合うつもりであれば、次の二つのうちのどちらか、もしくは両方を、息子に対して実践するべきでした。ひとつは「それは確かにおまえの言う通りかもしれないね」といった言葉を伝えて、息子の考えを認めてやること。そしてもうひとつは、映画の年齢制限に関する評価制度などを素材にして息子がどういった視点で物事を捉えているのか、詳しく語ってくれるような機会を話し合いの中でうまく見出すことです。

たとえば

マーティン「ねえ、お願いだよ、父さん。友達はみんな行くんだよ」

父「そうか、わが家のルールは厳しすぎるかな？」

あるいは

マーティン「どうして暴力シーン満載の映画を観るのはよくて、性的描写がちょっとある映画は観ちゃダメなの？　テレビじゃ、いつだって、もっと過激なのをやっているじゃないか」

父「それは一理あるかもしれないね。おまえは、その映画に行く許可を得るために私を説得しようと思って、そう言っているのかい？　それとも本当に映画の評価制度には偽善があると思っているのかな？」

ケイティの就寝時間の場合と同じように、マーティンの父親が、やはり、息子がその映画へ行くことを許可できないと思うのであれば、それを伝えることを、それほど先延ばしにはできません。それでも、友達と一緒に行動できないことに対する息子の気持ちや、映画の検閲官は暴力よりも性描写に関して不寛容だという息子の考えを、親が理解するための時間は必ずあるはずです。

親が決めた細かいルールに従わせることだけに躍起になると、子どもの気持ちはすっかり無視されてしまうということが、この二つの例からわかります。また、いずれのケースでも、子どもの言い分に親がよく耳を傾けることで、子どもの気分はずいぶんと改善されたかもしれないということも理解できるでしょう。

応答的傾聴を実践したからといって、七歳の子どもが、よし、約束した時間に寝よう！　という気分になるわけではありません。また、ティーンエイジャーの少年が友達と一緒に映画に行けないことを気持ちよく受け入れるわけでもないでしょう。しかし、彼らの願望をしっかりと聞いて、認めてやることによって、不当な扱いをされていると子どもが感じることは多少なりとも減るのではないかと思います。

どうですか。とても簡単そうに思えませんか。しかし、もしそうだとしたら、それは、子どもの考えに共感しやすい例を私が引用したからです。その場にいて、頑固に言い張る子どもによって窮地に追い込まれている親の立場ではなく、一読者として傍観しているのですから、なおさらでしょう。

どんなにいい子でも、いろいろと自己主張はするものです。子どもが自分の望むことを強く要求するのはごく自然なことであり、親がそういう要求を押し返したくなるのも自然なことです。しかし、そこで親が言い返さなければ、言い争いがエスカレートすることはない、というのが、応答的傾聴の基本的な考えです。

＊＊＊

子どもが絶えず口ごたえするので、困ると訴える親がいます。そのような子どもたちは、何か理解して欲しいことがあるからではなく、親が言うこと全てに反発しているようなところがあります。このように反抗的な態度が習慣化するのは、ひとつには、そのような子どもたちの多くが、親にきちんと自分の話を聞いてもらうという経験をしていないからです。彼らは、好き勝手している だけのように見えるかもしれません。しかし、「親は話をちっとも聞いてくれない」と感じている子どもがどれほど多いかを知ったら、あなたは驚くことと思います。「反抗的」と言われる子どもとの対話が敵対的な性質を帯びるのは、話を聞いてもらうためには、闘わなければならないと思っているからなのです。

応答的傾聴は、親を口論に引きずり込むのがとてもうまい子どもに対しても有効です。というのも、売り言葉に買い言葉といった対話の悪循環を断ち切ることができるからです。双方が自分の考えを相手に理解させようとするだけで、話を聞こうとしなければ、口論はエスカレートし、怒りや恨みでいっぱいになって終わるということになりかねません。応答的傾聴を行う際には、親がどのような決定をするかについて議論を避け、その代わりに、子どもの願望、気持ち、考えには一生懸命に耳を傾け、受け止めるようにしてください。子どもの話をしっかりと聞いていれば、言い争いになることはありません。

第二章
応答的傾聴の五つのステップ

応答的傾聴は、親が主導権を握って、子どもとの会話をうまく運べるようにするためのスキルです。子どもに対して高圧的に命令することによって、そうするのではありません。子どもを従わせることに必死な敵対者から、子どもの願望や考えに関心を持つ味方になることで会話の主導権を握るのです。子どもの気持ちに適切に応答しながら話を聞くことができれば、会話はあなたの手に委ねられたと言ってもよいでしょう。

応答的傾聴は以下の五つのステップから成り立ちます。

1. 言い争いの兆候が少しでもあれば、子どもに対して言い返したくなる気持ちを抑え、代わりに子どもの気持ちを聞くことに集中する。

2. 何を考え、どのようなことを感じ、どうしたいと思っているのか、子どもが話してくれるよう働きかける。その際、親は防衛的になったり、批判したりしないように注意する。

3. 子どもの考えや気持ちをどのようにあなたが理解したか、あなた自身の言葉に置き換えて、言い直してみる。

4. 子どもの話を聞いて、あなたがそれを正しく理解しているかを子どもも自身に確認し、もっと詳しく話を聞かせてくれるよう頼む。

5. 親として、どのような結論、指示を出すかについては、一度、置く。さほど重要な問題でないときは一呼吸、問題が複雑な場合には「それについて、後でもっと話そう」と伝えて、時間をあける。

1. 言い争いの兆候が少しでもあれば、子どもに対して言い返したくなる気持ちを抑え、代わりに子どもの気持ちを聞くことに集中する。

子どもが反抗し始めると、親は、大抵、説教したくなったり、自分の考えを繰り返し伝えたくなったりするものです。やりとりが激しさを増し、喧嘩にならないよう、そのパターンを崩すことが大切です。そのためには、その問題について結論を下す前に、子どもの気持ちに適切に応答しながら話に耳を傾けなくてはならないということを思い出してください。言い争いを始めてはいけません。感情をコントロールし、子どもの話に耳を傾け、対話を維持することが大切です。

子どもがどんなことを考えているのかということをしっかり聞きたければ、親として子どもに伝えたいことは一時的に後回しにする必要があります。口を挟む機会をうかがいながら、子どもの話に耳を傾けたとしてもうまくいきません。話をじっくり聞くということは、余計な時間を要することかもしれませんが、子どもの考えを知るために結論はひとまず先送りしようと積極的に決断することこそ、言い争いの連鎖を断ち切る第一ステップなのです。

子ども「今度の週末はお父さんの家に行きたくない！」
母「そのことで何か強い思いがあるようね……」

口ごたえするときというのは、自分の希望が通るか否かという結果に意識が集中しているため、子どもは自分の気持ちに親が本気で関心を持っているとは、なかなか気付きません。応答的傾聴を試みても、最初のうちは、親がどのような決定を下すのかそれさえわかればよいというように、結論を急ごうとするかもしれません。そうした子どもの様子に引きずられないようにするには、意識的に子どもの気持ちに焦点を当てる、ということを親は心がけるとよいでしょう。

子ども「行かなきゃダメなの、ママ？」
母「何かあったの？」

親子で論争するような事態を避ける、最も簡単な方法は、あらかじめ言い争いになりそうな場面を想定しておくことです。「夕食の時間よ」「テレビを消しなさい」「もう寝なさい」などと子どもに言うときは、反発されることを予測して、心の準備をし、子どもの気持ちを聞く良い機会だ、と考えられるぐらいになるとよいでしょう。そうすれば、子どもが心にある何らかの感情を要求に置き換えて伝えてきても、反射的に好ましい応答ができるようになります。

2．何を考え、どのようなことを感じ、どうしたいと思っているのか、子どもが話してくれるよう働きかける。その際、親は防衛的になったり、批判したりしないように注意する。

懸案の問題に関し、子どもがどのように考え、どのような意見を持ち、どのように感じているのかを、話してくれるよう働きかけてください。それによって、子どもの言い分に親が関心を持っているということが子どもに伝わります。子どもの言葉には、誠心誠意、耳を傾けなくてはいけません。最初に、子どもはこのように感じているのではないかと親が認識していることをそのまま確認してみるというのもよい方法です。

「こんなに早く寝るのは嫌なのね」

「友達が行くのに、あなたは行けなくて面白くないのね」

「服をしまうのが面倒だなと思うときがあるのね」

ただし、子どもがどのように思っているのかは、親が推測するのではなく、子ども自身に語らせるのだ、ということを、よく心に留めておいてください。ものわかりのよい親だと思われようとするのではなく、子どもを理解するよう努めることが大切です。私たちはよく、「あなたの気持ちはわかるわ」といった表現を使いますが、それよりも「あなたの気持ちを間違いなく理解できているか確信が持てないの。それについてもう少し話してくれないかしら」と言った方が、本気で理解したいという思いが伝わるものです。

また、子どもが話している最中に、イライラしたり、言い返したくなったりしても、子どもの話が終わるまでは、反応したくなる気持ちを抑えることが重要です。途中で口を挟むよりは、黙って聞いているふりをしている方がまだましです（とはいえ、「ふり」は「ふり」でしかありませんが）。本気で子どもの話を聞くということは、子どもが思っていることを正しく理解しようとすることです。子どもの立場だったら、どのように感じるかを想像しながら、耳を傾けるようにしてください。

たとえ、親の予測していないこと、聞きたくないことであったとしても、子どもが話すことをそのまま聞くようにしてください。

3．子どもの考えや気持ちをどのようにあなたが理解したか、あなた自身の言葉に置き換えて、言い直してみる。

親は本当に子どもの気持ちをわかっているのかと子どもから疑いを持たれるひとつの理由は、彼らから話を聞いた後に、親がどのように理解したかということを伝え返していないということがあります。言わなければ、正しく伝わりません。そのためには、子どもの考えをこのように理解したということを親自身の言葉で繰り返すのが一番です。ただし、要するに子どもはこういうことが言いたいのだろうとばかりに、子どもの話を要約して会話を終わらせようとしてはいけません。というのも、本当に子どものことを理解するために、子どもからさらに話を引き出すことが、このステップの目的だからです。

「私がちゃんとわかっているかどうか確かめさせてくれる？　妹のメーガンがあなたの部屋へ入ってきて、あなたのブロックで遊び始めちゃったのね。それで、妹に『出ていって！』って頼んだけれど、出ていこうとしなかったから、そのときメーガンを押してしまった……そういうことかしら？」

右の例で、注目して欲しいのは、親が子どもの話した内容を繰り返しながら、最後に、それで正しいかどうか、確認しているという点です。理解したことを、完結した出来事として伝えるのではなく、さらに理解しようとしている姿勢を子どもに伝えるのが大切です。

4．子どもの話を聞いて、あなたがそれを正しく理解しているかを子ども自身に確認し、もっと詳しく話を聞かせてくれるよう頼む。

このステップは、前のステップと一部重なりますが、あえて、四番目の項目として独立させました。というのは、どのように感じ、どうしたいと思っているのかを子どもに詳しく語ってもらうことが非常に重要であることを強調したかったからです。応答的傾聴は、何らかの結論を下すためとか、話し合いを打ち切るために行うのではありません。子どもに、自分の願望や意見を語ってもらうためのものです。子どもが話をしてくれれば、それだけ言い争いの罠《わな》にはまるのを避けることができるでしょう。このステップの目的は、コミュニケーションすることにあります。

子どもが話す言葉を、そのまま受け取りすぎないようにしてください。子どもというのは、しばしば大げさに表現するものです。たとえ子どもが親の望むようにはうまく表現できなかったとしても、子どもが何を伝えようとしているか理解するよう努めてください。

「あなたの話を理解しているつもりなんだけれど、確かめさせて欲しいの。あなたが言おうとしていることは……ということかしら？」

「あなたの言いたいことをじゅうぶん理解できたかちょっと自信がないの。さっき【子どもの言葉をそのまま繰り返す】と言っていたけれど、あなたの気持ちを正しく理解したいから、そこのところ、もう少し詳しく話してくれないかしら」

5. 親として、どのような結論、指示を出すかについては、一度、置く。

なぜ子どもが親から言われたことをやりたくないと思うのか、子どもが語るその理由に理解を示しながらも、親としての結論を明言したくなるときがあるものです。その瞬間、会話は、子どもを理解するためのものではなく、ルールを定めるためのものに切り替わります。自分の考えを親が説明しようとすれば、さらなる議論につながるだけなので、このようなときは、「寝る時間よ。さあ、行きましょう」というように、子どもには指示をシンプルに伝えるようにしてください。場合によっては、親の決定をより強力に示すために、ボディランゲージを用いてみてもよいかもしれません。たとえば、就寝時間になったら、子どもの手をとり、ベッドルームに連れていくというようにすれば、おそらく、それ以上言い合いにはならずにすみます。

身ぶりや表情、視線を合わせるか否かは、話し合いを受け入れる気持ちがあるかどうかを示す重要な指標です。目をそらしたり、あるいは、その場を立ち去ったりしたら、これ以上、話し合いに応じる気持ちはないということを明確に伝えることになります。これについて、わかりやすい実例を見てみたいということであれば、レストランのウェイターを参考にしてみてください。彼らの中には、お客さんが呼び止めようとしているときに、視線をそらし、気付かないふりをするのが実にうまい人がいますから。

「あなたが一方的だって思う気持ちはわかるの、でも十時半の門限はやっぱり変えられないわ」

「あなたが子犬をどれほど欲しがっているかはわかるし、子犬を飼ったらどんなに楽しいだろうとお母さんも思うわ。でも、残念だけど、このアパートに住んでいる間は、犬を飼うことはできないわね」

右の例のように、子どもの気持ちに耳を傾け、それを理解した上で、なお、親としての決定事項を伝えなければならない場合には、手短に優しく伝えるようにしてください。親の決定の正しさをくどくど説明しようとしてはいけません。説明することが議論の種になりかねないからです。議論の余地なしということは、まさに親であるあなたが決めたことなのですから、そこは揺るがないようにしてください。

基本的には、子どもを理解しようとするための会話と、親としての結論を伝えるための会話を分けた方がよいでしょう。そうすることで、子どもは、自分の気持ちや意見が親によって大切にされていると感じ、また、親の方は子どもからの圧力を感じることなく、最終的にどのような判断を下すか、じっくりと考えることができるからです。たとえば、子どもが、新しい自転車を欲しがったり、お小遣いの値上げを要求してきたときには、次のようにしてみてください。まず、なぜそうして欲しいのか、子どもが話すその理由にじっくり耳を傾けます。それから、「わかったわ、それについてはよく考えて、どうするかあなたに伝えるわ」とか「わかったよ、この件については母さんと話し合ってみることにしよう。その上で父さんたちの決定をおまえに知らせるよ」と言って、結論をひとまず置きます（「後で」と伝えたことは、棚上げにせず、必ず約束を守ること）。

子どもとの会話は、子どもの話を聞いて、それを理解しようとする部分と、親としての結論を伝える部分をできるだけ分けるようにしてください。

親からよく寄せられる質問

「最初に親としての結論を伝え、その後で子どもの考えや気持ちを聞いてやるのではいけませんか？　その方がうまくいく場合もあるのではないでしょうか？」

もちろん、そういう場合もあると思います。しかし応答的傾聴を行うと、言い争いが減るのは、子どもが自分の気持ちをきちんと語り、それを聞いてもらうという機会があるからです。子どもは、結局は、したくないことをさせられるかもしれません。それでも、親に自分の言い分を聞いてもらっていると、ある程度気持ちが消化され、言い争いには発展しにくくなります。その意味では、まず子どもがどのような気持ちでいるかに耳を傾け、それらを理解したことを伝えてから、親としての結論を出す、という順番に会話を進めていった方が、うまくいく場合が多いかと思います。とはいえ、最初に「ダメ」という結論を伝え、その後で、納得できず、不満に感じている子どもの気持ちを聞いてあげげた方がより共感的だと思われる場合には、そうしてもよいでしょう。

たとえば、ある母親が、重要なファイルを取りに、大急ぎでオフィスへ戻らなくてはならなくなったとしましょう。五歳になる娘のジャニーンは、「お友達のダニエルと二人で、このまま、お家で遊んでいたいの。一時間ぐらい、二人きりでも大丈夫よ」と言い張ります。しかし、母親の方は、大人の監督者なしに、子どもだけで、そんなにも長い時間、おいておくことは気が進みません。これ以上、つべこべ言っている時間もありません。このようなときは、その場では、「悪いけれど、ジャニーン、今日はダニエルに、お家に帰ってもらいましょう。あなたはママと一緒に行くのよ」と結論を先に伝え、後で、車に乗ってから、母親がいかに横暴かなど、思う存分、娘に不満を言わせてあげるとよいでしょう。

親には子どもが嫌がる決定を下す権限があるということをあなた自身が承知していれば、子どもが不満を口にしたところでひるむことはありません。こちらは大人であるということをわかっているならば、決定に関して子どもを納得させる必要はないのです。

「子どもの気持ちに耳を傾けることを勧めるアプローチは他にもあります。応答的傾聴は、それらとどこが違うのでしょうか？」

子どもの気持ちに耳を傾けることを親に勧めるアプローチには様々なものがありますが、そのほとんどは会話を早く終えるために考えられています。つまりは次のような感覚です。

「あなたがどのような気持ちなのかはわかったわ。でも、今は私の言う通りにして欲しいの」

それに対し、応答的傾聴は、会話を終わらせるためにではなく、会話を広げ、深めることを目的にしています。最終的には、親の言う通りにさせたいという場合でも、子どもがどのように考えているのか詳しく聞いてあげると、子どもは親の決定に対し、協力的に取り組もうとするものです。ただし、子どもの気持ちを、表面的に認めるだけでは、大抵、うまくいきません。

「親業（親としての役割を効果的に果たす訓練）」を開発したトマス・ゴードン（Thomas Gordon）博士は、「親が『わたしメッセージ（〝わたし〟を主語にしたメッセージ）』を用いるようにすると、子どもとの言い争いを減らすことができる」と言っています[1]。子どもに対して、「あなたはリビングルームに汚れたお皿を置きっぱなしにしたでしょ」と言うのではなく、「お母さんは悲しいわ、あなたが学校から帰ってくるなりリビングルームがメチャクチャに散らかっちゃうと」と言うように勧めています。他にも、「わたしメッセージ」の例として次のような表現が挙げられます。「お母さんはがっかりしちゃうの、きれいなキッチンがひどく汚れてしまっているのを見ると」「父さんは怒っているんだよ、門限をもうとっくに過ぎているというのに、おまえがなかなか帰ってこないから」「ママはご本が読めないわ、あなたがお膝の上にのぼってきちゃったら」（親業は、幼い子どもや子犬に対して特に有効です。あなたのご主人に対しては、丸めた新聞紙でピシャリと叩いてやった方が効果的かも！）

ゴードン博士は、この「わたしメッセージ」を用いると言い争いになりにくいと言います。そのため、「これ、あなたがやったでしょ！」「なぜあなたはあんなことをしたの?!」と子どもを叱る代わりに、「ママは困るの、あなたにそれをされると」といった表現を用いることを勧めています。後者のような表現は、親がどのように感じるかを伝えているだけで、子どもにとっては不服を唱えようがない事実であるところがポイントです。「わたしメッセージ」で親の考えを伝える癖をつけると、「絶対〜したらダメよ」と説教をしたり、「なんて子どもっぽい、自分勝手なことをするの！」と怒鳴ったりするような機会も減るかもしれません。「わたしメッセージ」はこのように非常に効果的な方法であるように見えますが、注意も必要です。親が子どもの考えに関心を寄せることなく、「わたしメッセージ」で、一方的に自分の考えを押しつけるだけでは、言い争いの連鎖から逃れることは困難だからです。

また、相手の話に真剣に耳を傾け、理解しようとしていることを積極的に示しながらコミュニケーションをはかるやり方に「積極的傾聴（アクティブ・リスニング）」と言われる方法があります。積極的傾聴では、こちらの意見を述べる前に、まず相手が話したことを自分の言葉に言い換えて返す、簡潔にまとめて伝える、という技法がよく用いられます。たとえば、「ねぇ、ねぇ、パパ、何があったと思う？　僕、バスケットボールチームの選手になったんだよ！」と子どもが言ってきたら、「そうか、おまえは本当にいい気分なんだね」と応じたり、「なぜだか男の子たちは私のことが好きじゃないみたいなの。私、どうしてなのかわからなくて……」と言ってきたら、「男の子たちがおまえのことを好きじゃないように感じられて、戸惑っているんだね」と応じるやり方です。[2]

このように、積極的傾聴は、親が子どもの話そうとしていることに、より積極的に関わることを、本来の意図としていますが、単に子どもの話を要約して返せばいいと解釈されてしまうと、重要なのは、子どもが話すことではなく、親の理解力ということになってしまいます。応答的傾聴では、子どもの気持ちをいかに親が理解できているかということを示すよりも、子どもが心を開いて自分の考えを話しやすい環境を作ることを重要視しており、その点が、積極的傾聴とは異なります。

一般に、子どもの気持ちを受け入れた反応というと、次のような表現をとります。

「今は自分の部屋を掃除するような気分じゃないのね。わかるわ、でも、部屋を掃除しちゃおうね」

「あなたはお兄ちゃんやお兄ちゃんのお友達と一緒に遊びたいのね。わかるわ、でも、今はお兄ちゃんたちだけにしてあげて、自分のお部屋で遊ぼうね」

このような応答には子どもの気持ちに共感しようという姿勢が感じられます。その意味では、ただ叱りつけたり、説き伏せたりするよりも、それなりに進歩した対応だといえるでしょう。しかし、「わかるわ、でも……」という形で応答してしまうと、子どもが自分の考えをきちんと表現する前に、会話が終わってしまうという問題があります。「わかるわ」という言い方がまずいのです。

他人の気持ちを理解しようとして話を聞いているとき、「わかるわ」と言ってしまうと、相手は逆にきちんとは理解されていないように感じてしまいます。というのも、この表現によって、「あなたが言おうとしていることは、既にわかりました、だから、これ以上、それについて話す必要はないですよ」ということを相手に伝えてしまうからです。

次のような場面で、あなただったら、どのように感じるか想像してみてください。あなたは間近に迫りつつある仕事上のプレゼンテーションについて不安になっていました。そこで、夫に「ねえ、あなた、私がこれまで取り組んできたあのプロジェクトのことなんだけど、うまくいくか、ちょっと心配なの」といったことを話します。すると、夫は、いったん、手を休めて、「わかるよ、君はこれまであのプロジェクトに力を注いできたものね」と、言葉では同調してくれます。しかしすぐさま、夫が、それまでやっていた仕事に戻ってしまったとしたらどうでしょう。どのように感じますか？

親業も積極的傾聴も、いずれも、子どもの感情に耳を傾けるということと、子どものしたいようにさせるということを区別して捉えることの重要さを、親に教えてくれます。しかし、私としては、これらの方法ではおざなりに子どもの気持ちを認めることになりかねず、その点が、誠実に子どもの話に耳を傾け続ける応答的傾聴とは異なるという点を指摘しておきたいと思います。もちろん、これらの技法の開発者は「おざなりに」と思っていたわけではないでしょう。ここでの私の懸念は、実際にこれらの技法を用いる親に向けられるべきものかもしれません。

実際のところ、相手の気持ちを正しく理解しようと思ったら、「よくわからない」と伝えた方が効果的です。

「あなたの気持ちが、実は、まだわからないの。もう少し説明してくれる？」

「あなたの気持ちを理解しているつもりなのだけど、自信がないの。もっと詳しく聞かせてくれないかしら？」

「あなたの気持ちはわかる」と「あなたの気持ちをわかっているか自信がない」の違いは、相手の話を聞くつもりがないか、あるかという違いなのです。

以上、いろいろと述べてきましたが、細かいことにこだわるつもりはありません。子どもの気持ちを正しく理解するということは、こう言えばいい、ああ言えばいい、といった問題ではなく、とにかく耳を傾けるということが重要だからです。

子どもが何かに怒っているようなとき、「すごく腹が立ったようね」「まあ、それはさぞ傷ついたでしょう」と、気持ちに即した言葉を親からかけられると、会話はそこで終わることなく、子どもは、もっといろいろと話をしようという気になります。しかし、子どもが怒っているとき、とりわけ、親に対して苛立っているようなときには、同じことをするのは容易ではありません。会話を終わらせてしまいたいと思うこともあるでしょう。親が子どもの気持ちになんとか共感的な姿勢を維持しているときでさえ、「あなたの気持ちはわかったわ。さぁ、次の話に移りましょう」と言いたくなってしまうものです。しかし、子どもが混乱しているときに、それではうまくいきません。

応答的傾聴は、子どもの気持ちを「おざなりに認める」ということではありません。

応答的傾聴が重視しているのは、子どもの話を親が言い換えられるようになるということではなく、子どもから話を引き出すということです。人は、話をすること、つまり、自分の話に心から関心を寄せてくれる人物に気持ちを伝えるという行為を通じて、相手から理解されている、正当に評価されているという実感を持つものだからです。認識が正確であっても心がこもっていなければ、そのような実感は持てません。このように耳を傾けるという行為は、ただ黙っているのではなく、かなりの努力を必要とする積極的な活動なのです。

なぜ、かなりの努力を必要とするか？　それは、聞くということが、相手に全身全霊でこたえるということを意味しているからです。これまでに、人の悩みを聞いていて、うんざりしてしまったことはありませんか？　もし、そうした経験があるとしたら、じっと人の話を聞くことの大変さがどんなものか、ある程度理解できるでしょう。親子で言い争いをしている最中に、子どもの話を聞くというのは、自分の立場を守りたいという気持ちと闘わなければならず、なおさら難しいものです。ただし、自分の気持ちを聞いて欲しいという子どもの要求に応じたからといって、親の結論を変えたいという子どもの希望にまで応じる必要はないということは忘れずにいてください。応答的傾聴が誠実に実践されれば、言い争いは回避され、子どもの心の内を知ることができるでしょう。

常日頃から、子どもの気持ちに寄り添いながら話を聞く癖をつけることで、親子関係は変化していきます。親に話を聞いてもらえている子どもは、親に対して、より協力的になり、一層、心を開くようになるからです。

ところで、大人同士の会話でも、相手の意見を聞いているとき、私たちは自分勝手な解釈をしながら、理解しているものです。下手すると、相手が話している最中に、自分の次の反応を用意している場合さえあります。相手が何を言おうとしているのか早合点してしまう傾向は、親子の間では、より一層、顕著に表れます。だからこそ、親は子どもが話そ

> 応答的傾聴とは、子どもの気持ちを理解したかのようなふりをして、彼らより優位に立とうとする策略ではありません。子どもが内的にどのような体験をしているかを知るための方法なのです。

うとしていることを、既にわかっているなどと思わずに、一段と慎重に理解しようという姿勢で、耳を傾ける必要があります。もちろん、子どもが言わんとしていることを、親が正確に把握できている場合も時にはあるでしょう。しかし、子どもにとって、自分の考えや気持ちを表現すること、それを誰かに伝え、理解されるという経験が重要であるということを心に留めておいてください。

わが子がどんな気持ちでいるのか早合点しないようにするには、子どもから聞いた内容をあなた自身の言葉でまとめ直してみるのが一番です。そしてあなたの理解が正しいかどうかを子どもに確かめ、間違っているところは訂正してくれるよう頼み、もっと詳しく話してもらうようにしてください。少し例を挙げてみましょう。

ほとんどの人は実際以上に自分を優れた聞き手だと思い込んでいます。

「あなたの話を理解できているか確かめさせてくれる？　あなたはイアンより先に寝なければならないなんて不公平だって思っているのね。それで合っている？」（繰り返しますが、このような応答の目的は、話し合いを終わらせてしまうことではなく、子どもに心の内を語ってくれるよう働きかけることにあります。したがって「それで合っている？」という部分は、明瞭に言葉にするのではなく、「あなたは、自分がイアンより先に寝なければならないなんて不公平だって思っているのよね……？」と疑問口調で、それとなく問いかける方がうまくいきます）

「宿題を終わらせてから出かけるっていうのは、あなたはどうしても嫌なのね。わかっていると思うけど宿題は、遊びに行く前にやってしまうのが一番だとお母さんは思っているの。でも、そうはしたくないってことよね。あなたのプランを聞かせてくれない？」

どちらの例も、親は子どもの考えを詳しく聞きたいと考え、誠意をもって働きかけています。二番目の例では、子どもの気持ちに耳を傾けるだけでなく、子どもの提案を受け入れる姿勢も示しながら考えを聞かせて欲しいと働きかけています。子どもの年齢が上がるにしたがって、ああしなさい、こうしなさいと親が指示して、子どもの不満に対処するよりも、何か良い案はない？　と子どもに提案させる方がうまくいくことが多くなってきます。子どもに提案させるという方法を、いつ頃から、どのように取り入れていったらいいのかについては、次章以降で説明していくことにし、ここでは、子どもの考えを聞くというのは、気持ちを聞くことに限ったことではないということを述べるにとどめておきましょう。

ところで、親は、ときに、せっかちになったり、子どもに対する思いやりを欠いたり、あるいは子どもが言わんとしていることを早合点してしまって、勝手に子どもの考えをまとめあげてしまうという過ちを犯しがちです。

「わかっているのよ、まだ寝ないでテレビを見ていられたらいいのに、と思っているのよね」

この反応のどこがまずいかというと、断定的にセリフを終わらせてしまっていることです。それでは「もうあなたの考えていることはわかったわ」とばかりに、理解したから、これでおしまい、というメッセージを相手に伝えてしまいます。それに対して、「どう思う？」と疑問形でセリフを終わらせれば、相手の話をもっと聞きたいと思っていることをそれとなく示すことができます。疑問形でセリフを終わらせるのと同様の効果をねらって、「それについてあなたはどのように感じているのか聞かせて」といった、依頼の表現を使ってもよいでしょう。

子どもが口ごたえをするのは、何らかの精神的プレッシャーを感じているからです。そのプレッシャーを解放しようと思ったら、子どもに自分の気持ちをできるだけ詳しく語らせることが一番です。長く語れば、それだけ子どもは様々に自分自身を表現することになり、それらを親にじっくり聞いてもらえれば、それだけ子どもの鬱積《うっせき》した感情は解放されます。そうなると、子どもは、少し落ち着きを取り戻し、心を開いて親の言うことも聞くようになるでしょう。

親子の間で、応答的傾聴を用い始めたばかりの頃は、親が自分の話を聞いてくれるということは、願いがかなえられることだと、子どもは考えてしまうかもしれません。そのため、できれば、子どもの話を聞くという行為と、親としての結論を伝えるという行為は別のこととして、常に切り離して考えておいた方がよいと思います。

「私は子どもになめられたくありません。なぜ親に言われたことをやりたくないのか、

その理由を聞かせて、などと親が言ったら、子どもがつけ上がりませんか？」

応答的傾聴を用いることに乗り気でない親もいます。言い争いは、子どもが親をなめていることの象徴のように感じ、応答的傾聴が、さらに、そうした状況を助長するのではないかと考えているからです。そのような人は、子どもから口ごたえされると、親の権威にたてつかれているように感じます。確かにその面はあるでしょう。また、彼らは、子どもの気持ちを理解しようとすれば（反抗的なときは特に）親への敬意は失われ、子どもを甘やかすことにつながると考えがちです。その考えは間違っています。

言われたことをなぜしないのか、その理由を子どもに尋ねてやると、子どもからなめられるようになるのではないかという不安は理解できますが、そんなことはありません。子どもというのは、自分の気持ちを表現することを許されたからといって、なんでも思う通りになるわけではないということを素早く学ぶからです。

応答的傾聴を用いたからといって、子どもからなめられるようになることはありません。

しっかり子どもの管理をできている人、また、そうしようと思っている人は、子どもの願望に理解を示し、話を聞く余裕があります。というのも、最終的な決定権が自分にあるということを認識しているからです。逆に言うと、子どもの不満を抑え込んで、ただ従うことを強制するのは、親としての自信がないからだと言えます。私たちは誰しもが、有無を言わさず、相手を自分の言う通りにさせたいという衝動に駆られて行動することがあります。疲れていたり、平静さを失っていたり、急いでいたり、子どもが反抗し始めたときなど、子どもの話にゆっくり耳を傾ける気持ちにはなれません。しかし、そのように、誰にでもあることとは違って、根っから「子どもの話を聞きたいと思わない」親もいます。そのような親を持つと、子どもは言葉にすることのできない憤りをため込んでいくことになります。やるように言われたことを、子どもは黙々とやるかもしれませんが、この見かけの従順さは、かなりの代償を伴います。というのも、子どもは、親によって理解されているとか、大切にされていると感じることがないため、その結果として、親を尊敬することはなく、独断的でずるい、と考えるようになってしまうからです。子どもというのは、公平さを非常に重視します。それゆえ、親が子どもの話に耳を傾ければ、それだけ子どもも親の言うことに耳を傾けるようになるでしょう。

親が子どもの気持ちを尊重すれば、それだけ子どもも親を尊重するでしょう。

「わが子の話にもっと耳を傾けるという考えは実行する価値があると思います。しかし忙しくて、言い合いをしている暇もないときがあります。応答的傾聴を行うと多くの時間をとられませんか？」

確かに、人の話を聞くということは時間を必要とします。しかし子どもの態度を変えたいと思うならば、そのために必要な努力を払わなくてはなりません。言い争うばかりの関係性を変えたければ、キッチンの掃除や、買い物、定時に会議を始めるといったことは後回しにしてでも子どもの話を丁寧に聞いてあげることを優先させなくてはならないときがあるのです。

たとえ、乗り気でなかったとしても、子どもの話を聞く時間を作ろうと親が努力している様子はいずれ伝わり、子どもは、親に協力的になるものです。もし、どうしても時間がとれないときには、今は時間がとれないということを子どもに伝え、後で話す時間をとるとよいと思います。

> 応答的傾聴には時間がかかります。しかし粘り強く続けましょう。言い争いを減らすことは、結局は、時間の節約につながります。

「ごめんね。とにかく今はすぐに出かけなくてはならないわ。でも、お母さんたちと一緒に教会に行くことに関して、あなたがどのように思っているのか、後で、是非、聞かせて」

ちなみに、このようなとき、なにもすばらしいことを言う必要はありません。急いでいるときは、簡単でいいのです。大切なことは、後で子どもと話をするということです。親の考えを説明するためではなく、子どもの考えを聞くために。

「応答的傾聴を常に子どもに対してやらなくてはいけませんか?」

いいえ、そんなことはありません。応答的傾聴の核心は、子どもの考えをすぐに否定するのではなく、じっくり話を聞くことによって言い争いを静めるという点にあります。したがって、応答的傾聴が特に役立つのは、親から反対されそうな願望を子どもが抱いている場合です。とはいえ、子どもというのは、「夕食前にキャンディバーを食べたい」といったように、「いいわよ」か「ダメよ」の返事ですんでしまうような単純な要求をしてくることがあります。そのようなときまで、子どもに対して、どんな気持ちでいるか話してくれるよういちいち働きかける必要はありません。ただ、「ダメよ」と伝える前に、「おなかが空いているのかしら？　あと十分で夕食よ」というように、子どもの願望を理解していることを伝えるために一秒ぐらいとってあげてもよいでしょう。

応答的傾聴を学んでいる真っ最中の母親がいました。彼女は、息子の皿洗いがあまりにも雑で、そのことを息子との間で話題にすべきか否か迷っていました。「私はどうしたらよいのでしょう。お皿のヌルヌルがとれていないことをどう思うか、息子に尋ねるべきでしょうか？」そうですね、この質問の答えは、ケースバイケースでしょう。

まず、何かについて子どもを叱る（あるいは、気付かせる）必要がある場合は、是非とも叱って（気付かせて）ください。親に言われたことを子どもが素直にそうだと納得するようなときには、応答的傾聴はあまり意味がありません。それに対して、子どもと本当に良いコミュニケーションを図れているなら、お皿を徹底的にきれいにして欲しいと親が望むことについて、どう思うか、別の機会にでも、聞いてみるとよいかもしれません。ただし、このような話題は、一見、「どう思う？」と質問しているようで、実は「なんでちゃんと洗わないのよ！」と責められているように受け取られてしまう可能性があるので注意が必要です。本気で、子どもがどう思っているか知りたいという親の熱意が伝われば、子どもは、親の皿洗いの基準は神経質すぎる、と感じていることを告白してくれるかもしれません。そして、そのような気持ちを親が認めてやれば、子どもは自分が大切に扱われ、きちんと意見を聞いてもらえたと実感するでしょう。そうなれば、子どもが嫌々ながら親の指示に従い、憤りをため込むという状況は避けられます。

応答的傾聴は、子どもの気持ちがかき乱されているようなときに用いると、最もその真価を発揮します。息子や娘が目に見えて機嫌が悪く、学校で起きたことについて何か話したがっていたとしたら、あなたはそれをじっくり聞いてあげますよね？

子どもの気持ちが揺れ動いているとき、応答的傾聴は真価を発揮します。

親との間で何かあって気持ちが不安定になっているようなときに、子どもの話を聞くということは、まさにそれと同じく大切なことです。

「親はずるい」と思っている子どもの話を、親が聞こうとしなかったらどうなるでしょう？　まず、子どもは文句を言うでしょう。そして、親が話を聞いてくれないと感じたまま会話が終わってしまったら、子どもは、「やっぱり思った通り」つまり「親はずるい」と確信してしまいます。

＊　＊　＊

以上で、応答的傾聴がどのようなものであるかという紹介を終わります。親が子どもと同じように感情的になって、言い争いをエスカレートさせないために、この応答的傾聴がいかに役立つのか、これから詳しく見ていくことにしましょう。

第三章
言い争う前に、それを回避する方法

「いい子ね、もう寝る時間よ」と母親のエレンが声をかけると、五歳になるカーステイは母親の顔を見上げながら、「寝なきゃ、ダメ?」と不満そうに下唇を突き出しました。その様子を見て、エレンは、胃が締めつけられるような感じを覚えます。近頃のカーステイは、何かにつけ母親に口ごたえをするようになっていました。エレンは、冷静に、できるだけ辛抱強く、自分の考えを伝えるよう努め、そのときも「そうね、カーステイ、もう寝ないとダメよ。明日の朝は、ちゃんと起きて、学校に行く準備をしなくちゃいけないでしょ?」と、作り笑いをして言いました。

「でも、弟のポーリーは、もっと遅くまで起きているわ、私より年下なのに。そんなの不公平よ!」ほとんど泣き出さんばかりにカーステイは訴えます。

「ポーリーはお昼寝をしているから、まだ寝なくても大丈夫なの。ポーリーよりあなたの方が年上なんだから、やらなきゃならないことがたくさんあるでしょう」エレンは毅然と言いました。どういうわけか、彼女はいつもカースティに自分の考えを説明しなくてはならない気持ちにさせられます。

「だって、**いつも**、私の方が先に寝なくちゃいけないじゃない！　どうして、私ばっかり**何でも**やらなくちゃいけないの？」と、カースティは怒って、母親を睨《にら》みつけました。カースティに寝る支度をさせるのに、十分かかるのは仕方がないとしても、既にその倍の時間が過ぎています。エレンは無理やり笑顔を作って、カースティの手を取り、そして「寝る時間よ」ときっぱり言いました。寝室に入ると、エレンはカースティの服を脱がせるためにラグマットの上に膝をつき、カースティの肩ひもをはずして、オーバーオールをずり下ろしました。カースティはオーバーオールから足を抜くと、「ひとりでできるわ！」と言って、ひったくるように母親からそれを奪い、部屋の隅へ投げつけました。

「洗濯カゴに入れなさい、カースティ」もはやエレンも腹立ちを隠しきれません。カースティは、ドスドス足を踏み鳴らしてオーバーオールを拾うと、それを洗濯カゴの中へ押し込み、今度は「私のピンクのパジャマはどこ？」と責めたてるように言い始めました。「知らないわ。お洗濯中じゃない？」とエレン。どうしていちいち、こんなにもめなくてはならないのでしょうか？「ピンクのパジャマを着たいの」と険しい顔でカースティが言います。「悪いけれど、洗う暇がなかったの。今夜はバーニーのパジャマを着てちょうだい」とエレンは答えました。「あんな変なパジャマ、大嫌い！　これも何も洗ってないじゃない！」ますます攻撃的になっていくカースティに、「いいかげんにしなさい！」母親は最後通牒をつきつけました。「それ以上言うと承知しないわ。寝る時間よ。さあ、あのパジャマを着て、ベッドに入りなさい」

ようやくカースティをベッドに寝かせ、電灯を消す頃には、エレンはぐったり疲れきっていました。カースティと言い合いになると、いつもエレンはとげとげしい気持ちになり、むなしさを感じていました。

カースティは、全てのことに口ごたえをしてきました。毎晩、毎晩、違うことでもめるのです。一度、こうしたいと思ったら、我慢ができないといった感じでした。カースティがのべつ幕なしに口ごたえをしてくるので、エレンは疲れきってしまい、これ以上、カースティの相手をするのは耐えられないと感じていました。

母親になるとどのような気持ちを体験するか、誰もエレンに教えてはくれませんでした。彼女は子どもがこれほどひどく手のかかる存在だとは思ってもみなかったのです。そのため、このような果てしない口ごたえにどう対処すべきか、心の準備が全くできていませんでした。子どもを持つ以前、エレンは自分で何でもできると思っていました。それが大人になるということですよね。人は、永遠であるかのように思える時間、親と同じ屋根の下で過ごし、時がくると、自分の力で生きていくために親元を離れます。エレンも、職場では一人前に扱われ、一目置かれる存在でした。そんなエレンが、どうして家では、五歳の子どもと言い争ってばかりいるのでしょう？

なぜ子どもは口ごたえをするのか

子どもが口ごたえをするのは、何かを求めているからです（ときどき、子どもはありとあらゆるものを欲しているのではないかと感じられたりしますが！）。トラブルを起こそうと思って口ごたえをしているわけではありません。常に、彼らなりに、やりたいことや欲しいものがあって、口ごたえをするのです。親の関心を引きたいために口ごたえする場合もあります。

カースティは、まだ寝たくないと思っていました。しかし、母親には、カースティをいつも通りに寝かせなかったら、疲れがとれず、明朝、学校に行く準備などできないことがわかっていました。でも、まだ寝ないで、テレビを見ていたいと思う五歳の子どもの立場になって考えてみてください。「明日の朝」なんて、はるかかなたの話に思えませんか。

子どもがしたいと思っていることは、大人がこうしたらいいと思うこととは、異なることが多いため、ある程度の衝突は避けられません。子どもは、自分を取り巻く世界を探索しながら、どのようなことをしてはいけないのかを確認していきます。賢明な親なら、できる限り、子ども自身に実際に行動させ、その自然の成り行きから、様々なことを学ばせようとするでしょう。親が三歳の子どもに「ネコの尻尾を引っ張ったらいけませんよ」などと、本当は説明する必要などありません。ネコのフラッフィなら、それを自ら完璧に子どもに説明してくれますから。[原注1] 自然の法則はすばらしい先生なのです。

　ところで、多くの場合、子どもに対して親が何らかの制限を設定するよりも、先ほどのようにネコに子どもをしつけてもらう方がよっぽどましです。遅くまで起きていたら、翌日云々……と言われても、五歳の子どもには、先の話すぎて、想像がつきません。このように、親は、子どもが理解していない先々の結果まで見通せるからとか、あるいは親の都合で、子どもに対し、数多くの制限を設けて我慢させるということをしています。それでは、物理学の法則のようには納得できず、親が設ける制限に子どもが異論を唱えるのも当然です。

　こうなると、なぜ、子どもは口ごたえを始めるのかということよりも、なぜ親はそれに巻き込まれてしまうのか、そして、親子喧嘩はどのようにエスカレートしていくのか、ということの方が、興味深い問題です。

子どもは親が設定した制限に口ごたえすることによって、自分をとりまく世界の反応を試しているところがあります。親への反抗心からではなく、どこまで自分の思いを通すことができるか、それを確かめるために口ごたえするのです。これほど自然な行為はありません。

（原注1）過干渉な親ほど、子どもを実際に行動させ、その結果から物事を学ばせようとしません。それでは、無愛想なティーンエイジャーのわが子が、自力で起きられないからといって、いつまでも目覚まし時計代わりになっている親と一緒です。

言い争うためには二人の人間が必要です

子どもと言い争いになってしまうのは親の責任だというようなことをほのめかすと、「どうしていつも親が悪いんですか？」と憤慨《ふんがい》する人がいます。その一方で、子どもが絶えず反抗するのは親である自分の責任だと過剰に感じてしまう人もいます（後者のようなタイプは父親よりも母親に多いようです）。私が話を聞いたある女性は、「わが子がこんなに反抗するのは私の責任です。どこがいけなかったのでしょう？」と真剣にその原因を知りたがっていました。

他の子に比べ、反抗的な子どもというのは、確かにいるものです。彼らは、もしかしたら柔軟性に欠けているのかもしれません。また、頑固であるとか、状況に即した対応が苦手であるとか、思い通りにならない状況に耐える力が弱い、といった傾向もありそうです。そのような子どもを持ったときに、どうしてうちの子は反抗的な子どもなのだろうと悩んだところで、あまり意味はありません。それどころか、そのように考えることが、問題の一部でもあるのです。

直線的思考と円環的思考

「その問題は何が原因で生じたのか」という問いは、家族療法家が「直線的思考」と呼ぶ考え方によるものです。直線的思考では、「Aという原因からBという結果が生じる」という説明の仕方をします。このような考え方が適している場面もあります。たとえば、車が突然、プルプルという音を立てて止まってしまったようなときには、直線的思考で単純に理由を探した方がよいでしょう。ガス欠なのか、どこかの部品が外れかかっているのか。そういったことなら、それに即した単純な解決方法というものがあるからです。しかし、人間の問題となると、大抵、もう少し複雑です。そのため、家族システム論では「円環的思考」と呼ばれる考え方が好んで用いられます。

ビリヤード台の上の玉の運動は、かなり正確に予測できます。その予測を行うのに用いるのがニュートン力学ですが、直線的思考はこのニュートン力学に基づいた考えです。直線的思考による因果律は、物体とその力学的関係を説明するには有効ですが、生物に対しては優れたモデルとはいえません。なぜならばそれはコミュニケーションと対人関係の要素をじゅうぶんに加味して説明していないからです。

家族療法の先駆者であるグレゴリー・ベイトソン（Gregory Bateson）は、「石を蹴る人」(3)を例に挙げ、直線的思考と円環的思考の違いを次のように説明しました。石を蹴ることによる物理的影響は、蹴る力と石の重さを測定することによって計算することができます。しかし、人がイヌを蹴った場合にどのような結果が生じるかを、予測することはできません。そのイヌがどのような反応をするか（たとえば、すくんでしまうのか、逃げるのか、嚙《か》みついてくるのか、じゃれてくるのか）は、そのイヌの性格と、蹴られたことをどのようにイヌが受け取るかによって幾通りにも考えられるからです。さらに、そのイヌの反応に応じて、蹴った人が次にとる行為も変わってくるため、人がイヌを蹴った場合にどのような結果が生じるかを考えたらきりがありません。

あるひとつのイヌの行為（例：噛みつく）は、人間の次の行為（例：空しく神の名を呼ぶ）に影響を与え、さらに、そこで人間がとった反応は、そのイヌの次の反応に影響を与えます。つまり、最初の行為はきっかけにすぎず、円環的に、その次の行為に影響を及ぼしながら反応は続いていくのです。相互に影響を及ぼし合っている状況では、原因も結果もありません。

この円環的思考は、家族療法家にとって非常に役立つ考え方であることがわかってきました。というのも、あまりにも多くの家族が、自分たちの問題の原因を見つけ、責任は誰にあるのかをはっきりさせたがるからです。誰がどうしたからこうなった、ということを追求したくなる気持ちはわかりますが、それは不毛な探求です。そうではなく、円環的思考を用いれば、行動とそれに対する反応が繰り返されることによって、問題が生じているということが理解できるでしょう。誰のせいでこうなったのか？　それは問題ではありません。相互作用のサイクルを改めるために、最初の原因まで戻る必要などないのです。

家族の問題となると、大抵の人は、円環的パターンで考える習慣がありません(原注2)。私たちは自分の立場から世界を見ているのですから、誰かとの間で何らかの問題を抱えたとき、それを相手のせいにするのは自然なことです。たとえば、母親の口やかましさ、小言の多さに対して不満を言っているティーンエイジャーは、母親の要求に応じていない自分には気付いていません。一方、母親の方も、子どもが親の話を聞こうとしないことについて文句を言うばかりで絶えず子どもを叱ってばかりいることを自覚していません。「そうですけれど、でも、子どもが母親の話に耳を傾けるようになりさえすれば、母親だって口やかましく言う必要はないでしょう」「ええ、でも、母親ががみがみ小言を言うのをやめさえすれば、子どもだって親の話をちゃんと聞くでしょう」

子どもは、「うちの親は口うるさくて嫌だ！」と言い、親は、「うちの子は親の言うことをちっとも聞かない！」と訴えます。こんなとき、どちらが原因かを考えても得るものはありません。

口ごたえを、子どものせいだと考える場合と、相互作用によるものと考える場合とでは、そのスタンスに大きな違いがあります。前者の見方をするということは、子どもはわがままで性格が悪いか、どこかに欠陥がある、病気である、と言っているのと同じことです。そこには、子どもを変えなくてはならない、という考えが根底にあります。しかし、よく言われることですが、他人を変えるのは容易なことではありません。だとすれば、後者の見方、すなわち、どうしてこうなったのかと考えるのではなく、これをどのように解決するかと考える方が、はるかに実際的です。家族の問題は、特定の一人が原因で生じるのではなく、家族全

子どもが口ごたえを続けるのは、それを助長する状況があるからです。子どもに言い返す親もまた、その一因です。

（原注2）私たちは、ぐるぐると堂々巡りの議論をし続けることはあっても、考え方は直線的です。

体の相互作用によって生じると捉えれば、親であるあなたが子どもに対してどのような反応をしているかを見直し、変わることによって、問題の解決を図ることができるのです。

円環的思考は、問題を解決に導くだけでなく、相手からの非難や、それに対する怒り（あるいは自分の中に生じる罪悪感）をやり過ごす助けにもなります。家庭で起きる言い争いは子どものせいだと考えてしまうと、「うちの子は頑固で、生意気で、わがままで、厚かましくて、反抗的で……」と一方的な評価をしてしまうでしょう。そうなると「誰がボスなのか子どもに教えてやらなくては」という気分になってくるのも、当然と言えば当然です。しかし、「誰がボスなのか」を子どもに教えようとすれば、敵対的関係を強めてしまい、解決はより一層困難になるだけです。

扱いが難しい子どもというのは、ある決まった行動パターンにはまりこんでしまう傾向があります。しかし、それは子どもだけではありません。そうした子どもの行動に反応して、親も身動きがとれなくなりがちです。このように、互いがネガディブに反応し合うことで、子どもの問題行動はますますひどくなるのです。

> ダメな子だと烙印《らくいん》を押されれば、子どもはその通りに行動してしまうものです。それによって、親はさらに子どもを否定的な目で見るようになり、悪循環です。

「どうしたの？」

これまで説明してきたように、子どもが口ごたえするのは、望んでいることがあるからです。たとえば、幼い子どもが、親としては与えたくないと思うようなものを欲するときには、たいがい、まずは、ぐずぐず言うものです。ときには、エスカレートして、かんしゃくを起こすこともあります。赤ん坊だったら、おなかが空いたり、おしめが濡れたり、寂しかったりしたときには、オンギャーオンギャーと泣くでしょう。何かを手に入れたいと思ったら、子どもには、それしか方法がないのですから仕方がありません（子どもは、自らを守る術《すべ》をほとんど持ちませんが、持っているものは実にうまく活用しています）。赤ん坊が泣いて主張するという行為は、将来の、「口ごたえ」の原型です。

赤ん坊は、空腹に襲われると、自分の中で何が起きているのかわからず、不安をどんどん高めていきます。飢えは嵐のように全身に広がり、つらい空腹の感覚が強まって、世界は暗くなり、何か良くないことが起こりつつあるという感じに圧倒されます。

このように高まる空腹の波に対し、赤ん坊は苦痛のサインを順々に示します。まず、下唇を突き出し、むずかり、やがて、それは断続的な泣き声に取って代わって、それでも応じてもらえないと、声を限りに大泣きし始めます。

赤ん坊は、何の考えもなしに泣いているわけではありません。泣くことは、受動的な行為ではなく、赤ん坊にとって、能動的な、そして唯一の苦痛に対する対処法なのです。子どもに泣かれると、親は平静ではいられません。子どもの泣き声というのは、親に苦痛を訴え、何とかして欲しい

と要求するために、見事に設計されたシグナルになっています。(原注3)

泣いている赤ん坊の気持ちを理解することは難しいことではありません（私たちは、みな、かつては赤ん坊だったのですからね）。赤ん坊には、「今はダメよ」とか「もうちょっと待ってね」は通用しないということもよく知っています。

乳幼児研究者のダニエル・スターン（Daniel Stern）は、著書『もし、赤ちゃんが日記を書いたら』(5)の中で、「赤ん坊にとって、ほぼ全てのことは、現在という時間の中にある」と説明しています。したがって、彼らが経験することは、「全か無か」という性質を帯び、物事は、すばらしいか、ひどいかのどちらかに分類されます。ひどいと感じた場合、赤ん坊は、親に状況を改善してくれるよう、執拗《しつよう》に訴えます。このようなときに赤ん坊に泣かれても、親は口ごたえされているときのようには感じません。それは、私たちが、赤ん坊の要求の正当性について疑問を抱いていないからです。(原注4)

このように赤ん坊が泣いたときには、おしめが濡れているのかな、お腹が空いたのかな、というように、どうして泣いているのか、親は一生懸命にその理由を考えますが、子どもが成長し、言葉で気持ちを表現するようになると、それに親身に耳を傾け、どうしたのかしら？　と考えなくなります。それはどうしてなのでしょう。

子どもは大きくなるに従って、言葉で主張することが増えてきます。四歳にもなれば、ただ泣くのではなく、「どうしてマクドナルドのハッピー・ミールを食べられないの？」と言葉で表現するようになります。そして、子どもの希望に応えられないとき、親はただ「ダメ」と言うだけでなく、子どもの理解を得ようとして、自分の考えや事情を説明するようになります。「マクドナルドへ行く時間がないの。それに、あなたはマカロニアンドチーズが好きでしょ」というように。子どもは、これに反論し、一気に言い争いが始まります。

六歳児「僕、お医者さんに行きたくない。フェルチ先生なんか、大嫌いだ！」
親「そうなの？　前は、フェルチ先生が好きだったでしょ」
六歳児「今まで一度も先生のことを好きだったことなんかないもん。僕は、先生が大嫌いなんだ！」
親「なぜ泣くの？　そんな、赤ちゃんみたいなことはおよしなさい！」
五歳児「このオートミール、すっごくまずいわ！　どうして私が好きなのを買ってくれないの？」
親「あなたが好きなものもたくさん買ってあげているでしょ。先週、田舎《いなか》から持って帰ってきたあのおいしいリンゴでも食べる？」

（原注３）救急車のサイレンを考え出した人は、赤ん坊の泣き声の威力を知っていたに違いありません。
（原注４）とはいえ、退屈だからとか寂しいからという理由で泣いている赤ん坊を抱き上げるべきかどうかについては、多くの親が悩むところですが。

五歳児「ママは、私が好きなものを全然買ってくれないわ。ママが用意する食べ物はしょうもないものばっかり！」

親「リンゴは、しょうもないものじゃないわよ。前は、リンゴが大好きだったでしょ。いったいどうしたの？」

子どもが自分の感情を言葉で表現するようになると、とたんに、親は、子どもの不満をそのまま言葉通りに受け取って、その背後にある気持ちを考えなくなります。六歳の子どもがお医者さんへ行くのを嫌がったとしても、そのように言う子どもの気持ちを探求しようとはしません。子どもの気持ちを思いやるよりは、親の考えを繰り返し伝えねばということにとらわれてしまっているからです。

応答的傾聴の理念は、子どもに対して、「子ども」として関わることを思い出させてくれます。子どもを「敵対者」にしてはいけません。言い争うのではなく、親が最初に「どうしたの？」と尋ねて、子どもの話に耳を傾けたならば、先ほどの二人のやりとりはどれほど違ったものになったか想像してみてください。

＊　＊　＊

次のような会話をすることもできたのではないでしょうか。

六歳児「僕、お医者さんに行きたくない。フェルチ先生なんか大嫌いだ！」
親「フェルチ先生を嫌いなの？」
六歳児「そう、先生なんか大っ嫌いだよ！」
親「どうして先生のことが嫌いなの？」
六歳児「とにかく大嫌いなんだ、それだけだよ」

子どもというのは、いつでも自分の気持ちを話したがるというわけではありません。感情の中には痛みを伴うものもあり、大人がそうであるように、子どもも、痛みを伴う感情に向き合うのは避けたいと思うものです。また、自分の気持ちなど取るに足らないと考えている場合もあります。子どもに打ち解けて話してもらうために、これぞという決まったやり方はありません。とにかく、子どもが感情を解き放つのを手助けしようとすることを心に留めておいてください。そのためには、あなたの方から、少し探りを入れてみることが必要な場合もあります。

親「フェルチ先生に最後に診ていただいたのは、いつだったかしら？」
六歳児「夏だよ」
親「あぁ、そうね。最後に先生のところに行ったとき、何をしたか覚えている？」

六歳児「アレルギー検査を受けたんだ」
親「お母さんも思い出したわ。あれがちょっとつらかったのかしら？」
六歳児「フェルチ先生は、『数分ですむよ』って言ったのに、一時間近くもかかったんだ！」
親「まあ、そうだったの。『すぐに終わるよ』って、フェルチ先生がおっしゃったとは知らなかったわ。それじゃ、ちょっと納得いかないわね」
六歳児「そうだよ！」
親「じゃあ、今回は健康診断だけにしましょう。検査や注射は一切なしよ。もし、あなたが望むなら、代わりにお母さんからそのことをフェルチ先生にお話しするけど」
六歳児「ううん、それはいいよ。アレルギー検査をやらないのなら、そんなに大変じゃないと思うから」

＊＊＊

母親が、家の掃除やら庭の芝刈り、テーブルセッティングに夕食の支度……と忙しく動き回っている中、ジェシカは、「ビデオを借りに行きたい！」と、ずっと駄々をこねていました。夕食に招待した友達がやってくるまでに、あと一時間しかありません。ジェシカが騒げば騒ぐほど、母親の反応もイライラしたものになっていきました。仕方なく、母親はジェシカに向き直り、「いったいどうしたの？」と声をかけました。話を聞いてみると、母親がちっとも気にかけてくれず彼女は寂しかったのだということがわかりました。そこで、お客様が帰ったあと、母親とジェシカは腰をおろして、二十分間、トランプをしました。二人とも、絆がより深まったように感じていました。

＊＊＊

このように子どもの言い分を少し聞くことで言い争いは回避できるものですが、子どもから要求されると、親はつい身構えてしまいます。というのも、子どもというのは、既にたくさんのことをしてあげたにもかかわらず、大して感謝もせず、わがまま勝手を繰り返し、さらに、やりたくないようなことをやってくれと、迫ってくることが多いからです。二度、三度「ダメ」と言われても、ごね続けるような子どもは、親を甘くみているのでしょう。

仕切るのは誰なのか？

言い争いは二つのレベルで生じます。ひとつは、「就寝時間を何時にするか」「どの程度の清潔さを保つべきか」「学校がある日の夜は何時までなら電話をしてもよいか」といった、具体的に言葉で表現された言い争いです。コミュニケーション理論の専門家は、このように言葉で表現されたものを**メッセージ**と呼んでいます。これに対して、話し手同士の関係性が暗に反映され、伝達されるものを**メタメッセージ**(5)と言い、言い争いはメタメッセージのレベルでも生じます。たとえば、まだ半分しかいっぱいになっていないのに、夫が食洗機を稼働させてしまったとしましょう。妻はそれを注意し、夫の方は、「わかったよ」とその場では言いながら、二日後に全く同じことをしたとします。このようなとき、妻は、自分の言ったことを夫がちゃんと聞いてくれなかったことにムッとするかもしれません。妻の方はメッセージ、つまり言葉通りの意味を伝えたつもりだからです。しかし、夫の方は、メタメッセージを読み取り、まるで母親のように自分に指図する妻に腹を立て、面白く思っていなかったとしたら、このようにふるまう可能性があります。

言い争いの背後には、どちらの言い分を通すかという主導権争いがあります。子どもと言い争うということは、主導権を握っているはずの親も、その問いを妥当なものとして認めるということになります。どちらか一方のせいで、言い争いが起きるわけではありません。

言い争いが生じるということは、両者が同等の関係にあるということを意味します。もしあなたが仕切る立場、ボスであることに自信を持っていれば、子どもと張り合う必要を感じることなく、彼らの不満や要求に耳を傾けることができるでしょう。自分には最終的な決定権があるとわかっているので、余裕を持って、話を聞くことができるからです。

ところで子どもと言い争いになるのは、親である自分に自信がない場合に限りません。逆に、自分が仕切るべき存在（ボス）であることを承知していて、それゆえに言い争いになることもあります。子どもに何かを命じるとき、子どもを尊重する公正な親であろうとして、その理由を説明する場合などがそれにあたります。しかし、それでは、結論は、最終的に、子どもがその説明を受け入れるかどうかで変わってきます。子どもが親の説明にうまく反論できたら、そのときは親の言うことを聞かなくてもいい、と子どもは考えてしまうからです。

説明することの良し悪しは難しい問題です。たとえば、後述するように、親の決定を説明した方がよいかどうかは、子どもの年齢にもよるでしょう。しかし、「どうして寝なくちゃいけないの?」というような問いに対しては、いちいち説明などしてはいけません。このような言い方をするとき、子どもは、一見、質問しているようで、実は自分の主張を通そうとしているだけだからです。

次のことも、心に留めておいてください。それは、私たちが伝えようと思うメッセージは、二つのフィルターを通過しなくてはならない、ということです。二つのフィルターとは、自分の考えを表現するこちらの能力と、こちらが伝えようとしていることを理解する相手の能力のことです。たとえば、親の決定に異を唱える息子に、「あなたは私の言うことに従わないといけないわ。かくかくしかじかの理由があって、私はこの決定をしたのだから」と説得を試みたとします。しかし、そもそも親の言いつけに従いたくないと思っている少年はそのようなことを言われたところで、素直に耳を傾けはしないでしょう。彼はとにかく親からやれと言われていることをやりたくないだけだからです。このような状況で母親が説明を始めると、息子は待っていましたとばかりに議論をふっかけてくることになります。親の説明が子どもに対して真に有効なのは、これは議論の余地なく絶対にやらなくてはいけないことだという点を子どもが受け入れたときだけです。

私がまだ新任の准教授だった頃のことです。試験の成績に納得がいかないということで研究室を訪れてくる学生と話をするのが私は苦手でした。私は自分の採点の正しさを証明しなくてはならないと感じ、しばしば、最後には学生と言い争いになってしまったからです。「些細なことを一つ書き落としただけで五点も減点するというのは納得がいきません」と学生は私を非難するように言いました。それに対して、私は防衛的になり、「君がちゃんと授業に出席していたならば、ここが重要な点だと私が強調していたことは知っていたはずだよ」とぶっきらぼうに応じたものです。学生は腹を立て、再度、何か言おうとしましたが、私は、「自分の成績を気に入らないというのは気の毒に思うが、成績は変えられない」と、それ以上はつべこべ言わせぬことを言って終わるのが常でした。しばらくして、私は、自分が細心の注意を払って採点したのなら、変更する必要はないのだと、揺らぐことなく学生に向き合えるようになりました。すると、自分が既に適正に成績評価を行ったと心から思えているので、学生に心から同情し、不平不満にも耳を傾けられるようになって、学生との面談が苦痛でなくなっていったのです。いや、それどころか、学生たちがどのような気持ちでいるかを知るよい機会だと捉えるようにさえなりました。試験の成績を変更することは今も滅多にありませんが、私が彼らの背後にある感情に真摯《しんし》に耳を傾けることで、不満げにやってきた学生たちのほとんどは気分を良くして去っていくようになりました。

防衛的にならずに、学生の話に耳を傾けられるようになるためには、私は次の二つのことを身につけなくてはなりませんでした。一つ目は、抗議にやってきた学生に対して、「君の考えをもう少し話してくれないか」と働きかけながら、彼らの不平不満にうまく反応できるよう準備するということです。どんな人でも、挑発されれば防衛的になるものです。こつは、心の準備をしておくということです。セラピストが、個人的なことを尋ねられたときに、「なぜあなたはそれを知りたいのですか」と答えることを常としているように、教師も学生の不満に対して「君はそれが不公平だと思うんだね？」と言って応じる準備をしておくのもよいでしょう。

身につけなければならないことの二つ目は、正直なところ、私にとっては、一つ目よりもずっと大変なことでした。それは学生たちの考えに心から関心を持つということです。もともと私は学生のことよりも学科の内容、研究に関心があるタイプの教師でした。そのため、若い頃の私は、学生のことを、講義を聴きに来ている聴衆ぐらいにしか思っていませんでした。今にして思えばとんでもないことですが、実際、その通りだったのです。しかし、徐々に、特に自分の子どもたちが手を離れてしまってからはなおのこと、教育とは、学生の前に立って、立派な講義をすることよりもむしろ学生と交流することであると考えられるようになりました。愛するわが子のことであれば、その子の気持ちに関心を持つことは、きっとそれほど大変なことではないでしょう。説教をせず、子どもの話に耳を傾けてあげることが大切です。

反抗するとき、子どもは、それによって、何らかの気持ちや願望を表現しているものです。彼らがベッドに入りたがらないのは、見逃したくない番組があるからかもしれません。自分の部屋を掃除したがらないのは、外で遊んでいた方が楽しいからかもしれません。このような子どもの不満や要求を、親が認めようとしないのは自然なことです。話し合いになれば、その成り行きがどうなるのかが、親としては心配だからでしょう。しかし、それでは、残念なことに、しばしばプロセスはないがしろにされてしまいます。希望がかなう、かなわないにかかわらず、少なくとも、自分の気持ちを大切に扱ってもらえたと子どもが感じることの大切さを見失ってしまうのです。

親が「就寝時間に寝てもらいたい」「部屋を掃除してもらいたい」（必ずしも、きっちり言う通りでなくとも）と心から望んでいるとき、その思いのままに子どもに言い返してしまったら、どっちもどっちで、激しい言い争いに発展するだけです。

ここで、親が思わず言い返したくなる子どもの発言と、それに引きずられた親の反応の例を挙げてみましょう。

子どもの不満	言い争いになりやすい親の反応
「そんなのずるいよ！」	「いいえ、ずるくないわ」
「どうしてこの番組を見ちゃいけないの？」	「それは暴力的すぎるからよ」
「だって、友達はみんな、このパーティに行くのよ！」	「友達の親が自分の子どもをどこに行かせようと関係ないわ。あなたは行ってはダメよ。

この件については、これでおしまいよ」	

言い争いになりやすい親の反応に共通する点はどのようなことだと思いますか？　それは、子どもに与えるメッセージとして、どの応答も、短い一言、つまり「あなたが間違っている」というものに置き換えられるという点です。結局、人が何かに反論するのは、必ず心の底で、「自分は正しい、相手が間違っている」と思っているからなのです。

次に、応答的傾聴を実践する親ならば、どのように反応するかを示してみましょう。

子どもの不満	子どもの気持ちに寄り添った親の反応
「そんなのずるいよ！」	「どのへんをずるいと思うのかしら」
「どうしてこの番組を見ちゃいけないの？」	「この番組が本当に見たいのね」
「だって、友達はみんな、このパーティに行くのよ！」	「友達と同じことができないと、仲間外れになるような気がするのかしら」

これらは一例で、みなさんの方がもっと寄り添った良い反応を思いつくかもしれません。大事な

ことは、とにかく親は言い返さないということです。その代わりに、子どもが自分の考えを自由に表現できるようにしてあげてください。子どもが何をどのように感じようと自由なはずです。それなのに、親が防衛的になって言い返し始めてしまったら、子どもがどんな気持ちでいるのか、親はきちんと聞くことができません。

なぜそうしたいのか、子どもに理由を尋ねると、「だって、私、すごく、すごく、この番組が見たいんだもの！」というように、とても素朴な返事が返ってくることがあれば、その一方で、子ども自身、はっきりしない場合もあります。もしかしたら、友達みんながそのテレビ番組を見ているので、仲間外れになりたくなくて見たいのかもしれません。授業の中で先生が話題にしたから見たいという可能性もあります。また、子どもに禁じておきながら、親のあなたがテレビを見ているのを目撃して、ずるい！　と思ったからとか、もう一方の親があなたの知らないところで、「やってもいいよ」と子どもに許可したという場合もあるかもしれません。

＊　＊　＊

親の反応を変えることで、親子の会話がどのように展開していく可能性があるか、先ほどの例を使って見ていきましょう。

子ども「どうしてこの番組を見ちゃいけないの？」

親「この番組が本当に見たいのね」
子ども「うん」

親が積極的に子どもの願望について話を聞こうとしたからといって、子どもも、それに応じて、すぐに話してくれるわけではありません。多くの場合、このケースのように、最初は、ただ番組を見たいということに関して「うん」としか話さないものです。自分が見たいと思う気持ちの正当性を云々することには関心がなく、とにかく、番組を見られるのか否かという結論が重要なのです。そのため、気持ちを開いて、話をして欲しいと思うならば、何らかの工夫をする必要があります。

親「この番組、ほとんどが人殺しの場面じゃない？」
子ども「そんなことないよ。これは、現代のマフィアのファミリーをテーマに描いた作品なんだ。殺害の場面も出てくるけど、大部分はそうじゃないよ」
親「最強最大と言われていたボスのジョン・ゴッティが投獄されたあと、マフィアはなくなったんだと思っていたわ」
子ども「ううん、奴らはまだ商売をしているよ、特にニュージャージー州でね。廃品回収事業をやっているんだ」
親「知らなかったわ」

このように、子どもが興味を持っていることに積極的に耳を傾け、会話が進んでいったとしても、親としては最終的な決定を下さなくてはなりません。次のように、シンプルにダメと伝える場合もあるでしょう。

親「この番組は、私が考えていたものと違うということがわかったわ。でも、かわいそうだけど、あのような暴力的なものをあなたに見せるわけにはいかないわ」

あるいは、親子で一緒に見るならかまわない、という提案をしてみるのもよいかもしれません。

親「いい考えがあるの。今夜の放送は録画しておくから、明日、一緒に見ない？　もし、あなたが見るべきではないと思う暴力シーンがあったら、早送りにしてそこを飛ばしてしまうようにするわ」

子ども「うん、いいよ」

子どもの本心を知ろうとせず、表面的なメッセージだけを受け取って、防衛的に反応してしまえば、言い争いになるだけです。

言い争いが言い争いでなくなるとき

かつて飼っていたティナという灰色と白のネコは、いつもニャーニャーと鳴いてばかりいました。私はネコ好きですが、あまりうるさく鳴かれると、煩わしくもありました。ある日、ニャーニャー鳴くティナに私が文句を言っているのを耳にした妻が言いました。「あの子は、お話をしているのよ」と。なんと！　そうなんです、ティナは、話をしていたのです。それまで、私は、ティナのニャーニャーという鳴き声を頭痛の種としか捉えていなかったので、そのことに気付きませんでした。ティナが不満を訴えているように感じ、とにかくやめさせたいと思っていたのです。ところで、あなたは、これまでにネコに鳴くのをやめさせようとした経験がありますか？　実は、子どもに口ごたえをやめさせるのと同じくらい簡単なのです。

どうやってやめさせたか、ですって？　私は、次のようにして、ティナの「口ごたえ」をやめさせました。まず、ティナが望んでいることは、私の許容できることかどうかを判断します。そうして、たとえば、ティナがドアに向かってニャーニャー鳴いていたら、外に出してやりました。また、ティナが私の椅子の足もとで鳴いたら、抱き上げて遊んでやりました。ティナが特に何も望んでいるようには見えないとき、あるいは、望んでいることがわからないようなとき（よくありました）には、私はただティナに「話」をさせておきました。

あなたが言い返さなければ、「言い争い」ではなくなります。

もしティナが人間の子どもだったなら、ただ「話」をさせておくだけでなく、もっといろいろな働きかけができたと思います。ティナの言い分に私が関心を持っているということを伝えられたでしょうし、もっと話してくれるように働きかけることもできたでしょう。もっと辛抱強く付き合えたはずとも思います。また、「ティナの気持ちは、もっともだと思うよ」ということを伝えることもできたでしょう（私の夕食を狙う気持ちは除いて、ですが）。このように、様々なコミュニケーションを図ることができたのに、と思います。

私が反省すべき点は、ティナがソファの上で爪を研《と》ぐといった行動を禁じるだけならともかく、ニャーニャーと鳴くことをも一方的に規制しようとしたことです。それはティナの唯一の表現手段を奪おうとしたことにほかなりません。ティナをあなたのお子さんに置き換えて考えてみてください。子どもが不満を訴えたからといって、それを親が抑え込んでしまうということがどういうことなのか。それでは、結局、言い争いをよりいっそう悪化させてしまうだけでしょう。

＊　＊　＊

親子関係に関しては、権威とコントロールの間に根本的なパラドックスが存在します。つまり、親の権威を維持しようと思うなら、その権威をやたら振りかざさないこと、子どもの行動を管理しようとしすぎないことです。子どもが自分の考えを表現する自由を抑え込んでしまっては、管理の行きすぎです。小さなネコとの言い争いに負けていた「大物心理学者」の私が言うのですから本当です。

人の話を聞くということは、相手に自由を与えるということを意味します。それは必ずしも容易なことではありません。口ごたえの多い子どもに会話の自由を与えてしまっては、親が望まない方向に、話が流れていくのではないかと恐れ、自由を与えないということもあるかもしれません。しかし、それは全くもって真実とかけ離れています。まさに多くの親が、管理の手を緩めるということを恐れているように見えますが、そうしたからといって、子どもを掌握《しょうあく》できなくなるわけではありません。それなのに、子どもが言っていることをちょっと認めてやるだけで相互理解が深まるような場面で、なぜ親はいちいち反論してしまうのでしょう。「理解している」と伝えると、負けるとでも思っているかのようです。子どもに軽んじられたくないために、親に反抗する権利を認めず押さえつけるような親は、結局、子どもに侮《あなど》られることになるだけです。

＊＊＊

子どもが口ごたえをし続けるのは、ひとつには、親が子どもの気持ちを認めないことにあります。何はさておき、自分の考えを主張しようとする親は、自分が正しく、子どもが間違っていると決めつけがちです。

子ども「どうしていつも私が生ゴミを出さなくちゃいけないの？　弟のライアンは、家のことを何にもしないのに。そんなのずるいわ！」

親「そんなことないでしょ！　あなたはいつも文句ばっかり！」

また、子どもに嫌な気分を味わわせたくないがために、子どもが感じていることを否定して、認めない親もいます。そういうとき、親は、子どもの話を聞く代わりに、安易な「保証」を与えて、安心させようとするものです。

子ども「私のどこがいけないんだと思う？　前は、テリーは私のことが好きって言ってくれていたのに、最近はそうではなくなってしまったの。私の家へは全然遊びに来てくれないのに、私がテリーの家へ行くと、テリーは、いつもカリンと一緒に遊んでいるのよ。テリーもカリンも大嫌い！」

親「あなたは何も悪くないわ、テリーはきっと今でもあなたのことが好きよ。心配することないわ。また仲良くなれるわよ」

自分が感じていることを間違っているように親に言われることで、子どもは「自分の気持ちはどうでもいい」「親は話を聞く気がないのだから、自分の考えを伝えても、時間の無駄だ」と思ってしまいます。

わが子に「心配しなくても大丈夫」と言うとき、親としては「そんな話を聞きたくない」という思いが本音の部分にあるものです。子どもの悩みを聞いていると、親も気持ちが揺さぶられるため、「うまくいくよ」と安易に言葉をかけ、子どもを安心させようとしてしまうのです。確かに、いい方向にいくかもしれません。しかし、子どもが悩んでいることに対して、悩む必要などないと言っているだけでは、実際には、何も解決されていないため、たいした安心にはなりません。

このように、親にとってわが子が他人との関係で体験している不安や心配に耳を傾けることも大変なことですが、親である自分に対して向けられる子どもの不満に耳を傾けることは、それよりもさらに難しいものです。口ごたえが親に異議を唱える行為だからということよりも、子どもの反抗の**仕方**が、親を防衛的にさせるのです。

冷静さを失ってはいけません

子どもがやりたいことと親がやらせたいことにずれがあって、言い争いに発展しそうなときには感情的になってはいけません。それでは火に油を注ぐことになるだけです。親から言われた通りにしたくないときに、次のように落ち着いて話したりするような子はいないでしょう。

「お母さま、もう寝る時間だってことも何もかも全部わかっているんですが、その前に、ココアをおかわりしてもよろしいでしょうか？」どうですか、こうは言わないですよね。

子どもというのは、小さい強烈な願望発動機のようなものです。彼らは、早く、早くと言わんばかりに、太字と感嘆符（！）を使って、その願望を伝えてきます。欲しいものがあるときの彼らは、「**ほんとうに、ほんとうに、**それが欲しいの!!」となるわけです。

「**お願い、お願い、**テレビで『バフィー』がもうすぐ始まるの。だから、まだ寝なくてもいいでしょ？」

「あの退屈なロジャーズ先生なんか大嫌い！　もう絶対、あの授業には出ないわ！」

「どうして私はコンサートに行っちゃいけないの？　他の子はみんな行くのよ。夜十二時までには帰ってくるわ。約束するから！」

反抗的な子どもたちに言わせれば、「親は、やりたくもないくだらないことばっかり、**いつも**子どもにやらせて、楽しいことは**絶対に**やらせてくれない」だそうです。

「お父さんは、**絶対に、**私をどこにも行かせてくれないのね。**そんなの不公平だわ！**」

「どうして僕が、今、ゴミ出しをしなくちゃいけないの？　お母さんは、**いっつも、**僕が何か他のことをしているときに、用事を言いつけるじゃない！」

子どもの要求がましさに親がイライラすれば、不満や怒りといった感情的反応の応酬につながります。親が反応すればするほどそれだけ子どもへの対応も建設的なものでなくなっていくでしょう。

レストランにいるときに、赤ん坊が大声で泣き出したら、じっとそれに耳を傾けているということなどできません。赤ん坊の泣き声に、大人は、心落ち着かず、親はなんとかして赤ん坊を泣きやませなくてはと焦り、レストランにいる他の客は、親に早く赤ん坊を静かにさせてくれと思います。子どもがもう少し大きくなって、自分の混乱した気持ちを言葉で表現するようになっても、同じようなことが起きます。子どもが文句を言い始めると、親はイライラし、どうにかそれを止めたいと思うのです。親が止めたいと思う「それ」とは、子どもの苛立ちであり、また親自身の苛立ちでもあります。

どんなに冷静な親であっても、子どもに隙をつかれると、過剰に反応してしまいがちです。

子どもに文句を言われると、親の中に、怒りや罪悪感、自己防衛、失望、憤り、苛立ちといった様々な感情が生じます。そしてそのような感情は、深く考えられることなく、相手に伝えられてしまうという傾向があります。家族療法家のマーレイ・ボーエン（Murray Bowen）は、家族から挑発されると、心理的な距離が近い分、人は深く考えずに反応してしまい、怒鳴り合ったり、無視したり、しまいには一切の接触を避けるといった事態を招きがちだと指摘しています。[6] 故郷の石であるクリプトナイトに触れることで、スーパーマンがスーパーパワーを失ってしまうように、家族の言動に対して、感情的に反応してしまうと、私たちの多くは適切にふるまえなくなってしまうのです。

ボーエンは、感情的に反応してしまわないようにする対策として、スーパーマンでさえも無力にする危険な鉱石を誰かが持ち込む場合に備えること、つまり、自分が動揺してしまう可能性のあるものに対し、冷静に反応する心の準備をしておくことが大切だとアドバイスしています。家族は、こっそり袖まくりして悪巧みをするような悪党ではありません。いつもしていることをやってしまうだけなのです。冷静な反応ができるように心の準備をしておけば、子どもが口ごたえしたときにも感情的に反応せずにすむでしょう。ただし、このやり方は想定外の口ごたえには向かないという欠点があります。そこで、みなさんに、よいお知らせをしましょう。このようなときこそ、応答的傾聴が有効です。この方法を日常的に用いれば、感情的に反応してしまわないように、備えることができるからです。

＊　＊　＊

ある友人から語られた話を紹介しましょう。

「サマーキャンプの一日目、娘のゾーイは、どこか興奮しているようでした。学校が近づくにつれ、繰り返し、『行かない、行かない』と言い始めたんです。私はこうなって欲しくないなと思っていました。前の晩、彼女は、気持ちが高ぶって、なかなか寝つけず、当日の朝はお下げ髪を結ってくれと言いました。彼女は『初日』はいつもこうなんです。

ゾーイは、慎重な子どもで、気持ちが乗ってくるのに時間がかかります。一度こうと言ったらきかないところもありました。そのため、私たちは、親として、対応できるようにいつも心の準備をしていました。でも、あのときは、彼女がぎりぎりになって、ぐずぐず言うので、つい反応してしまったんです。それで、『ねぇ、ゾーイ、ほら、今日は、初日で、行かなくちゃいけないことはわかっているでしょ。ママが教室まで送っていってあげるから……』と彼女をなんとか説得しようとしてしまいました。その間、私の頭の中は、**（明日にはキャンプが終わってしまうのだから、とにかく今日、この子を送り届けて、参加させなくちゃ）**という考えでいっぱいでした。

私が説得しようとすればするほど、ゾーイは、ギュウッとシートベルトにしがみつき、そこから離れようとはしませんでした。

そのとき、思い出したんです、（そうだ、説得しようとするのではなく、彼女の気持ちに耳を傾けてあげるべきだ）ってことを。そこで私は、『ねぇ、あなたは、ときどき、本当は行きたいんだけど、行きたくない、というように、混乱してしまうときがあるわよね。今、あなたはそういう気持ちなんじゃないかしら？』と言ってみました。

一瞬、間がありました。しかし、その後、ゾーイは、何も言わず、自分でシートベルトを外すと、車を降りて、そのまま、学校へと続くスロープを上っていったんです。私も車を降りて、彼女の後を追いかけました。それから十分もしないうちに、ゾーイは、私にキスをし、

『バイバイ、ママ、じゃ、またね』って言いました。

後日、このことが彼女との間で話題になることはありませんでした。結局、ゾーイとキャンプについて話したのは、あのときだけです。たぶん、あのちょっとしたやりとりの中で、私自身も子どもと離れる不安な気持ちに対処していたんだと思います。

私は、応答的傾聴を口ごたえをなくす魔法のように思っているわけではありません。応答的傾聴には、相当な努力が必要です。そのため、私は、神経をかなりすり減らしています。でも、実際、その努力は報われることが多いと感じています」

＊　＊　＊

子どもの口ごたえに際し、親が対処しなければならないのは、子どもの要求そのものだけではありません。親に対して向けてくる子どもの感情的な圧迫感にも対処しなくてはならないのです。子どもが感情的になって要求してくれば、親は、追い詰められるように感じるでしょう。強く押されれば、押し返したくなるのは自然なことですが、言い争いというのは、単に押したり、押し返したりにとどまりません。子どもは、しつこく、激しく攻めながら、親を追い詰めてきます。反抗的な子どもは、ただ親を怒らせるだけでなく、激しく攻撃してくるのです。そのため、その激しい感情は、親にも伝染していきます。

＊＊＊

十四歳の息子、バーノンは、母親から何かするよう言われるたびに、口ごたえをしました。

「どうして、今、お皿を洗わなくてはならないの？」

「僕は今、忙しいんだよ」

「宿題は、後でするよ」

「今晩はサッカーの練習に行きたくないんだ」

と、こんな調子です。

バーノンとのやりとりに、母親はいつも大変な思いをしていました。しかし、母親が本当に苛立ったのは、バーノンにぐずぐず言われるときです。

「絶えず口ごたえされるだけでもうんざりなんですけれど、あの子の甲高《かんだか》い声でごちゃごちゃ言われるのには耐えられません。そういうときは、怒鳴り返してしまいます」

＊＊＊

手がかかる子どもに対して、親がつい大声で反応してしまうのは、親自身の性格になんらかの欠点があるからというわけではありません。現代の人々は、日々忙しく、いつも何かに追われていて、中断や遅れをなかなか許容することができません。明日、どのような服を着て学校へ行くかということでもめるのも面倒ですが、ましてや、あなたが既に仕事に遅れているとき、あるいは、あと十分もすればスクールバスが来てしまうようなときに、言い争いが勃発《ぼっぱつ》しようものなら事態は最悪です。余裕がないときほど、そういうことが起きがちです。

親が急いでいるときほど、反抗的な子どもはからんでくるものです。

子どもの訴えに、親が感情的に反応してしまうと、話し合いは、言い争いになるだけです。手がかかる子どもを説得するというのは非常に難しいことです。親が冷静さを失ってしまったら、どうにもなりません。

親が子どもを仕切るボスという立場を守れるか否かは、子どもから圧力をかけられても、感情的に反応せずにいられるかどうかにかかっています。衝動的に反応しないようにするというのは単純なことですが、場合によってはすごく難しいことです。しかし、それができれば、子どもとの言い争いの最中に、どのように追い込まれようとも、親としての立場を保つことができます。単純なことですよね？　動揺しないこと、ただそれだけなのですから。

気持ちを抑制できない人は、一般的に、意志の力で自らの衝動や欲望を抑えることを身につけなさいと、助言されます。しかし、子どもの口ごたえは、不愉快なことだからこそ受け入れたくないと思い、衝動的に反応してしまうのだと考えると、簡単にはいきません。そうした難しさはありますが、とにかく、防衛的にならず、子どもの話に耳を傾けることに集中してください。衝動的に反応しないようにしたいと思うのならば、より意識的に、子どもの話に耳を傾けるようにすることです。

子どもの挑発に乗らずに、子どもの話を聞くための「うまい秘訣」といったものはありません。まさしく練習あるのみです。ただし、ご機嫌斜めの幼児にも、ふくれっつらの若者にも、かつて、あなたがその両腕に抱いていた、あのかわいい小さな赤ん坊の面影が残っているものです。幼い頃のあのかわいい姿を思い出すことが、多少は助けになるかもしれません。

子どもが口ごたえを始めたとき、感情的にならないためには、反射的に応答的傾聴を行えるようにしておくことです。意識して、子どもの話に耳を傾けるようにしていれば、状況も、また自分の感情も、うまくコントロールできるでしょう。

子どもとの話し合いは、二つの部分に分けて行うようにしましょう。ひとつは、最大限、子どもが自分の気持ちを表現できるよう手助けする部分であり、もうひとつは、当該の問題について親としての結論を伝える部分です。この結論を伝える部分は、ゆっくりと話し合った後に行えるとよいのですが、それが難しいときには、「十数える」という方法をとるとよいでしょう。子どもの言い分を聞いてすぐに、「はい」か「いいえ」の返事をしなくてはならないときに、心の中で十数えて、少し間を置けば、子どもの話を聞く部分と、親が決定を下す部分をより明瞭に区別することができます。

ところで、子どもの口ごたえに対し、衝動的に反応せず、じっくりと耳を傾けられるようになったとしても、親がそれを表面的にやっているだけだったとしたら、子どもの気持ちを鎮めるのは難しいかもしれません。話のわかる親を演じても子どもはすぐに見抜きます。子どもが文句を言い出したとき、その間、歯を食いしばって耐えて話を聞くというのではなく、子どもがいったいどのような気持ちでいるのか、本当に知りたいと思えるように努力してください。

「**どうして**、サッカーの練習に行きたくないとそんなに言い張るの？」
「平日の夜に、**どうして**パーティに行きたいなんて思うの？」
「こんなにずっと不機嫌だなんて、今日、学校で**何があったの？**」

右に挙げたように、いきなり結論に飛んではいけません。子どもの考えていることを知るために、いろいろと質問をしてください。そして、それに対して、しっかりと聞く耳を持つようにしてください。賛成したり、反対したりするのではなく、子どもはどのように感じているのか、何に悩んでいるのか、そして何を求めているのかについて、もっと話してくれるよう働きかけましょう。

防衛的になって、子どもの話に心から関心を持てなくなったときには、次のようなセリフを準備しておくとよいでしょう。


「そのこと、全部聞かせてくれないかしら」

「もっと話を聞かせて欲しいの」

「あなたはどうしたいのかしら？」

「このことをあなたがどのように感じているのか、心から知りたいわ」

「それについて話し合いましょう」

「あなたの言い分を聞きたいわ」

「面白い考えね」

「これは、あなたにとって重要なのね」


場の空気を感情的なものにしてしまわないためには、子どもがなぜそのように考えたのかということを心から理解しようと努力することが、何よりも大切だということがわかるでしょう。

＊　＊　＊

もうひとつ、ある友人から寄せられた例をご紹介します。

「五歳になる娘のリサは、家族で民芸祭りへ行く日を勘違いしているようでした。お祭りは次の日だとリサに伝えたら、大騒ぎになるという予感がしました。と、そのとき、思い出したのです。言い争ったり、結論を急いだりせず、まずは娘がどのような気持ちでいるのかを聞き出すようにしなくては、ということを。

そこで、私は深呼吸をしました。そして目と目を合わせて話ができるように膝をつき、『今日がお祭りに行く日だと思って、本当に楽しみにしていたのね、きっとすごくがっかりしているでしょう』とリサに話しかけました。

すると、リサはヒックヒックと泣きながら、小さく『うん……』と答えました。やはり、今日がお祭りに行く日だと思い込んでいたのです。リサは、そのまま少し泣き、私は彼女を抱きしめました。しばらくして、『お祭りに行く日は明日よ』と改めて伝えると、リサは自分の気持ちをじゅうぶんに受け止めてもらえたからか、気持ちを切り替えるように、歯磨きに向かったのです。その後、私たち家族は一日楽しく過ごすことができました」

＊　＊　＊

良い親であるための秘訣は、子どもが幼いときは、しっかり手綱《たづな》を締めること、そして、成長に伴い、徐々に手放し、その子らしさを発揮できるようにしてあげることです。最初に手放さなくてはならないものは、子どもに対する親の期待です。「うちの子は親の決めた規則に従う」「なんでも親の思い通りになる」「素直で、口ごたえなどしない」。そういった期待を捨てなくてはなりません。子どもが文句を言うことを一切禁じるということは、自分らしさを発揮してはいけないと言っているのと同じです。子どもに自由に意見を語らせるということは、子どもの自律性を育むだけでなく、親の権威そのものを高めることにもなります。親が子どもの話をちゃんと聞いている限り、子どもへの影響力を失うことはないからです。

子どもが、自分の考えを表現するだけでは満足しなくなり、どのように行動するかも自分の思い通りにしたいと要求するようになったら、物事は互いに影響し合いながら生じているという円環的な思考法で対処するようにしてください。誰かを責めるのではなく、何ができるか考えるようにするのです。「親」という仕事は、この世の中で最も困難な仕事です。その中には、うまくいかないことがたくさんあるでしょう。そんなとき、円環的な思考法は、問題が起きているのは、あなたのせいではないということ、そして、いつでもあなたから行動を起こし状況を変えていくことができるということを教えてくれます。

第四章

子どもに協力的になってもらうには

「学校の自習室で全部やってきちゃった」「先生が宿題を出さなかったんだ」などと言って、いつも宿題をしない子に、あなただったら何と言いますか？　ゴミを出す約束をしても、一度も実行しない子には、どうしますか？　大きなため息と、怒った表情で親を縮み上がらせるようなティーンエイジャーには、どのように応じるとよいでしょう？　親の言うことに、いちいちつっかかってくる子。屁理屈《へりくつ》をこねまわす子。頼まれたことをちっともやらない子。そんな子どもたちに何と言ったらよいのでしょう？

「やりたくない！」「やらなくちゃいけないの？」「そんなのおかしいよ！」といった言葉を絶えず子どもから浴びせかけられている親は、皆、このようなぐずりや不満をぴしゃりと封じ込める言葉を切望していることでしょう。私もそうした親の一人として、完璧な応答が思いついたときには、それを心に刻み、将来に備えています。喧嘩が勃発《ぼっぱつ》してから二十四時間以内に、あらゆる口ごたえを抑え込み、こちらの言いたいことを相手に理解させるような応答表現が見つかるのが理想です。

子どもとの言い争いに勝つ方法

ショーンは母親のナンシーと手をつなぎながら、通りの向こう側にあるダンキンドーナッツを目指して歩いていました。その店で、母親の友人、シャロンと待ち合わせをしていたからです。歩きながら、ショーンは「ねぇ、ママ、**お願い！**　今日は**僕の**誕生日なんだよ、どうして**僕が**欲しいものを買ってくれないの？」とぐずっていました。ショーンは世界レスリング連盟のフィギュアセットを欲しいと思っていたのです。セットには、ジ・アンダーテイカー、ザ・ロック、ポン引きキャラクターのザ・ゴッドファーザーといった、いかめしいレスラーたちが含まれていました。見せることを目的にしたプロレスの激しい攻防に、ショックを受ける人は、今ではほとんどいないでしょう。しかし、いくら他人が平気でも、母親のナンシーにとって、プロレスは嫌悪の対象であることに変わりありません。そのため、息子が家にマッチョなポーズをとったフィギュアを飾ることを許す気持ちは全くありませんでした。

「ショーン、ママがプロレスのことをどのように思っているか知っているでしょ。あんなの、くだらないわ。ママはあなたがプロレスを見るのに反対よ。ああいうフィギュアを買ってあげるつもりも**ありません**からね」

「ママの意地悪!!　レスリングのどこがいけないっていうの？　僕は、大きくなったら、レスラーになるんだ！」

「ショーン、ああいうレスラーは筋肉を強くする薬を飲んで、大きくなっただけなのよ。もっと自分にプライドを持ちなさい。あんな人たちに憧れるなんて、嫌だわ」

そんな会話を交わしているうちに、二人はダンキンドーナツに到着し、母親の友人、シャロンが待つテーブルにつきました。シャロンは、湯気が立ち上る熱々のコーヒーをすすっているところでした。

「ちょっと、シャロン聞いてちょうだい。うちのかわいい坊やが、自分の誕生日にいったい何を欲しがっていると思う？　あの低俗なプロレス番組のアクションフィギュアが欲しいって言うのよ」ナンシーは言いました。それを聞いたシャロンは「あの人たち、気持ち悪いわよね！　ショーン、もっとしっかりしなきゃ。ああいう頭が空っぽの、ろくでもない人たちのグッズを欲しいなんて思っているようじゃダメよ」と言いました。

ショーンは、そっぽを向いていました。ナンシーは息子が気分を害しているのに気付き、「ね、ママは、あなたに、テレビで見るものを何でもいいと思うような子どもになって欲しくないだけなの。プロレスだって、あなたに見せたくないわ、くだらないし、八百長だらけなんだもの」と、なだめるように声をかけました。

しかし、ナンシーは、それ以上、何も言いませんでした。その必要がなかったからです。この言い争いに彼女は既に勝利していました。

＊＊＊

子どもとの言い争いに勝つというのは、どういうことだと思いますか？　妥協せず、親の意見を押し通すということでしょうか？　それとも、とにかく、子どもの意見を批判し、攻撃して、打ち負かすことでしょうか？　あるいは、その両方？　プロレスのフィギュアに関して、息子との言い争いに、ナンシーは勝ったと感じたかもしれません。なぜなら、彼女の意志は固く、力強く自分の意見を主張し、それに対し、ショーンは一言も言い返さなかったからです。

このときの口論で、ナンシーがショーンに伝えたいと思っていたことは、とても重要なことでした。それは、暴力的なものや自己陶酔的なものを憧れの対象にして欲しくないということです。大抵の親が同じように考えるでしょう。しかし、今回のように、子どもを言い負かしたり、子どもが憧れる対象を批判したりすることで、親が言い争いに勝ったとしても、子どもは親の真の思いを理解したり、納得したりすることはありません。徹底的にやりこめられ、怒りをくすぶらせるだけです。

＊＊＊

ただ親の言いなりになった、つまり親の望むように行動するために自分のやりたいことを諦めさせられた、といった思いを子どもにさせないためには、次のことが重要です。それは、自分の希望は通らなかったとしても、そのような希望を持つ気持ちは理解してもらえた、大切に扱ってもらったということを子どもに感じさせる関わりです。親から大切に扱われたという感覚は、子どもにとって、とても重要なものだからです。

では、どうしたら子どもは親に対して協力的になってくれるのでしょう。それは、子どもの話を親が丁寧に聞いてあげるかどうかが大きく影響します。たとえば、ある子どもが、親から何かをやりなさいと言われて、頑《かたく》なにそれを拒否していたとします。その子に対して、かなり強い調子で命令すれば、親に従わせることはできるでしょう。しかし、親が子どもの言い分に耳を傾け、子どもの考えを理解しようとしなければ、子どもは親のために協力しようなどとは思いません。

＊＊＊

子どもは、親の瞳を覗《のぞ》き見て、そこに映った自分自身の姿から、自分について様々に判断します。たとえば、一歳のよちよち歩きの女の子が、おぼつかない足取りで歩いていて、突然、バランスを失い、転倒したとしましょう。痛さを感じてはいますが、その子どもはどのように反応してよいのかわかりません。そこで、手がかりを求めて、母親の方を見ます。このとき、もし母親が、血相を変え、「まあ、大変!」と大きな声をあげながら、子どものもとへ駆け寄ってきたのなら、何かひどく恐ろしいことが自分に起きたと感じ、子どもはわっと泣き出すでしょう。それに対して、子どもがひどい怪我を負っていないことを瞬時に見て取った母親が、「大丈夫、大丈夫。さぁ、スヌーピーのぬいぐるみを取っていらっしゃい」と落ち着いて子どもに声をかけたとしたら、子どもは安心して、ホコリを払って、そのまま進み続けます。このまま探索を続けても大丈夫だということがわかるからです。

このよちよち歩きの女の子がもう少し大きくなって、母親の言うことに口ごたえするようになったとき、母親の瞳を覗き見て、少女はそこから何を読み取るでしょう。正当な意見を持った、分別ある一人の人物か、それとも、口ごたえばかりする、頑固で、腹立たしい子どもか。ただし、腹立たしくない女の子になろうと思ったら、誰とも意見を対立させないという方法しかないでしょうけれど。

＊　＊　＊

親に話を聞いてもらって、しっかりと理解されている子どもは、親との間に連帯感が形成されています。やりたくないことでも、親のためなら進んでやろうと、子どもに思わせるのは、この連帯感、すなわち、親から理解され、大切に扱われているという感覚にほかなりません。

応答的傾聴は子どもの自尊心を高める

先の例のナンシーはよく気が付く母親だったので、息子が気分を害しているのを感じ取ると、すぐに言い争いをやめました。あのとき、ショーンは恥ずかしさでいっぱいでした。誕生日に欲しいものを母親に伝える中で、ショーンは、大きくて強くなりたいという自分の夢も語っていたのです。子どもたちが、インクレディブル・ホークやワンダーウーマン、ザ・ロックといったプロレスラーや、コミックマンガのバッフィ・ザ・バンパイアスレイヤーに憧れ、スーパーヒーローごっこをして遊ぶのは、子どもの夢がそこに体現されているからです。ヒーローは、小さくも、弱くもありません。とんでもなく、大きくて、強いのです！　摩天楼をよじ登り、マントを身につけ空を飛び、壁の向こうを透視して、悪い奴らをコテンパン。人々から称賛されるヒーローたち。

母親のナンシーは、ショーンが憧れているものを「くだらない」と言って批判し、他の大人の前で「かわいい坊や」と彼のことを呼びました。さらに、そんなものを欲しがるなんて、自分にじゅうぶんな誇りを持っていないことの表れだというようなことも言ってしまいました。こんなふうにして、母親は、不注意にも息子を侮辱したのです。

親が子どもを侮辱するというと、大抵私たちの頭に思い浮かぶのは、興奮しきった大人が、うつむく子どもに向かって、「おまえは底抜けの馬鹿だな！」「あなたには、うんざり！」といった言葉を浴びせ、ガミガミと叱りつけている姿です。しかしこのような意図的な辱《はずかし》めは、傍《はた》から見ていても痛々しいものですが、一般に、それほど頻繁に生じることではありません。それよりも、子どもが何らかの気持ちを伝えたときに、親がそれに反対したり、場合によっては関心を示さないといった日々の小さなやりとりの中で子どもは傷つけられることの方が多いものです。

たとえば、学校で描いた絵を見せようと父親のもとに駆け寄る幼い女の子がいたとします。「パパ、パパ、ほら、私が描いたのよ!」という娘に対し、父親が「ほう、すばらしいね、なかなかいいじゃないか!」と応じるか、「パパは忙しいんだ、見てわかるだろう?」と応じるかによって、描かれた絵をどう思うかということだけでなく、子どものことをどのように考えているかということが娘に伝わります。「パパは忙しいんだ、見てわかるだろう?」と言った場合でも、娘を大切に思う気持ちはあるかもしれません。しかし、実際、親が心の中でどのように感じていようと、言葉にされたことしか子どもには伝わらないのです。

自分と相容れないからといって、子どもの話をじっくり聞くことをせず、また、子どもの立場か

子どもが何を望もうと、そのことで子どもを侮辱してはいけません。

恥とは、大切な人に拒絶されたという痛みを伴う体験です。最も大切に思い、なおかつ、褒められたいと思う相手から、相応の評価が得られないとき、子どもは、恥ずかしさを覚えるものです。

ら問題を理解しようともせずに、頭ごなしに子どもを批判すれば、子どもは屈辱感を味わうでしょう。それに対して、応答的傾聴を行うということは、相手の言い分に耳を傾けるほどに、相手を大切に思っているということであり、それは子どもにも伝わります。

プロレスのフィギュアを欲しいと願ったことを母親から批判されたとき、ショーンはどのような気持ちになったでしょう？　まず、ダメと言われたことに、がっかりしました。そして自分の誕生日なのに、好きなものをもらえないことに納得がいかず、腹を立てました。さらに、プロレスのフィギュアを欲しいと願ったことを批判され、傷つきました。母親のナンシーは、ステロイドを用いて筋骨隆々になったような男性を憧れの対象にするのは好ましくない、ということを息子に伝えたいと思っていました。しかし、あのやりとりから、ショーンが受け取ったメッセージは、このような願いを抱いた自分はダメな人間だというものです。

ジェネレーションギャップから、親がよいと思うものと子どもが憧れるものは必ずしも一致しない場合がありますが、子どもがスーパーヒーローになることを夢見るのは普通のことです。子どもが誰かに憧れ、それに夢中になっている間は、親はそっと見守ってあげることが大切です。夢を取り上げてしまうのではなく、より成熟した、適切な形へと昇華していく時間をどうか与えてあげてください。

＊　＊　＊

誕生日にプロレスのフィギュアが欲しいという息子に対して、応答的傾聴を用いて対応しようと母親のナンシーが思ったとします。そのためには、息子の気持ちに耳を傾け、対話をする部分と、息子の希望をかなえるかどうかという結論を下す部分は、分けて考えなくてはいけません。しかし、そのように区別することは、口で言うほど簡単なことではありません。親が子どもの願いに親身に耳を傾けられるのは、一般的に、それがかなえてあげたいと思うような種類のものに限られ、買い与えたくないようなものを子どもが欲しがったとき、欲しがるものの良さを正当に評価するには、それなりの訓練が必要だからです。親は、つい「でもね……」と口を挟んでしまいたくなるものです。そうなると、結局、親の考えを押しつけることが大切で、子どもの話を聞くことはどうでもよいと思っているようにとられてしまいかねません。

応答的傾聴を効果的に用いるためには、まず親自身が、子どもとの対話を大切に思えるようにならなくてはなりません。子どももまた、対話そのものより、親がどのような結論を下すかという部分に気持ちが集中してしまう可能性があります。しかし、それは、ある面、親が子どもの意見や考えに心から関心を持って耳を傾けることがあまりなく、子どもは「ダメ」とか「いいよ」という結論だけを伝えられることに慣れてしまっていることが原因です。私が、ここで、「心から関心を持って」と表現したことに注目してください。応答的傾聴では、「そうね、でも……」とか、「レスリングのフィギュアをかっこいいと思っているのはよくわかったわ。でも、やっぱり、買ってあげられないわ」という言い方はしません。それでは、結論を急ぎすぎていて、相手の話に心から関心を持って聞いているとは言えないからです。まず、子どもに気持ちを詳しく語ってもらうことが大切なのです。

もし、ナンシーが応答的傾聴を用いてショーンと対話しようと思うなら、積極的に息子の目線で物事を捉えるようにしなければなりません。彼が興味を持っていることを、彼自身、どのように考えているのか、その点にエネルギーを注ぎましょう。そうすることが、息子を尊重していることにもつながります。何を考え、どのように感じるべきか、わが子にいちいち指図するような親の下では、子どもの自尊心は育ちません。自分の願望や考え、感情などを親が尊重してくれていると感じることによって、子どもの自尊心は育まれるのです。

＊＊＊

ナンシーとショーンの対話がもっと共感的なものであったなら、どのような展開がありうるかを次に示します。

「ねぇ、ママ、**お願い！**　今日は僕の誕生日なんだよ、どうして**僕が欲しい**ものを買ってくれないの？」

ショーンがぐずるのは、聞いて欲しい思いがあり、感情が高まっているという合図です。母親は、このタイミングで、「本当にレスリングが好きなのね」といった言葉をかけて、応答的傾聴を始めるとよいでしょう。

ショーンは、最初は、「うん」としか言わないかもしれません。欲しいものを買ってもらえるかどうかで、頭の中はいっぱいで、気持ちを聞いてもらうことなど、どうでもよいと思っているからです。会話を広げていくために、ナンシーはちょっとした工夫が必要です。たとえば、子どもが親よりもよく知っている話題を持ち出し、それについて「教えてくれる?」と誘いかけるのもよいでしょう。子どもは、大抵、喜んで得意分野の話をしてくれます。

「ねぇ、どのレスラーが一番有名なの?　アクションフィギュアになっているレスラーは誰?」と母親が尋ねれば、ショーンは「一番有名なのは、ザ・ロックだよ。彼はね、相手をコテンパンにやっつけようとするとき、その前に、こんなふうにカッコよく片目をウィンクするんだ。それから、僕が気に入っているのは、サージェント・スローター。彼は、陸軍の制服を着ているんだけど、勝つと、国旗を持って、リングを一周するんだよ。この二人が僕のお気に入りなんだ」などと答えてくれるでしょう。

このとき、息子の気持ちに寄り添おうとして、「本当にその人たちが好きなのね」とか「プロレスラーのように大きくて、強いってことが、どんなに素敵なことか、ママにもわかるわ」といったことを言いたくなるかもしれません。このような親の言葉は、幼い子どもには効果的ですが年齢が上がってくると、見下されているように受け取られる可能性があります。「あなたの気持ちがわかる」という表現は、共感を示す決まり文句のようになっていますが、実は、あまり気持ちをわかっていないときに使われることの方が多いからです。また、この表現を使うと、会話を広げようとしているより、むしろ、打ち切ろうとしているように、大抵は、受け取られてしまいます。そのため「このことを、あなたがどんなふうに思っているのかまだよくわからないの。だから、もう少し話してくれないかしら」といった表現の方が、相手により共感的な姿勢が伝わります。息子を大切に扱おうと思うなら、ナンシーは、自分の気持ちに忠実であると同時に、息子の気持ちを受け入れるようにするとよいでしょう。

「ショーン、プロレスって乱暴だし、現実離れしているってママが思っているのを知っているでしょ。人を戦わせるという考えが、ママは好きではないの。あなたはどう思う？」

「ええっ、ちょっと待ってよ、ママ、あれは演技なんだよ、演出なんだ。彼らは、本気でお互いを痛めつけあっているわけじゃないんだよ。でもね、あの人たちが、大きくて、強いのは、まぎれもない事実なんだ。僕も、大人になったら、あんなふうに大きく、強くなりたいんだ」

「そうね、ショーン。あなたなら、きっと、大きく、強くなれるわ。ね、そのために、ウェイトリフティングとか、何か運動をしてみるというのはどう？　どうしたら大きくて強い人になれるか考えてみましょう」

応答的傾聴の基本は、子どもが自分の気持ちや考えを夢中になって話してくれるよう働きかけることにあります。子どもは、大きくなったら何になりたいという空想をきっと喜んで話してくれることでしょう。

＊＊＊

大抵の親はプロレスと聞くと、あまりいい顔をしませんが、子どもは、大きくて強いものに憧れるものです。愛情に満ちた親なら、こうした子どもの夢を否定せず、その良さを認め、受け止めていることを子どもに示すでしょう。それは、子どもの存在そのものを認め、受け止めているということでもあります。ナンシーは、どこかの時点では、息子に「ダメ」と伝えたいと思っています。しかし、その「ダメ」は、欲しいものを買ってあげられないということに関してのみ用いられるべきで、子どもが自分の夢を描く自由にまで「ダメ」を押しつけてはいけません。

＊＊＊

子どもに強い言葉を浴びせかけ、服従を迫るような親に出会うと、セラピストの仕事をしながら、私はいつも歯がゆさを感じます。たとえば、ある父娘の面接を担当したときのことです。夕食時に、父親から野菜料理を全部食べてしまうようにと厳しく叱りつけられ、娘が、気分を害し、席を立って、泣きながら自分の部屋へ走り戻る、という出来事が話題になったことがありました。エピソードを聞いた私は、「そのとき、娘さんが気分を害したのはどうしてだったのか、娘さんから聞き出してみてください」と父親に言いました。父親は、すぐに娘に話しかけましたが、そのとき娘がどのような気持ちを体験したのかを知ろうとするのではなく、娘が席を立った際にこぼしたミルクの話を始め、ミルクを飲むことがいかに重要かと解説し始めてしまいました。父親の話を聞いていた少女の頭はどんどん垂れていきます。とうとう完全にうつむいたとき、私は、父親に歩み寄り、握手を求めました。

「どうして握手なんですか？」と彼はいぶかしげに聞きました。

「おめでとうございます。あなたの勝ちです」と私は言いました。

「勝ちってどういうことですか？　そういう問題だとは思っていません」と彼は言いました。

「おや、そうでしたか」と私は言いました。

そのとき、私は、このやりとりで、自分の言いたいことは彼に伝わったと思い込んでいました。しかし、本当は、このような皮肉っぽい言い方ではなく、もっと別の方法で、この父親に自分がしていることを気付かせるべきでした。

野菜料理を残さず全部食べなさいと言われて不機嫌になっている娘に、父親はどのように応答的傾聴を用いればよかったのでしょうか。それは簡単です。まず、父親は、説教するのではなく、どうして不機嫌になったのかを娘に聞きます。自分が言いたいことはひとまず置いて、娘が感じていることにちょっとした関心を示してあげるのです。「夕食の席で、パパはおまえをすごく傷つけてしまったんだね」といった一言をかけることで、父親が気にかけていることが伝わり、もしかしたら、娘の方から、そのときの気持ちを詳しく話し始めてくれたかもしれません。

今ここで、彼は娘に対して、こういう言い方もできたのではないかと提案しましたが、私も父親に対して、もっと別の言い方をするべきでした。今度はそれについて考えてみましょう。父親はなぜ娘に説教をしなければならないと感じたのでしょう？　もしかしたら、娘の健康を心配するような、なんらかの正当な理由があったのかもしれません。たとえば、彼の母親が骨粗鬆症《こつそしょうしょう》で、娘にはそのような病気になって欲しくないと思っていた可能性もあります。はっきりしたことはわかりませんが、いずれにせよ、先ほどのように、「おめでとうございます」などと皮肉を言って、攻撃するのではなく、セラピストらしく、私は、応答的傾聴を用いて、彼の心の中を理解しようと努めるべきでした。そうしたなら、もっと彼と分かり合えただろうと思います。

親も忍耐強く対応できないことがあります。そのような親の行動を批判するのは簡単ですが、そのときの親の気持ちを理解することの方がずっと大切です。

＊＊＊

次に、もう少し父親の立場を理解しようとしていたのなら、私はどのように対応できたのかを考えてみましょう。

娘の気持ちを聞き出すようにと伝えたにもかかわらず、この父親は娘にお説教を始めてしまいました。そのとき、私は次のように言えたらよかったかもしれません。「ちょっとよろしいですか。

私はあなたに、娘さんがどんな気持ちだったか聞き出してください、とお願いしました。それなのに、あなたは、牛乳を飲むことの重要性を娘さんに説明し始めましたよね。それはどうしてだったのでしょう？」

このように、相手を理解しているふりをするよりは、よくわからない点について、正直に伝える方がうまくいきます。どのような言い方をするかはあまり問題ではありません。とにかく、相手が話をしてくれるよう働きかけることが重要です。たとえば、「娘さんがきちんと栄養をとるということについて、あなたは何かとても気になっていることがあるようにも感じるのですが」という言葉でもよいでしょう。

「はい、実のところ、そうなのです。娘はいつも食べ物の好き嫌いが激しくて……。私は、娘にはファッションモデルのようなスタイルでないと、人気者になれないと考えるような若者になって欲しくないのです」といった父親の思いを話してくれるかもしれません。

多くの人がそうであるように、この父親も、目の前の子どもをありのままに見ようとせず、娘の行動から起こりうる問題を勝手に連想し、心配していました。父親がどういう考えであったとしても、私は、彼のセラピストとして、娘の話を聞くように一方的に指示するのではなく、彼自身が聞きたいという気持ちになるように働きかけるべきでした。そして、それが習慣となるようにサポートしなくてはいけなかったのです。別の言い方をすると、あのとき、私は、まさしくひとりの困り果てた親のような気持ちで、彼に協力的になって欲しい、つまり、私の期待するように行動して欲しいと思っていました。それならば、なおのこと、私は、なぜ彼が私の求めに応じてくれないのか、彼なりの理由を真剣に考えなくてはいけなかったのです。

そうした反省をふまえ、このあとの展開も考えてみましょう。

「あなたのお考えに賛成です。多くの若い少女たちがそのように感じていることを、私も残念に思います。ただ、ちょっと提案させてください。まずはじめに娘さんの気持ちを聞いてあげないと、あなたが伝えようとしていることの重要性を、娘さんは正しく理解できないと思います。もう一度試してみませんか。今度は、なぜ、娘さんがあれほど不機嫌になったのか聞き出してみましょう」

「はい、先生がおっしゃりたいことはわかる気がします」と彼は言いました。そして、娘の方へ向き直ると、「私がおまえに、自分のお皿の野菜料理を食べてしまうように言ったとき、どうしておまえはあんなにすねたんだい？」と尋ねました。

「覚えていないわ」娘は小さな声で言いました。

「おまえの気持ちを傷つけてしまったかな？」父親はなおも尋ねました。

最初のうち、彼女は何も言いませんでした。しかし、父親がじっと待っていると、しばらくの沈黙の後、「うん」と言いました。彼女は下唇を噛《か》んで、絨毯《じゅうたん》を見ていました。尋ねられることにも、それに答えることにも慣れていなかったからです。

父親は「いいかな、私はただ、おまえに丈夫に健康に成長して欲しいと願っているだけなんだ、わかるよね。それでも、野菜を食べなさい、という私の言い方に、何か、気に障る点があったというこことかい？」と再び尋ねました。「うん」と娘は答えました。今度は、もう少し感情がこもっていました。「私は、全部食べるつもりだったのよ。なのに、お父さんがすごく意地悪だったから……。いつも、ちゃんと食べなさい、食べなさいって言うばかりで、私のことをちっとも信用してくれていないでしょ……」

子どもが自分の気持ちをここまで説明してくれたなら、父親の方は、娘の気分を害してしまったことを謝った方がよいと思います。その上で、もし必要ならば、彼女にとってきちんと食べることを父親がいかに大切に思っているかを繰り返し述べてもかまいません。結局、重要なのは、親が何を言うか、言わないか、ということではなく、時間をとって、娘の気持ちに耳を傾ける、ということなのです。そうしなければ、娘はただ親に難癖つけられたとしか感じません。もちろん、同じことは、この父親の気持ちにも当てはまります。娘の話に耳を傾けないことを私から注意されたとき、おそらく彼も同じような気持ちを体験していたはずですから。

＊＊＊

最近、親が自分の子どもを侮辱する最悪の場面を目撃したので、そのときのことをご紹介しましょう。母親とティーンエイジャーの娘が一緒にセラピーに来ていたときのことです。娘が床に洋服を放りっぱなしにすることに関して、二人はその場で言い争っていました。そのとき、突然、母親が次のように言い出したのです。「いいこと、あなたは、これまでいつもそんなにきちんとしていたわけではないでしょう？」そして、母親はその少女が最近、妊娠し、中絶した事実を持ち出しました。少女は、ずたずたに自尊心を傷つけられ、口ごたえするのをやめました。それまで何について言い争っていたのか、娘の頭からはとんでしまったと思います。この私でさえ思い出せないほどでした。

なぜ、親は、子どもの主張に単に異議を唱えるのではなく、このように、子どもを辱《はずかし》め、考えを却下し、打ち負かそうとするのでしょう？　おそらく、子どもから挑発されていると感じるからなのでしょう。親というのは、多かれ少なかれ、子どもと敵対的関係に陥り、身動きできなくなるという経験をしているものです。一度、そうした関係に陥ると、人は自分自身を守るために相手を打ち負かそうと思いがちです。子どもとの対立に疲れ果てた親も、反抗的なわが子を前に、しばしばそのような気持ちになるのでしょう。子どもが絶えず何か不満を訴え、それが収まる様子がないとしたら、大抵の親は、とにかく目の前の言い争いに勝ちたいと思ってしまうものです。しかし、愛するわが子を打ち負かしても、実際のところ、言い争いに勝ったとは言えません。

服従することと協力的であることの違い

子どもに行儀良くしていて欲しいと願わない親などいるでしょうか。レストランに入って、幼いわが子が注文した料理を静かに食べてくれるかしらと心配せずに、夕食が食べられることを想像してみてください。あるいは、親が指示を出して、子どもがすぐにそれに取りかかり、終わらせてしまう、そんなことを想像してみましょう。シェイクスピアだったか、「マルタの鷹」のサム・スペードだったかが言っていましたね、「そんなのは夢の産物さ」って。

＊　＊　＊

私が治療者として仕事を始めた頃に出会った家族の話をしましょう。十二歳になる息子が親の言いつけに従わないということで、家族で私のクリニックを訪れました。子どもが親の言うことを聞かないと嘆く家族には共通点があります。それは、子どものしつけに関して、両親が一致団結していない、ということです。この事例の父親も、母親は息子に対して、口やかましすぎると思いながらも、気が弱く、何も言えずにいました。父親がそのような無責任な態度をとるため、少年は、母親と喧嘩をするたびに、父親がひるむような激しい勢いで母親に反抗しましたが、それでも、母親と息子が角を突き合わせて格闘している間、父親は黙って苦々しい顔をしながら、傍観しているだけでした。

私は、この父親は、もっと家族に関わるべきだと考えました。そこで、息子の最近の態度について、父親がどう思っているか、息子に直接話をするように提案しました。父親は、私に言われた通り、息子の方を向くと、「私たちは、おまえがこれまでしてきたことには困り果てているんだ」と言いました。その言葉には全く心がこもっていませんでした。「私たち」という言葉を、父親は誰かを馬鹿にしようとして使ったわけではありません。もちろん、母親を馬鹿にしたわけでもありませんでした。しかしその言葉を聞いた母親は「あなたは今まで傍観者だったくせに、急に『私たち』なんて言って馬鹿にしているわ」と怒り出しました。

母親は、父親がちっとも助けてくれず、自分を気遣ってくれる様子もなければ、相談にものってくれないと言って非難しました。ここが自宅だったら、父親は、逆らわずに彼女をなだめるか、テレビでもつけ、いい加減にすませているところでしょう。しかし、ここは診察室で、そういうわけにはいきませんでした。すると、父親は、「おまえは息子に対して、心配しすぎだし、期待しすぎだと思う」と、はっきりと声に出して自分の意見を述べたのです。それは、おそらく初めてのことでした。

それから、相手を非難し合い、涙を流し、お互いに謝るというやりとりが両親の間にあり、六週間後、事態はかなり改善しました。父親は、息子と以前より多くの時間を過ごすようになり、また、しつけに関して妻と意見が一致しないときには、そのことを言葉にして、二人でとことん話し合うようにもなったのです。息子の方も、以前よりは、やるべきことをやるようになっていました。にもかかわらず、母親は、「でも、あの子は、やりなさいと言われたことに、あまり楽しそうに取り組んでくれないんです。私は、息子に、積極的にやりたいという気持ちを持ってもらいたいと思うんですが」と、こぼしました。

母親のその言葉に、私は何も言えませんでした。これだけの変化があったのに、私のアドバイスに賞賛を示してくれないことへの腹立たしさでいっぱいだったからです。しかし、あれから二十二年、ようやく、私は、ひとつの答えにたどりつきました。

＊　＊　＊

親は、子どもに協力して欲しいと言いますが、果たして本当にそうなのでしょうか？　私の辞書によると、「協力」とは「共通の目的または利益のために一緒に取り組むこと」を言います。「命令されたことをする」のは「服従」です。

親が子どもに「協力」して欲しいと言うとき、実は、親の言うことに対して、機嫌よく、「服従」して欲しいと思っている場合がほとんどです。本当の意味で協力したいと子どもに思わせるには、親が一方的に命令するのではなく、親子で一緒に取り組んでいるという実感を子どもに持たせることが必要です。目的を共有するには、子どもの気持ちに適切に応答しながら、話を聞かなくてはなりません。親が話を聞いてくれて、自分の気持ちを理解してくれたと実感できなければ、子どもは自ら進んで親に協力しようとは思わないでしょう。

もしあなたが、わが子はやるべきことはきちんと成し遂げる、自分の考えを持った賢い子どもだと信頼し、敬意をもって接したならば、子どももあなたに対して、もっと敬意を示し、もっと協力したいと思うようになるでしょう。子どもというのは、お手本から学ぶものです。

協力的な関係は、互いを尊重し合う中で育まれるものです。

ところで、みなさんはどのようなやり方で子どもに対する敬意を示していますか？　子どもが親に反抗していても、話を聞くようにしていますか。子どもの気持ちに耳を傾け、確かにそういう気持ちになることもあると認めてあげていますか。子どもが自分なりの考えを持つことを認め、その自己主張も受け入れるようにすれば、子どもは自ら親に協力したいと思うようになるものです。子どもに有無を言わさず服従を迫っても、協力的な関係を作ることはできません。

親に敵対する子どもの言動に耳を傾けることには、子どもの反抗心を解き放つ作用があります。

私がかつて軍隊にいたときの話をしましょう。軍隊では、私はとにかく言われた通りに行動していました。新兵訓練担当の軍曹から、地べたで腕立て伏せを五十回しろと言われれば、そうしました。四つん這いになってマシンガンの砲火の中を進めと言われれば、その通りにしました。そうしないとどんな目にあうかと恐ろしく、とにかく命令されるままに従っていたのです。しかし、このような軍隊生活で、私が絶対にしなかったことがありました。それは「協力する」ということでした。軍隊にいる間、私は常に最善を尽くしていたわけではありません。自主的に取り組んだことなどは皆無でした。

軍隊総出の体力コンテストがあったときのことです。私は軍曹から、部隊のために良い成績をあげるように言われていました。その期待通り、十種目中九種目で満点を取り、あとは、得意の一マイル（約一・六キロメートル）競走を残すのみとなりました。しかし、最初の三周は懸命に走りましたが、四周目になって私は歩き出してしまいました。コンテストが終わってから、軍曹には、こむら返りを起こし、走れなかったと説明しましたが、実際のところ、彼のことが嫌いだったので、私はわざと歩いてやったのです。軍曹は意地悪で、私のことを馬鹿にしていました。それゆえ、彼の言う通りにやって、あえて彼を成功させてやろうなどという気持ちには全くなれませんでした。

大抵の親は、子どもが、ただ、言いつけに従うだけでは満足しません。自ら進んで協力的に、親の言うことに従うことを望みます。しかし、子どもは言われたことに喜んで取り組むべきだと親が考えすぎている点に問題があります。

協力的に取り組む、という精神は、子どもに、元来、備わっている特性ではありません。それなりの親子関係があってはじめて生まれるものです。子どもは、

> 新兵訓練担当の軍曹のように、厳しく押さえつければ、子どもを服従させることはできますが、尊敬を強いることはできません。親が望むことを子どもにやらせることはできますが、親のために最善を尽くすように仕向けることはできません。協力したいという気持ちは、人から強制されるものではないからです。

欲しいものを得るための交渉手段として口ごたえをしていると考えれば、子どもに協力的になってもらうにはどうすればよいのか、逆に、どんなことを言うと反発されるのか、推測できるのではないかと思います。

子どもの反抗や要求に対する親の対応は、一般的に、次の三つに分かれます。ひとつは、子どもの言いなりになること。もうひとつは、新兵訓練担当の軍曹のように厳しく押さえつけること。そして三つ目が応答的傾聴、つまり、まずは、しっかりと子どもの考えに耳を傾け、それから、親としての結論を下す、という対応です。

「もう、わかった、わかった。だから静かにして！」

相手の言いなりになれば、言い争いを避けることができます。それゆえ、急いでいるとき、疲れているとき、平和と静けささえ手に入ればいいと思うようなとき、親は子どもの要求に応じてしまいたくなるものです。「わかった」と言いさえすれば、子どもはおとなしくなるでしょう。こうして子どもの要求に応じてしまった経験は誰もが持っているのではないでしょうか。しかし、ぐずぐず騒ぎたてれば、最後には親は折れてくれる、ということを学んでしまうと、子どもは、欲しいものを手に入れるために「ぐずり」を武器として用いるようになってしまいます。子どもに食い下がられ、不本意ながらも、親がそれに応じてしまう、ということを繰り返していれば、子どもは将来、わがままで、利己的な大人になってしまいかねません。

みなさん、ご存じの通り、かんしゃくを起こした子どもに一度折れてしまうと、欲しいものを手に入れたいと思うたびに、子どもはかんしゃくを起こすようになります。では、なぜ、子どもが泣いたり怒ったりして騒ぐと、親は折れてしまうのでしょう？　それは、そうすれば、その場では子どもを黙らせることができるということを学習しているからです。このように行動が形成されていくことを、心理学用語で「**強化**（訳注1）」と言います。

ルール変更には、それなりの理由がなくてはなりません。子どもに根負けして変更することがないようにしてください。

私たちは、ある行動を理解するためには、大抵、過去に遡《さかのぼ》ってその原因を探ります。今、起きていることは、過去に何かがあったから、と考えるのです。その例を挙げましょう。

「学校でどのようなことが起こっているか、マリアは母親に話そうとしません」
→こんなふうに彼女を無口にさせるような出来事が何か学校であったに違いない！

「ブラッドリーは、朝食に、お気に入りブランドのシリアルしか口にしません」
→幼いとき、違うものを食べてトラブルがあったに違いない！

右のような考え方とは逆に、誰かの行動について、その原因を未来に探し求める考え方もあります。その方が問題解決につながる場合が少なくありません。ある行動の後にどのようなことが起こるかを考え、そこから原因を推測してみましょう。

マリアが母親に話をしないのは？
→マリアが話をしたとしても、母親がその話に耳を傾けないからかも。

ブラッドリーがお気に入りのシリアルしか食べないのは？
→彼が欲しいと強く主張すると、母親が買ってくるからかも。

何か得られるものがあれば（得られるものは物理的なものに限らず、親に相手をしてもらえるということも含め）、その行動は繰り返されるようになります。一方、無視されたり、罰せられたりすると、その行動は徐々に消えていきます。

次のような場面を考えてみましょう。母親にペロペロキャンディを買ってもらえず、お店で五歳

（訳注1）ある行動に伴って、ある出来事が起きた結果、行動と特定の反応の結合が強まり、その行動が繰り返されやすくなること。

になる子どもがぐずり始めました。母親は、「こんなふうに大騒ぎして、キャンディを買ってもらえると思ったら、大間違いよ！」と怒っています。それでも「買って、買って、買って！」と頼み続ける娘に、母親はキレて、一言。「静かにしないと、何も買ってあげませんよ！」その瞬間、少女は口をつぐみ、静かにしたご褒美に、ペロペロキャンディを買ってもらったとします。このやりとりで強化されるのはどんなことだと思いますか？　まず、この娘はかんしゃくを繰り返すようになるでしょう。しかし、それだけではありません。

母親の方もまた、子どもの言いなりになることを繰り返してしまうようになります。なぜなら、子どもの要求に折れることによって、娘が静かになるという、報酬を得たからです。望ましくないながらも、相互に影響を及ぼし合って行動パターンが作り上げられることを、家族療法家は、「相互強化」と言います。

強化の原理というのは、行動形成に大きな影響力を持っています（たとえば、嫌がるリスに自転車をこぐことだって教えられますよ）。なぜ、親は子どもに対して、これほど望ましくない行動を強化してしまうのでしょう？　それは、自分の行動が子どもにどのような影響を及ぼすかということにじゅうぶんな注意を払っていないことが多いからです。子どもがいい子でいたとき、親は、それに気付いて、褒めるということをほとんどしま

> 自分のとった行動がどのような結果につながったかによって、その行動が今後も繰り返されるか否かが決まります。

> 注目している人がいる限り、子どものかんしゃくは止まりません。

せん。そのため、子どもは、親をうるさく悩ますことによって、関心を向けてもらおうとするようになります。悪いことをすれば、時に叱られることもありますが、関心を向けてもらえることもあるからです。つまり、子どもにかんしゃくを繰り返させないためには、かんしゃくを起こしても無視するのが一番、ということです。

態度や行動を身につけていく「学習」に関して、もうひとつ、証明されている事実があります。それは、断続的に強化されるほど、行動はより強固に形成されるということです。たとえば、あるネズミが、迷路を通り抜けるたびに毎回、一切れのチーズを見つけたとします。すると、ネズミは、迷路の先にチーズが置かれていることを期待するようになります。一方、チーズを置くのを一切やめてしまうと、ネズミは、すぐに諦めます。ところが、迷路の出口にチーズを見つけることもあれば、見つけられないこともある場合、ネズミは、チーズがそこにないときでも、簡単には諦めません。同様に、子どもがかんしゃくを起こしたとき、それに屈して要求を通してあげることもあれば、そうでないときもあるというように、親の態度が一貫していないと、子どもは繰り返しかんしゃくを起こすようになります。今回、親が折れてくれなかったとしても、次回は、折れてくれるかもしれない、あるいはその次のときにはもしかしたら……、ということを経験で学んでしまっているのです。

子どもは報酬が得られるように行動する、ということを親は認識しておかなくてはなりません。わざわざ、子どもにかんしゃくを起こさせようと思う親はいないでしょう。しかし、子どものかんしゃくに屈して要求を受け入れてしまえば（それが毎回ではなく、時折であれば、なおのこと）、子どもは、もっとかんしゃくを起こすようになるのです。子どもにかんしゃくを起こさせないようにしたいと思ったら、欲しいものを親に言葉で適切に頼むこと（「ダメ」と言われれば、素直に受け入れること）と、無理やり要求を通そうとすることは違うのだということを子どもに教えてあげるのが最良です。そのためにも、子どもが無理やり要求を通そうとしたときではなく、欲しいものを言葉で適切に頼んできたときにこそ、報酬を与え、望ましい行動を形成していくようにしてください。

応答的傾聴を行うと、子どものかんしゃくがひどくなってしまうのではないかと誤解している人がいます。そのような人は、話を聞くということは、望みも聞く、つまりかなえることになると思っているのでしょう。この二つは、全く別のこととして認識しておかねばなりません。

ところで、かんしゃくというのは、欲しいものを得るための交渉手段としては原始的な方法です。かんしゃくを起こされたら、親は、屈服するか、つっぱねるかしかありません。感情を爆発させている子どもには何を言っても無駄でしょう。「あなたは本当に怒っているのね」といった言葉をかけてもよいですが、何かが伝わる可能性はほとんどありません。彼らの頭の中は、自分の思い通りになるのか否かでいっぱいなのです。このように、かんしゃくが起こってしまってからでは、親の打つ手も限られますが、応答的傾聴を用いれば、より成熟したコミュニケーションの道を開き、それを未然に防ぐことができます。

かんしゃくというのは、大抵、「これが欲しい」という子どもに、親が「ダメ」と応じるやりとりが、一度ないし数回繰り返された後に、徐々に子どもが機嫌を悪くし、始まります。どうしたらかんしゃくを防げるか。それは、親が、「ダメ」という結論を伝える前に、応答的傾聴を行って、子どもが気持ちを表現する機会を作ることです。親にとっては子どもの考えを知る機会にもなります。そのように対応すれば、子どもは、たとえ最終的に希望が通らなかったとしても、かんしゃくを起こさなくなります。自分の気持ちを言葉にし、親に聞いてもらっているので、改めて爆発させる必要性を感じないからです。

＊＊＊

注意していれば、子どものかんしゃくは防ぐことができます。アメリカ東部の大幹線道路を使って、私が南へ旅したときの話をしましょう。私は昼食をとろうと思い、ベイクドチキンを出す店に立ち寄りました。日曜日の午前中だったので、店は暑く、混雑していました。なんとか自分の食べ物を受け取り、ようやく席に着いたとき、二人の小さな女の子を連れた家族が目に入りました。ひとりは五歳くらい、もうひとりは二歳くらいで、小さい方の女の子どもは、疲れて、不機嫌になっていました。しかし、誰もその様子に気付いていません。店は、本当に混雑していて、客は自分の食べ物が出てくるまで二十分か三十分待たなければならないような状況でした。

小さい女の子は、「アイスクリームを食べたい、アイスクリームを食べたい、アイスクリームを食べたい」とぶつぶつ言いながら、ぐずっていました。お腹が空いているというよりも、退屈しきっていて、苛立っているという感じでした。ついに、父親が、怒って、女の子の手を引っ張り、「座って静かにしていなさい」と命令すると、それがきっかけで、少女はわっと泣き出しました。こんな幼い女の子のどこに、これだけの力があるのかと思うような大声でした。

様々なサインは、少女が徐々に不機嫌になっていることを明らかに示していました。父親が娘を抱き上げ、彼女の気持ちをくんだ言葉をかけてあげるために、それほど多くの想像力はいらなかったはずです。

「いい子だね、お腹が空いたかい？」

「うん！」

「パパもペコペコだ。食事が来るまで、ちょっとゲームでもしようか？」

このようなちょっとした気付きと働きかけがあれば、かんしゃくは未然に防ぐことができるのです。

＊　＊　＊

「いい」とか「ダメ」といった最終的な結論を伝えられる前に、親にじっくり話を聞いてもらえると、それだけで、子どもは望みが報われたように感じるものです。自分の気持ちを言葉にして、それを誰かに聞いてもらえるというのは、心地よい体験だからです。誰かに深く理解されるとか、自分の気持ちを大切に扱ってもらうという体験は、実際、欲していた物を得るよりもはるかに大きな何かを子どもにもたらす可能性があるのです。

「親の言うことには、黙って従いなさい！」

子どもは、親の言うことには、反抗せずに従うべきだ、と思っている人がいます。私はその考えに異論を唱えるつもりはありません。というのも、親は、子どもにとって何がベストなのか、子どもはどのようなことなら我慢できるのか（どのようなことは我慢できないのか）を、大体、把握しているからです。三歳の子どもを寝かしつける時間や、六歳の子どもを学校に送り出す時間になったら、そのことをめぐって、いつまでも激しい言い争いを続けることはありません。

子どもが健全な安心感を持つためには、親に保護されていることを実感する必要があります。子どもというのは、大人に対して、挑発的、攻撃的な態度をとって、どこまでなら許されるかを試す（リミット・テスティング）ところがありますが、そのようなとき、親がボスとして機能してくれている方が、子どもの中に安心感をしっかりと築き上げられます。逆に力強い親によって、導かれ、守られているという感覚が得られないまま成長すると、子どもは不安定になってしまいます。

幼い子どもに何かを指示するとき、その理由をいちいち説明する必要はありません。実際に声高《こわだか》に口にするかどうかは別として、「ママがダメって言うことは、したらダメよ」という言葉は、三歳の子どもに、壁に落書きをさせないだけのじゅうぶんな威力を持っているからです。しかし、一部には、幼い子どもにも、何か指示するときには、なぜ、そうしなくてはならないのかという理由を説明する必要があると考えている親がいます。彼らは、よかれと思ってそうするのですが、それによって、親の権限が曖昧《あいまい》になる場合があります。説明するということは、そこに話し合いの余地があるということを暗に伝えてしまうからです。

＊　＊　＊

ネビンズ夫人の友人、サラが家に立ち寄ったときのことです。夫人とサラの二人が、コーヒーを飲もうとリビングのテーブルに腰かけると、その脇では、四歳になる娘、メラニーがヒッコリー・ディッコリー・ドックを歌いながら走り回っていました。

ネビンズ夫人はメラニーに、他の部屋で遊ぶように言いましたが、メラニーは、「どうして？」と理由を知りたがりました。「サラとお話ししたいからよ」と説明しましたが、メラニーは「でも、**どうして**、私がいたらいけないの？」とまた聞いてきます。ネビンズ夫人は、メラニーの質問に応じ、ひとつひとつ理由を説明していきました。どうしてメラニーに他の部屋で遊んで欲しいのか。どうして自分はサラと話をしたいのか。どうしてメラニーがここにいたらいけないのか。しかし、ネビンズ夫人が一通りの説明を終えても、メラニーの「でも、**どうして？**」攻撃がやむことはありませんでした。

＊＊＊

こうした経験のある人は、この先、二つの展開があることをご存じでしょう。ついには、ほとほとうんざりし、声を荒らげて、本気で親が怒っていることがわかるように子どもを怒鳴りつけるか、あるいは、「わかったわ、あなたが静かにするなら、ここにいてもいいわよ」と応じてしまうか。どちらもあまり良い対応とは言えません。前者のような対応をすると、「大声を出すまでは、母親は本気じゃない、だから言うことを聞かなくても大丈夫」という教訓を娘に与え、後者のような対応をすると、ぐずぐず言って、いい子にしていることを約束すれば、自分の望みはなんでもかなう、と子どもに思わせてしまうからです。

この例でも、ネビンズ夫人は、最初から毅然とした態度で、「ママはサラとお話がしたいの」と、娘に別の部屋に行くように命令すればよかったのです。いや、「ママはサラとお話がしたいの」と言う必要も本当はありません。母親のところに大人が訪ねてきてなぜ、自分が別の部屋で遊ばなくてはならないかということを、四歳にもなってわからないはずがないからです。

＊＊＊

応答的傾聴を用いてどのように対応すれば、ネビンズ夫人は、娘の「でも、どうして？」攻撃を切り抜けることができたのか考えてみましょう。

ネビンズ夫人がメラニーに、他の部屋で遊ぶように言ったとき、メラニーは、その理由を知りたがりました。

応答的傾聴の目的は、子どもに自分の気持ちを表現させることにあるということを思い出し、ネビンズ夫人は、次のように言うとよかったかもしれません。

「どうしたの、メラニー。他のお部屋で遊ぶのが嫌なの？」

「うん、私、ママたちと一緒にここにいたいの」

「そうなのね。でも、ママたちも、お話があるの。だから、向こうのソファに静かに座っているか、他のお部屋で遊んでいるかしてね」

とりあえず、最初の口ごたえを抑えるには、この程度の短いやりとりでじゅうぶんでしょう。ただし、四歳前後の幼い子どもには、気持ちに寄り添いながらも、ソファに静かに座っているか、他の部屋で遊ぶかという選択肢を、もう一度くらい、繰り返す必要があるかもしれません。

＊＊＊

もう少し子どもが大きくなってくると、何かをさせるための理由を説明することが役立つようになります。たとえば、五歳の子どもに、私たちが夕食前に手を洗うのは、ばい菌が口の中に入らないようにするためだということを説明すれば、子どもは、ママやパパが側にいて、「手を洗いなさい」と言わなくても、その必要性を理解し、自分で手を洗うようになるからです。

ネビンズ夫人のように、四歳の子どもにまで、言いつけに従わなければならない理由を丁寧に説明するような、子どもに甘い親は、誰にどのような権限があるのか、家族の中で、誰がボスなのかを曖昧にしてしまう傾向があります。それに対して、一切何の説明もせず、親の命令をすぐに実行させようとする権威主義的な親もいます。次の例を見てください。

＊　＊　＊

ケリー夫妻は十五歳になる息子、アンソニーのことで、私のところに相談にやってきました。以前は聞き分けの良い息子だったのに、最近は「ぶっきらぼうで、態度が悪くなった」と夫妻は嘆いていました。「あの子は自転車に乗って出かけると、帰る予定の時間を十五分か二十分も過ぎてから戻ってくることがあるんです。さらにひどいことに、私と言い争った後、怒って、自分の部屋へ上がると、ピシャリとドアを閉めてしまうこともあります」と母親は話しました（おや、まあ！）。

こんな些細な違反行為に対して、ここまで反応するような親には滅多にお目にかかったことがありません。しかし、ケリー家では、アンソニーの逸脱行動は、ちっとも「些細なこと」ではない、ということが、後にわかりました。この家では、誰がルールを定めるかということをめぐって、様々な問題が生じていたのです。

キャサリン（二十二歳）、メアリー（二十歳）、アンソニー（十五歳）、そしてアネット（十二歳）という四人の子どもに恵まれたケリー家は、結びつきの強い家族でした。ケリー夫妻は、子どもに対し、愛情深くも厳しい親で、たとえば、部屋はいつも整理整頓するようにとか、制服はさっぱり清潔に保ちなさいといったように細かく管理し、何より、親の権威に異議を唱えることは決して許しませんでした。そのような権威主義的な子育ても、子どもたちが幼い頃にはうまくいっていましたが、成長するにつれ、上の二人の娘たちは、親に反抗するようになり、今では顔を合わせても言葉を交わすような関係ではなくなってしまったのです。

ケリー夫妻によると、長女のキャサリンは、タバコを吸ったり、親が感心しない男の子たちとデートをしたりして、ティーンエイジャーの間、ずっと困った子どもでした。そのまま、結局、彼女は、高校を卒業すると、家を飛び出し、ニューヨークへ引っ越していきました。次女のメアリーは、キャサリンとは違って、品行方正でした。しかし、親は、この次女について、「結局は、あの子も頑固で扱いづらい性格だったんです」と話しました。それには次のような経緯がありました。メアリーは、両親と同じ教会に通い、そこで出会った男性と恋に落ちました。ケリー夫妻も、この男性をとても気に入り、二人が婚約したときには、心から喜んでいましたが、結婚式の日取りをめぐって、親子は対立するようになります。ケリー夫人は娘たちが六月に結婚式を挙げることを望んでいましたが、メアリー自身は五月に式を挙げたいと考えていたからです。六月の結婚式にこだわる母親を退け、メアリーが最終的に五月の挙式を決めた時点で、もはや、それは、単なる結婚式の日取りをめぐる意見の相違ではなくなっていました。このとき、メアリーが、母親の意見を受け入れなかったことは、親からの独立宣言でもあったのです。しかし、ケリー夫妻にとって、それは、裏切り以外の何ものでもありませんでした。そのため、メアリーは家を出て、五月に結婚し、実家とのつながりは断たれてしまいました。

＊　＊　＊

五月か六月か。そんなことが問題なのではありません。なにより、権威主義的な親というものは、自分たちが一度こうしなさいと言ったことには、子どもは有無を言わず従うべきだと考えていることが問題なのです。このような親からすれば、応答的傾聴という発想などとんでもないものに感じられることでしょう。彼らは、自分が相手の話に耳を傾けなくてはならないなどと感じていません。自分がルールを作り、相手はつべこべ言わずにそれに従うのが当然だと思っているからです。

もうひとつ例を紹介しましょう。

＊　＊　＊

クレーガー夫妻は、進歩的な考えを持った親でした。そのため、上の子どもが二年生になって、少数派の移民に対する様々な偏見があることを思い知らされると、学校に通わせずに、わが子に在宅教育を行うことを決めました。さらに、父親のクレーガー氏は、自ら、自由で、よりよい教育を子どもに実践するために、早期退職しました。父親はすばらしい教師でした。上の子どもが四年生になったときに受けた標準学力テストで、子どもたちは、二人とも、それぞれ二学年上のレベルの成績を取りました。

クレーガー家の子どもたちは、非常に聞き分けのよい子どもたちでもありました。彼らは、雑用をこなしてポイントを稼ぎ、何か悪いことをすると減点されました。たとえば、自分の部屋を掃除すると五点、宿題をすると十点。一方、割り当てられた雑用をしないと五点減点。兄弟喧嘩は五点減点、親との喧嘩は三十点減点でした。権威主義的な家庭の良い子は親に口ごたえなどしませんが、柔軟性のない木は折れると言います。このように厳格なしつけを続けていけば、多くの場合、最終的には、関係が破綻《はたん》し、断絶を招いてしまうでしょう。ついでですが、クレーガー家の子どもたちは祖父母との関わりにも**恵まれませんでした**。なぜかというと、祖父母が、かつて、クレーガー氏のしつけの厳格さを批判したためでした。

＊　＊　＊

アンソニーの母親、ケリー夫人は、「子どもが言うことを聞かない」と嘆いていましたが、それは、権威主義的な親の多くが、いずれは口にするようになる不満です。彼らにとって「言うことを聞く」ということは、「疑問を抱くことなく従う」ことを意味していました。

このような権威主義的なしつけには、二つの問題点があります。一つ目は、既に言及してきたことです。子どもが幼いうちは、何の疑問もなく親に従ったとしても、子どもがある年齢に達すると、このような柔軟性のない親の支配は通用しなくなる、という問題です。十四歳か十六歳か、いや十二歳あるいは、九歳頃には、それまで親の言いなりだった子どもも、親の支配から脱する方法を見つけるようになります。もし、最後まで支配から逃れる方法を見つけられなかったとしたら、子どもは親元から飛び出すでしょう。

二つ目の問題点は、権威主義的支配の下では、子どもの主体性が育まれないということです。自分が言われたことに、何の疑問も持たず、従うように教え込まれてきた子どもは、自分で考えて行動するということを学んでいないからです。

権威主義的な親は、あらゆる言い争いに勝とうとします。しかし、あらゆる言い争いに「勝とう」とするためには、親はその報いを受けることになります。それは、誰かに指示されなければ何もできない子どもを作り上げてしまう、という報いです。そのような子どもは、自分の主張を正当なものとして認めてもらったことがありません。というのも、権威主義的な親というのは、威圧的に子どもを支配し、子どもの不平不満に耳を傾けることなど、考えもしないからです。

やりたくないことを無理にやらされる子どもは、そこにやる気や興味などほとんど感じていないでしょう。それをやると決める過程で、意見を言うことを許されていないのですから当然です。指示には従うかもしれませんが、それは、罰や非難を恐れるからであって、積極的に協力するつもりなどありません。

子どもには口うるさく言わなくてはならないと思っている親がいます。彼らが口うるさく言うのは、子どもが「わかった」と言っていても、本当は同意していないと思っているからでしょう。それに対して、権威主義的な親というのは、子どもに自己主張することを許していないので、ボソボソとでも、「わかった」と子どもが答えれば、同意が成立したと思ってしまいます。しかし、自分の意見を口にしようとしない人、反論したり、文句を言ったりしない人は、しばしば、一見そうとはわからないような方法で不満を表現します。つまり、ボソボソと「わかった」と答えても、必ずしも同意しているとは限らないのです。

子どもは、親を尊敬しているという理由で、親の言うことに従うべきです。恐怖によって従わせてはいけません。

子どもにルールを守らせるために、なにも威張り散らす必要はありません。ルールを設定し、それをしっかり守らせるという意味では厳格であっても、過度に威張り散らさない親は、子どもが親の命令に必ずしも喜んで従っているわけではないことを理解しています。そして、そのような親は、子どもを抑え込んで支配することの弊害と、大らかに子どもを管理することの長所を知っているので、子どもの話をよく聞くことができます。

柔軟性のある親もまた、子どもの不平不満に積極的に耳を傾けます。そして、「あなたの気持ちはわかったわ。でも、今回はこうしましょう」と親の意見を通すこともあれば、子どもの意見を受けてルールを修正することもあります。このように、子どもの気持ちを大切にすることと、親の権威を主張することは両立しうるものなのです。

ところで、子どもは親にどのようなことを期待していると思いますか。まず、愛情や気遣い、ありのままの自分に対する理解、といったことでしょうか。また、寛大すぎることなく、かつ厳しすぎることなく、相応に、子どものことを自慢に思ってくれることも期待しているでしょう。親には味方でいて欲しいし、自分の話に耳を傾けて欲しいとも思っているものです。子どもが協力的になってくれないとしたら、ここに挙げられたような子どもの願望が満たされていないか、それ以外に求めていることがあるからです。まだかなえられていない願望に全く気付いてもらえないと、子どもは、反抗を続けるだけではありません。自分のことを認識されていない、自分には価値がない、さらには愛されていないとさえ感じてしまう可能性があります。口ごたえする子どもに協力的になってもらいたいと思うなら、子どもの話に耳を傾け、彼らの思いを大切に扱わなければなりません。

あなたの親はあなたに協力的になってもらうために、どのようなことをしていたか思い出すことができますか？　あなたは、親の求めに、大体は、従っていましたか？　あなたが親とは異なる考えを持っていても、あなたの親は話を聞いてくれましたか？　あなたの意見を尊重してくれましたか？　自己主張することを認められていると感じましたか？　親に何を言っても時間の無駄だと思ったことはなかったでしょうか？　もし、時間の無駄だと思うことがあったとしたら、あなたは、いつから、親の陰に隠れてこそこそと行動するようになりましたか？

　ひるがえって今度は、あなた自身の子育てについて考えてみてください。あなたは、子どもに協力的になってもらおうとして、どのようなことをしていますか？　服従させることと協力的になってもらうことの違いを理解していますか？　自分自身で考える力を子どもに身につけさせるにはどうしたらよいでしょう？　普段、口にしていることとは反対の行動をして、子どもに対して、反面教師になっているようなことはありませんか？


子どものために、お手本となる行動をしようと思うまでもなく、子どもは、既に、親を手本にしているものです。

自律性の問題

　子どもは、具体的に今、思い通りにしたいことがあるからというだけではなく、自律性、すなわち、自分なりの意見や願望を持つ権利を主張し、大人に対し、口ごたえをすることがあります。そのとき、親から、言い争いという形で反応されれば、子どもは負けまいと必死に闘おうとするでしょう。目の前にある具体的な問題に関してばかりでなく、自分なりの意見を持つ権利がかかっているのですから譲れません。子どもは目的もなく、頑固に口ごたえしているわけではないのです。

　親は、子どもに対して、自律性を身につけて欲しい、自分で考えられる人になって欲しいと望みながら、親、先生、監督者、上司といった上の立場の人から何か言われたら反射的に反抗するような子どもにはなって欲しくないと思うものです。しかし、このような親こそが、子どもを自分の思う通りにさせようとして、無用な闘いをしかけ、子どもに反抗することを教えているのだとも言えます。

親に従わせようとして押さえつけすぎると、子どもは成長しても自分で考えて行動するようにはなりません。押さえつけられまいと、反抗的になるだけです。反抗期がその典型例と言えるでしょう。反抗期の若者は、親や、その他の権威者にはむかう行動をとりますが、そこに明瞭な目的があるわけではありません。彼らは他人から言われること、全てに抵抗したいだけなのです。相手との意見の相違を熟慮した上で抵抗しているわけではなく、ただ感情的に反応しているのです。

子どもは二歳ぐらいになると、自分の意志で何かをできるようになります。たとえば、ドアを開けて外に走り出たり、親に「イヤ」と言ったり。そうして、**自らの**意志を持って、何かをやりたいと思うことが増えていきます。この時期の子どもは、頑固で、周りから「ダメよ」と言われても簡単には諦めません。親というのは、先々、わが子には、仲間に強制されたからといってクスリに手を出したり、みんながやっているからという理由だけで性体験を持つような子どもになって欲しくないと考え、息子や娘には、自分で考えて行動する力を身につけて欲しいと願うものです。しかし、そのように考える親の多くが、自分で考えて行動する力を身につけるためには、幼い頃からの自己主張訓練が必要だということを理解していません。二歳の子どもが、「イヤ」と言ったり、大きくなった子どもが口ごたえするのはまさに、この心の成長に必要な自己主張訓練なのです。

子どもの芽生え始めた自我がどのような運命をたどるかは、それに対する親の反応次第でしょう。子どもの行動を、心の発達という観点からではなく、親との関係だけで捉えてしまうと、大事な点を見誤ることになります。たとえば、自律性を獲得しようと努力している子どもの姿と反抗を混同するということも起きるでしょう。親との関係だけで子どもの行動を捉えるならば、二歳の子どもの「イヤ」さえも子どもが親を軽んじ始めたことになってしまいます。（それにしても、なぜ、これほどまでに、自信を持てない親がいるのでしょう？）。

短気な四歳の子どもを持つ母親に、かつて私は次のようなアドバイスをしました。「もし、お嬢さんに、自分でしっかり考えられるような大人になって欲しいと思うなら、その練習をさせてあげないと身につきませんよ」すると、その母親は、ニコリと微笑んで、こう言いました。「はい、でも、私がそばにいないと、あの娘は練習できないでしょう？」

これまで説明してきたように、子どもが、「イヤ」と言ったり、口ごたえをするのは、自己主張することを学ぶためです。それゆえ、子どもが「イヤ」と言っても、必ずしもそれを本心と思う必要はないし、子どもが文句を言ったからといって、折れる必要もありません。同時に、子どもが、親に対して、抵抗したり、たてついたり、不満を訴えたりすることを押さえつけてもいけません。子どもが自分の考えを表現する自由を否定することになるからです。

二歳の子どもに「イヤ」と言われても、四歳の子どもが口ごたえしてきても、親は防衛的にならず、子どもの自律性の現れとして捉えるようにしてください。それによって、子どもは、自分の意見を持ち、それを人に伝えてもよいのだということを学ぶことができます。

＊＊＊

親「お家に入る時間だよ、さあ、いい子だね」

二歳児（歯を見せてニカッと笑って）「イヤ！」

親「おやおや、もうちょっと外で遊ぶかい？」

二歳児（それでもお気に入りの歌を歌いながら）「イヤ！」

親（にっこり笑って）[原注1]「まったく、困った子だね。いいかい、中へ入るよ、さあ！」

このように「イヤ」という言葉を発しながら、子どもは自己主張訓練をしていきます。このときの「イヤ」には、明確に拒否の意味があるわけではありません。子どもは「イヤ」という言葉を手に入れたことが嬉しくて仕方がないのでしょう。

＊＊＊

（原注1）子どもに反抗されたときに、笑顔で応じると、親が揺らいでいないことが伝わります。

親「お家に入る時間だよ、さあ、いい子だね」
四歳児「でも、ホースで遊んでいいって、パパ、言ったでしょ。トミーに長い間、ホースをとられちゃって、今、やっとホースをもらったところなんだよ」
親「トミーがホースと遊んでいる時間の方が、おまえよりも長かったんだね？」
四歳児「そうなんだよ、トミーはいつも、なんでも独り占めしちゃうんだ」
親「そうか、それはいい気分はしないだろう。でも、残念だけど、もう、お家に入る時間だよ」

子どもが不服を唱えることも自己主張訓練のひとつです。親は、最終的に、帰宅時間を延長するといった妥協はしていませんが、子どもの主張には丁寧に耳を傾けている点に注目してください。

＊＊＊

自分の望みを表現することが許されると、子どもはのびのびと思うままに行動できるようになります。言い争ったり、譲ったり。友達の意見に反対することもできるし、賛成することもできます。親に反抗することも、従うこともできるのです。しかし、自分の問題に関して、自分なりの意見を述べる権利があることを確信できていない子どもの立場は不安定です。そのため、防衛的になって、人から指図されることは、どんなことでも、拒否しなくてはならないと思ってしまう場合もあるでしょう。そのような子どもの口ごたえは、より深刻だと言えます。何か具体的なものを求めて口ごたえしているのではなく、自分の意志で行動する権利を求めて闘っているからです。

自律性を獲得することは、当然ながら、協調して行動することと相反することではありません。協調するために、他人にあえて折れるということは、実際、自分というものがしっかりあって初めてできることだからです。

＊＊＊

相手を尊重し、その考えに耳を傾け、協力的な関係を築くということを親がしていれば、それは子どもが大人になってからもすばらしい影響をもたらします。結論を出す前に、親に丁寧に話を聞いてもらえた子どもは、それをモデルに、自分の人生で出会う人々の話を聞くための能力を習得するからです。この能力があれば、協力的でない人を目の前にし、相手の言いなりになったり、一方的にこちらの考えを押しつけたりせず、臨機応変に対応できるようになるでしょう。

応答的傾聴によって、子どもは、思いやりと優れた対話の駆け引きを身につけ、人生における様々な困難をうまく切り抜けていくことができるようになります。言い返したくなる気持ちを抑え、親が子どもの話をじっくり聞くようにすれば、子どもも、きっと、親をモデルに同じことをするようになるでしょう。

第五章

習慣化した言い争いの悪循環を断つ

賢明な親というのは、絶対的なルールの数を絞りつつも、それらはしっかり守らせるということを、子どもが非常に幼いうちから始めます。そうして早々に親の権威を確立するのです。子どもを管理する立場にあることが明確になれば、親は防衛的になることなく、自由に子どもの不満や要求に耳を傾けることができるでしょう。自分の権威が脅かされていると感じない限り、相手の話に耳を傾けることはそれほど大変なことではないからです。

さて、これまでの章では、応答的傾聴を用いることによって、言い争いを防ぐことができ、さらに、親に協力しようと思う気持ちを子どもに植えつけることができるということを説明してきました。では、既に、言い争いが習慣化し、子どもとの関係がもつれてしまっている場合はどうしたらよいのでしょう？　ご心配なく。子どもとの関係を改善するのに、遅すぎるということは決してありません。

＊＊＊

シルビア・プラットは、ある有名な遊園地のマーケティングディレクターとして、厳しいながらも公平な上司として評判でした。彼女のスタッフに対する要求は高いものでしたが、仕事を任せるのがうまく、部下が首尾よく成果をあげた際には、賛辞を惜しみませんでした。職場の誰もが彼女を尊敬していましたが、家庭ではそううまくはいきません。十三歳になる娘のアマンダが、母親であるシルビアに、ことごとく反抗するようになっていたからです。

シルビアは、アマンダのようなわがままな子に、カウンセリングが効くとはあまり思っていませんでした。以前、相談した精神科医からは、数種類の薬を処方されただけでした。そのため、シルビアは、娘を伴いながらも、「態度が悪く、わがままな子どもの扱い方に関する助言が欲しいのです」と私に訴えました。

私は、セラピストの仕事というのは、一方的にこちらが助言を与えるのではなく、相談に訪れた家族が自分たちでうまくやっていけるように援助することだと考えていますが、とにかく助言が欲しいということだったので、「やってみましょう」と同意しました。

私は、まず、アマンダのどんなことが問題なのか説明してくれるように頼みました。母親のシルビアは、アマンダが「反抗挑戦性障害（訳注1）」だと精神科医から診断されたことを強調して、語りました。わが子の面前で、こうした精神医学的診断を強調したことに、私は、いささか母親が防衛的になっているように感じました。まるで、問題は、**私ではありません、彼女なんです**、と言っているかのように聞こえたのです。しかし、こんなふうに悪いのは娘だと言い張るのは、後ろめたい気持ちを持っているからだとも感じました。それは親であるがゆえの後ろめたさなのでしょう。

私は、「特にどんなことで娘さんと言い争いになるのですか」とシルビアに尋ねました。「何もかもです。雑用をしないことや洋服を床に散らかしっぱなしにしていること、それから食器を寝室に置きっぱなしにしていること……」とシルビアが話していると、「ママだって、**自分の**部屋に食器を置きっぱなしにしているでしょう！」と、アマンダが思わず言い返してきました。そこからは非難の応酬です。


「あなたは、いつも自分の洋服を床の上に置きっぱなしにしているじゃない！」

「ママだって、**自分の**服を片付けたらどうなの？」

「あのシーツをクローゼットにしまいなさい、って言ったでしょう！」

「ネコがあの上におしっこをしちゃったのよ！」

「あなたは、一度だって洗濯物を畳んだことがないわ！」


こんな調子で、誰がどんなことを言っていたのか、私はすっかり忘れてしまいました。

最初に、シルビアとアマンダの親子が椅子に腰かけ、私が一人一人に向かって話をしていたときには、二人とも感じが良く、感情的なところなど全く見られませんでした。ところが、シルビアがアマンダに対する不満を口にしたとたん、アマンダの反抗心に火がつき、いつ果てるとも知れない口論へと発展していったのです。

私は、再び、彼女たち一人一人と話をしようと、間に割って入りました。アマンダとシルビアは、それぞれ、私には返事をしましたが、互いに睨《にら》み合ったままでした。これでは、どちらが親で、どちらが子どもなのかわかりません。誰がどうしたということだけでなく、家庭内で誰に決定権があるのかさえも口論になるほど、混沌とした状態に陥っていることがはっきりと見て取れました。アマンダは、親を尊重し、子どもとして一歩引くような様子もなく、母親の痛いところを攻め続けました。当然のことながら、両者の感情は高ぶっていくばかりでした。

これが、今回に限った言い争いでないことは明らかでした。診察室で繰り広げられた、互いを攻め合うやりとりは、シルビアとアマンダの間で生じる言い争いのパターンとして既に確立していたのです。かつて母と娘の間に存在したはずの愛情に満ちた絆は失われつつありました。そのような状態にあることを理解するのに五分とかかりませんでした。あっという間に言い争いが勃発《ぼっぱつ》したか

（訳注1）特に目上の人に対して、拒絶的、反抗的、挑戦的な行動を繰り返し、それが日常生活に著しい支障をきたすような障害。

らというだけではなく、そのやりとりの中で、母親は十三歳の娘を全くコントロールできていなかったからです。

反抗的な子ども

「うちの子はありとあらゆることに文句を言うんです」と親が言っても、大抵、その表現は大げさです。しかし、中には、実際、あまりにも反抗的で、全てのことに反射的に文句を言っているかのように思われる子どももいます。そのような子どもは、「お皿を洗いなさい」とか「自分の部屋を掃除しなさい」と親から言われたときだけでなく、「明日、雨が降るかどうか」といった、どうしようもないことにまで文句を言います。まるで喧嘩の種を探しているかのようです。

確かに、アマンダは、この反抗的な子どもの定義にぴったり当てはまるように見えました。母親は、アマンダについて、「とにかく頑固で、生意気で、何か欲しいものがあるから文句を言っているのではなく、言い争いたくて、文句を言っているかのようです」と話しました。私は、アマンダが、人目をはばからず母親を攻撃する様子を深刻に感じていました。母親に反抗するときのアマンダは、ただ、自分の考えを主張するとか、反論するというのではなく、ひたすら母親を悪く言い、その顔に泥を塗ろうとしているかのように見えたからです。

さらに、母親は、アマンダの考え方や行動について、「妥協したり、折れたりするところがないんです」ということを特に強調していました。アマンダが、母親に全く敬意を払っている様子がない、ということがとにかく私には印象的でした。彼女は、親を親とも思わず、言い争っていました（「ママだって、**自分の**部屋に食器を置きっぱなしにしているでしょう！」というように）。

反抗的な態度が一向に収まらないような子どもに対しては、アメリカ精神医学会の公式診断マニュアルに記述されている、次の障害に注目することが一般的になっています。

反抗挑戦性障害の診断基準：

A．目上の者に対して、少なくとも六か月間持続する、拒絶的、反抗的、挑戦的な行動様式で、以下のうち、四つ（またはそれ以上）が存在する。

①しばしばかんしゃくを起こす、②しばしば大人と口論をする、③しばしば大人の要求、または規則に従うことに積極的に反抗または拒否する、④しばしば故意に他人をいらだたせる、⑤しばしば自分の失敗や無作法を他人のせいにする、⑥しばしば神経過敏または他人からいらいらさせられやすい、⑦しばしば怒り、腹を立てる、⑧しばしば意地悪で執念深い。(7)

公式、非公式を問わず、どのような診断にも言えることですが、いかに状況や成り行きから対象を切り離して、このような記述がなされているかに着目してください。「**その子どもは**敵対的である」「**その子どもは**反抗的である」と言ったとき、では、その子どもが敵意を持つ相手は、どうだというのでしょう？　そのように子どもに敵意を抱かせるきっかけを作っていないのでしょうか？　子どもの反抗に対して、彼らはどのように対応したのでしょう？　なぜ、子どもは彼らに従おうとしないのだと思いますか？　曖昧《あいまい》な制限を設定していませんか？　説得力のある制限を設定していますか？　彼らは子どもに尊敬されるようなふるまいをしているでしょうか？

今さら、この点を強調するまでもないと思いますが、子どもの行動は、親がどのような反応をするかに影響されているものです。もしあなたがわが子との言い争いを日夜繰り返し、その悪循環から抜け出せなくなってしまっているとしたら、あなたの対応にも問題があるはずです。

子どもの態度は、まわりの状況と無関係ではありません。

ところで、人は、誰かとの関係がもつれればもつれるほど、その相手のすることなすこと全てに腹立たしさを覚えるようになるものです。配偶者や上司、あるいは友人との関係で不満を感じた場合を想像してみてください。彼らが何かをしたからといっては憤慨《ふんがい》し、何かをしないからといっては苦々しく感じていませんか。

「どうして私が自分の気持ちについて話をしようとすると、彼はいつもあんなに怒るの？」
「どうして私の生活に対して、彼はちっとも関心を示してくれないの？」

よくあることですが、このように相手の行動に焦点を置いてしまうと、私たちはそこからなかなか抜け出せなくなってしまいます。状況を変えるために行動を起こそうとするのではなく、相手の反応を受け取るだけの存在になってしまうからです。

さらに、言い争いの悪循環にはまりこんでいる親は、扱いが難しい子どもを押しつけられたとか、自分は子どもの行動に振り回されているだけで、自分が振り回しているわけではない、と考えがちです。そのように考える親は、実は、根底に、強い罪悪感を抱いている場合が少なくありません。この罪悪感が、言い争いのパターンを生み出す、もうひとつの要因とは皮肉なことです。「親は子どもの行動に対して全面的に責任を負うべき」という社会通念があるため、子どもが手に負えなくなると、親は強い罪悪感を抱き、そして、その罪悪感が強ければ強いほど、それを抱える苦しさに耐えきれず、密かに感じている責任を否認し、悪いのは子どもだ、と言うのですから。

このようなことをふまえ、私は、まず、子どもの行動を理解するときには、どのようなやりとりの中で生じたものなのかを考えるように心がける、ということをみなさんに提案したいと思います。そして、同時に、子どもが反抗的な態度をとるのは親のせいだと考えることをやめてください。また、絶えず言い争いの起きている家庭では、親も子どもも、自分が被害者だと思い込んでいるようなところがあります。「うちの子は親の言うこと全てに文句を言う」と親はよく言いますが、本当に「全て」がそうでしょうか。同様に、「うちの親は何も自由にさせてくれない」と子どもは言いますが、本当に何一つ自由がないでしょうか。そんなことはないはずです。それぞれが被害的に捉えすぎているのです。

習慣化した言い争いがなくならない理由

家庭内で、言い争いが習慣化すると、親も子も相手の話に耳を傾けなくなり、互いに反発し合います。子どもの抵抗に悩まされ、親の忍耐力もすり減っているので、対立の兆しが見えた瞬間、激しい言い争いになるのです。「ああ、また始まった」という、あの感覚がよみがえるまでにたいして時間はかかりません。

相手を思いやる気持ちが残っている場合には、親も子も、瞬間的に相手を攻撃することはないでしょう。しかし、会話を交わせば、必ず、喧嘩になってしまうような関係では、全員の導火線が短くなっています。そして、「きっと文句を言うだろう」とか、「どうせ話を聞いてくれないだろう」というように、相手の行動を予測してしまい、親も子も、それに引っ張られるように悪い結果を招いてしまうのです。

言い分を何も聞いてもらえず、言い争いばかりが繰り返されると、子どもはある先入観を持ち、どうせ親は子どもの考えを聞くつもりなどなく、「ダメ」と言うに決まっている、と考えるようになります。親から「おまえの話は聞きたくない」と言われるような状況を想像してみてください。相手から譲歩を引き出すためには、何が何でも闘わなくてはならないといわんばかりに、親に対して攻撃的になるのも無理からぬところでしょう。このように、なかなか親に話を聞いてもらえない子どもは、かなえたい希望があるたびに言い争いを始めるといった傾向があります。

何の問題もない、円満な家庭では、親子で一緒に過ごせる時間というのは待ち遠しいものです。しかし、言い争いを繰り返している家庭では、それが苦痛の時間になります。祖母の家へ遊びに行く、新学期のための買い物をする、といった、本来は楽しいはずの出来事が、言い争うきっかけになるからです。言い争いがいったん習慣化すると、両者の間に流れる雰囲気は一変します。対立することを予測し、お互いに対する寛容さや、思いやりがなくなります。相手の言うことを聞こうとせず、議論に打ち勝とうとして譲りません。親は、子どものことを、わがままで、聞き分けがないと思い（「うちの子はなんでも欲しがるんです！」）、子どもは、親のことを、理不尽で、厳しすぎると考えます（「親は何もやらせてくれない！」）。言い争いが習慣化すると、このように絶望的なまでに怒りの性質を帯びるようになるのです。

ことあるごとに子どもと言い争いをしている自分に気付くと、多くの親は、「うちの子どもは生まれつきカッとなりやすい」とか、「自分はいい親じゃない」といった原因探しを始め、誤った結論を導いてしまいがちです。（原注1） そのような考え方も一理ありますが、これほどまでに簡単に結論づけてしまうのは、人格は固定されたものであるという考え方を重視しすぎです。他人が関わることに

（原注1）他人をやたら非難するような人というのは、もともと何らかの罪悪感があり、自分に非難の目を向けることの耐えがたさから他人を攻撃するものです。

よって、人の反応は変わるという事実を軽視しているとも言えるでしょう。

習慣的な言い争いというのは、言い争いになりやすい状況をさらに作り上げていってしまう傾向があります。これまでに幾度か子どもとの言い争いを経験してきた親は、また言い争いが起きるのではないかと予測し、子どもはきっと反抗してくるに違いないと考え、子どもに対して、怒りっぽく、イライラした態度をとってしまうようになります。子どもの方も、自分が何を言っても親は聞く耳を持たないだろうと思い込み、反抗的な態度をとります。時間の経過とともに、これらの反応は固定化し、言い争いはますます避けられないものになるのです。

このように、子どもが親に文句を言い、親が子どもを非難するという繰り返しの中で、対立し合うようになると、柔軟に考えることも、相手に寛容になることも難しくなります。家族が言い争いの悪循環にはまっていくのは、頑固で反抗的な行動のみが原因ではありません。偏った見方が、悪い状況を加速させるのです。たとえば、子どもが、親はいつも批判的で、自分の言うことなど聞いてくれない、と考えていると、それを連想させる親の行動に、子どもは敏感に反応し、それを記憶に留めていくようになります。逆に、このイメージに

> 習慣化した言い争いの悪循環にはまりこんで、身動きできなくなっている家族には、この事態を引き起こしている原因となる反応をお互いにやり続けているという問題があります。状況が一向に改善していないにもかかわらず、何度も同じ反応を繰り返しているのです。これまでのやりとりをよく検討してみてください。家族がお互いに対してどのような誤った思い込みをしているか、その手がかりが得られるはずです。

そぐわないことを親がした場合には、それは全く気付かれないか、さもなければ忘れられてしまいます。親の方も同様です。この子は文句が多いというレッテルを貼ると、それと一致するような子どもの行動ばかりが目につき、記憶に残りがちです。好き好んでそうしようと思っているわけではありませんが、このように繰り返し強調される偏ったイメージによって、敵対的な態度はそれぞれ正当化され、次の言い争いを引き起こすことになります。

そして、言い争いが習慣化することによって、最終的には、家庭にあるはずの健全な権威構造が蝕《むしば》まれます。他の組織もそうであるように、権威に関する上下関係がはっきりしているほど家族も適切に機能するものです。しかし、四六時中、言い争いが繰り返されるようになると、まず、親子の上下関係が崩れていきます。親と絶えず言い争いをする子どもは、親に敬意を払わなくなり、黙って親の言いつけに従おうとはしなくなるからです。その結果、子どもは、仰ぎ見て、頼りにすることのできる親を失い、親に守られているという安心感を得られなくなります。

常に子どもと言い争ってばかりいる親の方も、自分は子どもから尊敬されるべき保護者である意識が薄れていきます。その結果、親は、子どものことを、自分が守るべき存在というよりは主導権争いのライバルとして、言い換えれば、「子ども」ではなく「敵」として、捉えるようになっていってしまいます。言い争いが習慣化することによる最も深刻な影響は、このように世代間の境界（親を保護者の立場に据え、その親から守られているという感覚を子どもにもたらす大切なもの）が曖昧になっていくことなのです。

＊＊＊

親が一生懸命、諭しているにもかかわらず、子どもが意地を張り続けているような場面に遭遇《そうぐう》すると、人は、親の育て方が悪いから、ああいう頑固な子どもになるんだ、と考えがちです。しかし、親にしてみれば、その子は赤ちゃんの頃から気難しい子どもだったのかもしれません。生まれつき、本当に扱いづらい子どももいるのです（この点について、みなさんの方が私よりよく知っているのではないでしょうか）。

一般に、子どもの感心しない行動を非難するとき、人は、その子ども本人ではなく、親を責めます。たとえば、礼儀をわきまえず、反抗的で、文句が多いような子どもを見かけると、親の顔が見てみたいと思ったりするでしょう。このように、何かを「誰かのせい」と考えるのは、直線的な思考習慣に基づき、関係性の問題を個人の責任として捉えていることによります。この直線的思考と対照的な考え方に、円環的思考があります。円環的思考では、誰がいけないのか、誰が最初に始めたのか、誰に責任があるのかといったことを、あれこれ考えません。なぜ問題が生じたのかを悩むよりも、対人関係の相互的パターンの中で問題を捉える方が役に立つと考えているからです。過去にどのようなことがあったにせよ、その問題を解決するのは今なのです。

絶えず言い争うような関係性が出来上がってしまったとき、問題にすべきことは、誰のせいでこうなったのか？　ということではありません。そのパターンをどのようにして断ち切るのか？　ということです。

「親ならもっとビシッとしなさいよ！」

親を親とも思わず、馬鹿にしたような態度をとっている子どもを見ると、どうして、親はもっと厳しくしないのか、誰がボスなのか子どもに示してやればいいのに！　と言いたくなるものです。

親がしっかりと子どもを管理できているとき、家庭は最もよく機能します。たとえば、子どもは親からの愛情や理解を必要としていますが、対立関係にない方がそれらは容易に与えられるでしょう。しかし、残念なことに、現代の親は、仕事に追われ、子どもと長い時間を過ごすことができなくなっている上に、アニメやマンガに描かれる大人のイメージが頼りなく、親の権威は失われつつあります。

平均的なアメリカ人の子どもに最も影響を与えているものを一つ挙げるとしたら、それはテレビでしょう。このテレビによって、現代の子どもは、世間擦れし、皮肉屋になったとも言えます。コミュニケーション学者である、ジョシュア・メイロウィッツ（Joshua Meyrowitz）[8]が『場所感の喪失』の中でも指摘していることですが、現代の子どもは、これまでであれば隠されていたはずの大人の持つ胡散臭《うさんくさ》さや葛藤、愚かさや欠点など、大人の世界の「舞台裏」を、テレビを通じて、垣間見るようになりました。こうして大人が脱神格化されたことで、伝統的な権威構造に寄せる子どもの信頼と信用は徐々に崩れていっています。「親」といって思い描くイメージが、テレビアニメシリーズ「ザ・シンプソンズ」の主人公ホーマー・シンプソンだとしたら、大人の英知に対する理想化を維持し続けることは難しいでしょう。

口ごたえの多い子どもには、誰が親であるかを繰り返しはっきりと伝えるべきだと考える心理学者は、子どもの反抗的な行動に対して、より明確な制限を設定し、一貫した態度で対処することを勧めています。それはそれで良いアドバイスだと思いますが、このような強気の姿勢が有効に作用するのは、親子の言い争いが慢性化する前に限られます。というのも、子どもが親にたてつくことに慣れてしまうと、厳しい締めつけは、余計に反抗心を煽ることになるからです。

手ぬるい、あるいは一貫性のないしつけに慣れてしまった子どもに対して、親が、急に、厳格なルールを押しつければ、主導権争いにつながります。親が厳しくしようとすれば、子どもはとにかく抵抗しようとするからです。最終的な勝敗はともかく、このような攻防の中で、親が絶対にやってはいけないことは、厳しくすると心に決めたにもかかわらず、子どもの強い抵抗にあい、その決意を翻してしまうことです。闘いは慎重に仕掛けなくてはなりません。

現代の親が苛立たしく感じるのは、ひとつには、自分たちが子どもだった頃は、親にやるように言われたことは素直にやったのに、という思いがあるからです。昔の子どもはそうでした。しかし、みなさんが相手をしているのは、そのような気が全くない現代の子どもたちなのです。

反抗的な子どもを前に、親は、強硬な態度に出るか、屈するかしかないように思うときもあるかもしれません。しかし、幸いにも、別の手立てがあります。

親の役割には二つの側面がある

子どもが親に対する敬意を欠いた口ごたえをする場合、まず親を権威ある地位に復帰させなければなりません。

親の権力の行使と言って、最初に思いつくのは、第一に、しつけでしょう。親はルールを定め、子どもにそれを守らせる管理者としての役割を担っています。母親が三歳の子どもに、自分の部屋へ行くように命じ、子どもがそれに従う場合、どちらが親であり、どちらが子どもであるかは明白です。それとは別に、子育てには、もうひとつの側面があります。それは養育的関わりです。親がわが子を守り、育むような養育的役割を担って行動するときにも、親は子どもの管理者です。母親が、三歳の子どもを自分の膝に座らせ、本を読み聞かせてあげているときも、どちらが親で、どちらが子どもであるかについて疑問が生じる余地はありません。

このように、親の役割には、厳しくしつける側面（ハード面）と、守り育む、養育的側面（ソフト面）の二つがありま

子育てには、しつけと養育の二つの側面があります。どちらの役割を取る場合も、親は子どもの管理者であることに変わりありません。

す。子どもの身の回りの世話を焼いたり、子どもの不満に耳を傾けたりといった養育的関わりは、子どもにお仕置きする場合と同じく、子どもを管理する行為なのです。

親の権威というものは、必ずしも子どもに何かをさせるために用いるものではありません。親子の関係性を思うように変えるために用いるものです。子どもとの間で言い争いが絶えず、手に負えなくなった場合には、まず、養育的な面での関わりを重視して関係改善を図り、親の権威を回復するのが効果的です。

親の権威を強化するための戦略的方法

親の権威を確かなものにするためには、できる限り、主導権争いを避け、その代わりに、親の方から良い関係が育まれるような交流を子どもに働きかける、というのが戦略的には優れた方法です。ここで、**親の方から行動する**という点を強調していることに着目してください。反抗的な子どもがいると、家庭内の序列は崩壊します。というのも、子どもの口ごたえによって、親がやりなさいと言うこと全てに反発するような雰囲気が作られ、親は、自分の立場を守ろうとして、思わず反撃してしまいがちだからです。このような破壊的なやりとりに陥らないようにするためには、親の選択した方法で、良好な関係を築けるような働きかけをし、子どもの機先を制するというのがひとつの方法です。

＊　＊　＊

騒々しくて、手のかかる三人の子どもを持つ母親のことを想像してみてください。「テーブルの上に乗っちゃダメ」「キッチンカウンターの上で台所用品をバンバン叩かないで」「おもちゃを誘導ミサイルみたいにして遊ばないの」といったことを絶えず子どもに言い続けなくてはならない状況に置かれた母親です。「これしちゃダメ」「あれをしちゃダメ」と母親が口うるさく言えば言うほど、子どもたちは母親を無視します。結局、母親は怒って大声で怒鳴らなくてはなりません。

親の話を聞こうともせず指示を平気で無視する子どもに母親はイライラします。第三者だったら、「どうして、無理やりにでも、言うことを聞かせようとしないの？」「厳しく命じて、それに従わないなら、お仕置きすればいいのに」と母親に対して思うかもしれません。そのような直接的な方法は、母親が、タイミングを逃さず、効果的に行えば、うまくいく可能性があります。しかし、ここまで手を焼く事態になってからでは、強気の戦略はあまり良い方法とは言えません。

ここで着目して欲しいことがあります。それは、この母親が、子どもの行動に対し、受け身になっている点です。子どもが何か悪いことをして、母親に怒られるような状況を作り出すまで、母親は何の働きかけもしていません。このような事態を避けようと思うのであれば、母親が主導権を握ることが大切です。つまり、叱るような事態になる前に、母親から子どもに働きかけ、場の雰囲気を変えるのです（とはいえ、子どもの行動があまりに素早く、先手を打つのが大変な場合もありますが)。公園(子どもたちが走り回るのに絶好の場所です)へ連れていくとか、一緒に散歩をするとか、チョークで歩道に絵を描かせるといったようなことでよいでしょう。

＊＊＊

右の例では、子どもの問題行動に対して他の楽しい活動に誘い込むというように行動に焦点化した解決方法を示しました。同様の考え方で、子どもからの口ごたえを防ぐこともできます。子どもに口ごたえされてから反応するのではなく、親が先に働きかけて、子どもとの会話を楽しいものにするのです。

＊＊＊

どんな会話も、大抵、口論になってしまうような、ある十四歳の少年と父親の例で考えてみましょう。この息子が父親と話をするのは、何か欲しいものがあるときぐらいでした。息子の要求が、親として賛成しかねる内容であれば、父親は「ダメだよ」と言わなくてはなりません。しかし、そう言えば、たちまち言い争いが始まります。息子と喧嘩にならないように父親が我慢したとしても、どこかで必ず限界はやってきます。結局、父親は「おまえ、汚れた皿を居間に置きっぱなしだろう」といった関係ないことまで引っ張り出して、息子の問題点を指摘し始め、口論になるのが日常でした。こんなふうに父親と息子は言い争いの悪循環にはまり、結果として、息子は父親に対して敬意を払わなくなっていました。

このようなケースであっても、息子が興味を示しそうな話題を探し出し、父親の方から楽しい会話に息子を誘い込むようにすれば、言い争いは回避され、親に対する態度も変わります。ただし、十四歳の子どもには、大概、ちょっとした工夫が必要です。というのも、十代の子どもというのは、親が自分の話など聞くつもりがない、たとえ話を聞いてくれたとしても、どうせ後で批判されるに決まっていると思い込んでいるからです。少しでも、うまく会話に誘い込みたければ、子どもが自信を持って話せる話題、たとえば、スポーツや車、息子自身の趣味といったものや、第三者についての中立的な話題などを選ぶとよいでしょう。それらの話題は、論争になりにくく、個人の領域に立ち入りすぎずにすむからです。

＊＊＊

親の方から積極的に楽しい会話などを始めることで、子どもとの関係をよりよいものにしようとする戦略は、家族内で生じる全ての問題を解決するわけではありません。しかし、口を開けば喧嘩になるだけだ、という予想を裏切るだけでも、解決の糸口にはなるでしょう。

子どもの話を聞くようにすれば、親は子どもをしっかりと管理できるようになります。というのも、一般に、しっかりと話を聞いてもらうと、それだけ相手に対する信頼が増すように、子どもの話を聞くということと親の威信は連動するからです。ただし、心に留めておいて欲しいのは、子どもが望んでいることについて話を聞くことと、望んでいることを子どもに**やらせてあげる**ことは別だということです。親としての役割を見誤らない限り、愛するわが子との言い争いに「勝つ」ということは、互いの話をよく聞き、理解し合えたという感覚から生じる体験なのです。

子どもの反抗に対して、言い争うのではなく、話を聞き、さらに引き出すということは、親が守りから転じ、その場を取り仕切る存在になるということです。そのように対応を変えれば、親子関係の質そのものも変化していくでしょう。子どもはじっくり話を聞いてくれる親のことを敵対者とは思いません。自分の言い分に関心を持ち、それを理解してくれる人、大切に扱ってくれる人と捉えるようになります。だからといって、就寝時間になったら素直に寝るようになるとか、すぐに汚れたお皿を片づけるようになるというわけにはいかないでしょう。しかし、親に理解されていると感じる子どもの方が、特に親の決定権は絶対だと認識していればなおのこと協力的になってくれるものです。

親の養育的な関わりにおいて、応答的傾聴は、とても重要な役割を果たします。応答的傾聴によって、子どもは親に打ち解けるようになり、親は子どもとの関わりをうまくコントロールできるようになるからです。

親が説教したり批判したりすることなく、本気で子どもの話に耳を傾けるようにすれば、子どもは徐々に心を開くようになるでしょう。話を聞いてもらうことによって、子どもは自分の気持ちを大切に扱ってもらえると感じるので、親を看守か批評家のように思って身構えることなく、自ら進んで身の回りのことを話すのです。子どもの話を聞けば、親は子どもの生活に何が起こっているのか、何を考えているのか、なぜそのように感じるのかについて、より多く気付けるようになります。主導権争いがなくなることはありませんが、親子関係の基本的なあり方は、言い争うことから理解することへと変わり、子どもは以前より親を受け入れるようになるものです。

言い争いが習慣的に繰り返されると、日常にも思わぬマイナスの影響を与えます。子どもは、いつも、怒りっぽく、とげとげしくなり、親と話をすれば、対立するだけだと考えるようになるからです。そのため、自分を守るために、心の扉を閉ざし、親を締め出すようになります。

「今日、学校はどうだった？」

「楽しかったよ」

このように短く、うわべだけの会話が交わされるだけになると、子どもは身の回りで起きていることについて、ほとんど親に語らなくなります。親と話をしないような子どもが友達とは話をするのは、友達は自分の話を聞いてくれると思っているからです。(原注2) 親が子どもに対して、指示したり、批判したりせず、適切に応答しながら話を聞くようにすれば、子どもは親のことも、友達のように話を聞いてくれる存在として認知するようになるでしょう。

(原注2) 友達に話を聞いてもらえないという傷つきから自分を守るためにひきこもり、友達を持たない子どももいますが。

ところで、頼もしいひとつの事実があります。それは、自分の話を聞いてもらって嬉しくない人はいないということです。ものすごく無口な夫や、口の重い子どもであっても、話をして、それを誰かに聞いてもらえるのは嬉しいはずです。良い聞き手という評価を確立できれば、相手は自ら進んで話をしてくれるようになるでしょう。それには時間と根気が必要です。一晩やそこらでは評価は変わりません。また、親の方が、言い争いになりがちなコミュニケーションパターンを変える覚悟をしていたとしても、その覚悟が子どもに伝わるにはある程度の努力が必要です。

親の権威を強化するためには、子どもの話をよく聞く、ということが役立ちますが、単に、子どもが話してくれるのを待っているだけではじゅうぶんではありません。親の方から、楽しい遊びや会話を始められる機会を探すということが重要です。親が適切な機会を捉え、子どもから話を聞き出し、じっくりとそれに耳を傾けるということは、親子の理想的な上下関係を体験する特別な機会とも言えるでしょう。ここでの目的は、親が親として子どもを管理できている状態で親子の会話を生み出していくということであり、話を聞くということは、その目的を達成するためのひとつの手段なのです。

＊＊＊

トムとジーナのロバーズ夫妻は、十四歳の娘、ダニエルの扱いに、ひどく悩み、セラピーを受けにやってきました。母親によれば、「ダニエルは嘘つきで、問題ばかり起こし、学校の成績は悪く、親の言うこと全てに口ごたえする」ということでした。

私は、「娘さんは親の言うこと全てに口ごたえをするのですね？」と母親の言葉を繰り返し、「それはどうしてだと思われますか？」と尋ねました。

「私たちは、娘の口ごたえする姿しか思い出せません。彼女は、幼い頃から何事につけ口ごたえする子どもでした」と母親は答えました。

父親はそれに同意しながら、「私たちは、親の力で娘を変えることができると思っていました。でも状況は、ますます悪化してしまうばかりです。あらゆる方法を試してきましたが、何一つ、うまくいきませんでした。それでこちらにご相談に伺ったんです」と言いました。

気が付けば、いつも子どもと喧嘩腰で言い争っていると話す多くの親と同様、ロバーズ夫妻もまた、「娘が悪い（反抗的で、ちっとも言うことを聞かず、頑固だ）」と思い込んでいました。その根底に、自分たちは悪い親なのではないかという不安があったからかもしれません。

両親は、娘のダニエルが嘘をついたり、口ごたえしたりしないように、いろいろ試みました。しかし、それは、そもそもこのようなコミュニケーションパターンに陥るはめになったやりとりを繰り返し、状況を悪化させただけでした。そこで、私は作戦を切り替えることを勧めました。子どもとの主導権争いをやめ、親の権威を強化するという方法です。具体的には、まず、その場の雰囲気を親がコントロールできるよう、率先して楽しい会話を持つように指示しました。

「大切なのは、子どもを懐柔することではなく、親としての権威をあなた方が回復させることです。できる限り喧嘩を避け、さほど重大な問題でなければ放っておくようにしてください。大事な問題に関しては、親として話ができる雰囲気を作り出せるようになってから対処するようにしましょう」と私は伝えました。

「『放っておく』と先生はおっしゃいましたが、それはどのような意味ですか？　ダニエルがしたいことは何でもやらせてやるべきだということでしょうか？」父親がその意味を確認してきました。

「そういうことではありません。しかし、いつも叱りつけていることの中に、一週間ぐらいなら、見て見ぬふりをしてもいいと思うような問題はないでしょうか？」と私は尋ねました。

すると、母親が、「床の上に洋服を脱ぎっぱなしにしていることに関してなら、一週間、ダニエルを叱らずに我慢できると思います」と言いました。

それを聞いて、父親は「十四歳にもなる子に、自分の服を片付けて欲しいと思ってはいけないんですかね？　他の子は普通にやっていることなのに！」と、強い調子で言いました。

「私も、あなたと全く同じ意見です。実際、わが家の子どもたちがあちこちに自分の物をほっぽり出したままにしているのを目にすると、私も嫌な気分になります。しかし、今、私がご提案しているのは『実験』です。それも一週間だけの実験なのです。できる限りダニエルとの喧嘩を避け、親の方から楽しい会話に誘ってみてください。それによって、言い争いになりがちなコミュニケーションパターンを変えることができるか、是非確かめてみましょう」と私は言いました。

母親は試してみる価値があると考え、「どうしてダメなの？ 私たちは、他のことは何でも試してきたじゃない」と父親に言いました。

父親はあまり乗り気ではありませんでしたが、とりあえず「やってみよう」と言いました。

その翌週、娘との言い争いをなくすために応答的傾聴を実際に行ってみて、どのような反応があったか、二人から報告を受けました。母親は次のように話しました。

「先生がご提案くださったことをやってみました。でも、私がダニエルの話を聞こうとしても、娘は、結局は、私に喧嘩をふっかけてきました。一度、家に彼女の好きな食べ物が全くなかったことがあったんです。そのことで娘が私に狂ったように怒ったので、私は『悪かったわ』と謝り、それから、どのようなものを買ってきて欲しいか尋ねました。私が話を聞く側に回っている間は、結構うまくいったんですけれど、私が何かを**話そう**とすると、娘はまたムッとしていました」

「前回の先生とお会いした翌日のことです。娘に学校の様子を尋ねたんですけれど、娘はすごく怒り出し、『いつも私をイライラさせるのをやめてちょうだい』と言いました。昨日も、私がサッカーのことを尋ねようとしたら、同じ反応をされました。これ以上、あの子と話をするのは、私には無理です」

ダニエルと両親との間には、安全な話題などほとんどないように思われました。関係がここまでこじれていると、子どもが話したいと思うような話題を探して会話を始めるというのは、非常に困難です。そこで私は、この両親に作戦変更を勧めました。

ダニエルを楽しい会話に誘い込むという試みはあまりうまくいかなかったので、代わりに、楽しめる活動に誘ってみてはどうかと提案したのです。関係がこじれているときには、わだかまりなく会話をするのは難しいでしょう。それよりは、何か楽しいことに一緒に取り組む方が簡単です。何を言っても喧嘩になりそうだという場合でも（そういうときは「今の信号は止まれだったでしょ！」というように、信号をめぐってでも口論になります）、比較的、衝突せずに一緒に取り組めるような活動が大抵は見つかるものです。たとえば、夕食に出かければ、いつも喧嘩になるような場合でも、学校に着ていく服の買い物なら大丈夫かもしれません。洋服の買い物でも最後は喧嘩になるというのであれば、一緒にクッキーを焼いたり、子どもとその友達を映画に連れていってあげてもよいかもしれません。

関係が行き詰まると、一緒に何かをしようとしても、かえって、よそよそしくなるだけというところがあります。なにも子どもと長い時間共に過ごす必要はありません。親がちょっとした楽しい交流に子どもを誘うことによって、それまでの険悪な雰囲気を変えるということが大事なのです。

そこで、この母親は、娘のダニエルに、庭に植えるチューリップ選びを手伝ってもらうことにしました。「娘は、何色のチューリップを買うかについて、意見を聞いてもらえたのが嬉しかったようです。驚いたことに、家に帰ったら、球根を植えるのを自主的に手伝ってくれました。一緒にチューリップを植えているとき、もう一度、娘に、『学校の方はどう？』と聞いてみたんです。そのときは、『友達のボニーと喧嘩をしてしまったことを除けば順調よ』と話してくれました。打ち解けて、こんな話をしてくれたことをすごく嬉しく感じました。娘の話には、耳を傾けるだけにして、あまり細かいことをしつこく詮索しすぎないように努めました」

母親の方は、ダニエルとの関係を良い方向に変えていけるような手応えを感じているようでした。しかし、父親は、親に対する敬意を欠いた子どもに、「折れてやる」とか「与えてやる」というのは、どうしても気が進みませんでした。

＊＊＊

この父親だけでなく、多くの親は、すぐにカッとなる子どもに優しくすることに抵抗を感じます。衝突を避けようとしているだけに思えるのでしょう。そう考えるのも理解できます。応答的傾聴には、たとえ一時的ではあっても、厳しく言わずに子どもの言動を大目に見ているところがあるからです。しかし、物事は、時として、長い目で見ることも必要なのです。

＊＊＊

ダニエルの両親のように、親の一人が応答的傾聴の考えに抵抗感を持ち続けている場合、もう一方の親はどうしたらよいでしょう。

後述しますが、この問題に対して、ダニエルの母親は、夫に対しても応答的傾聴を行うことで対処しました。自分のパートナーと意見が一致しないとき、相手の話を、一切、聞こうとしない人がいます。そのような人は、相手の話を聞き、意見の違いを理解すれば、こちらが譲歩をせまられると思うのかもしれません。しかし、多くの場合、現実はそうなりません。たとえ意見が一致しなくても、相手が自分の意見を尊重してくれたと感じられると、大抵の人は、満足感を覚えるからです。

ダニエルの母親は、夫に対して、なぜ、応答的傾聴が娘との関係を改善するために良い方法だと思わないのか、その理由を話してくれるよう、頼みました。単に夫の機嫌を損ねないように、表面的に聞いているだけであっても、そのようにした方が夫の協力は得やすくなります。もちろん、彼女が、心から夫の考えに関心を持って聞いているのであれば（その考えに最終的に同意できるか否かにかかわらず）、その方が望ましいのは間違いないことですが。「話し合うこと」と「同意できるかどうか」は、常に分けて考えるべきことだ、ということを忘れずにいてください。

話しているうちに意見は変わっていく場合があります。黙って、心の中に押しとどめておく限りは、なかなか変わりません。なるべく言葉にしてもらいましょう。

＊＊＊

子どもからなめられている親は、言い争いが起きてからどうしようかと考えがちです。しかし、いったん言い争いが生じてしまってからでは、打つ手はあまりありません。カッとなりやすい子どもに対してはなおさらです。それゆえ、私は、言い争いになる前に主導権を握り、親に対する子どもの反応の仕方を徐々に変えていく方法を提案しています。この方法は、親に対する敬意を子どもに強制するものではありません。親の言うこと全てに反対するような関係性を変え、結果として、信頼の土台を築くことが私の目指すところです。

尊敬は強要できません。

親の養育的な関わりにおいて、この方法を取り入れてみようと思うならば、まず、心の通い合った関係を築くために、次のようなことから始めてみるとよいかもしれません。

- 子どもが欲しいと思うものを一緒に買いに行く。
- 子どもと二人だけで、どこか楽しい場所で外食をする。
- ハイキング、カヌー、バードウォッチング、水泳、乗馬といった、アウトドアでの活動を一緒に楽しむ。
- まだ訪れたことのない美術館に行ってみる。ただし、必ず、子どもが楽しめる美術館を選ぶこと。
- 酪農場の見学に行ったり、町の浄水場巡りをしたり、飛行機の離着陸を空港に見に行く。
- バスやフェリーに乗って終点まで行ってみる。
- スプリンクラーを回して、お互いに水を掛け合い、びしょ濡れになったり、土砂降りの雨の中を散歩したり、古いスニーカーをはいて小川の中をジャブジャブ歩いてみたりする。

こうした活動が、子どもの話を聞いたり、子どものことを更によく知る機会になることをじゅうぶんに認識して、最大限、活かすようにしてください。深刻な話をしようとして親の前に座らせるよりも、何か楽しいことをして良い雰囲気が作り出されているときの方が、子どもというのは、心を開くものです。一緒に服を買えば、自分のスタイルについて、子どもがどのように感じているか、あるいは人からどんなふうに見られたいと思っているのかを話してくれることもあるでしょう。ただし、注意してください。これらは、子どもと衝突しやすい話題です。批判したくなっても、その誘惑を抑えましょう。たとえ、思春期の子どもに、ブリトニー・スピアーズのような派手な恰好をして欲しくないと思っても、すぐに、そのような親の意見を伝えてはいけません。まずは、子どもがどんなふうになりたいのか、どのように感じているのか、子どもの気持ちを尊重しながら耳を傾けるようにしてください。子どもの自尊心に親が与える影響という意味では、良識とか品の良さということに関してあれこれ説教するよりも、子どもの気持ちをそのまま受け入れてあげる方が重要だということを心に留めておいてください。

＊　＊　＊

ジョン・ロマーノは、十五歳になる息子、ブライアンが薬物を使用しているのではないかと心配していました。学校で薬物がはびこっていることを耳にしていましたし、以前に比べると、ブライアンがドアを閉めて自室で過ごす時間が長くなっていたからです。しかし、父親は、真正面から息子に問いただし、拒絶されるのを避けたかったので、その話題を持ち出せずにいました。自然に話ができる良い機会があることを願っていたのです。

父親は、まずはブライアンともっと親密な関係を築くことが重要だと考え、週末に外へ連れ出すようにしました。こうした外出を繰り返していくうちに、ブライアンは、父親にいろいろと話をするようになり、以前は、家では、全く口を開くことがなかったにもかかわらず、父親との外出中には、随分とおしゃべりになりました。そして、一月のある日曜日のこと。二人は、町の北部にある丘でクロスカントリーをしていました。ブライアンは、学校の話題や妹に対する文句などを口にした後、友人のひとりが、ソフトクリーム店でマリファナを売って、逮捕されたという話に触れました。

父親は、これは慎重に取り扱わなければならないテーマだと感じ、詮索したり、問いただしたりせず（本当はそうしたくてたまらなかったのですが）、息子の話にただ耳を傾けるよう、必死に努力しました。そして、「それは残念なことだね」とだけ言いました。

「そうなんだ……。ティムは、いいやつなんだよ。でも、あれはどうかしているよ、自分が知りもしないやつにマリファナを売るなんて。僕だったら、あんな真似は絶対にしない」とブライアンが言いました。

「本当に？」父親は言いました。

ブライアンは「うん」ときっぱりと答えました。「僕も二、三回、マリファナを吸ったことがあるんだ。でもマリファナを売るような馬鹿なことは絶対にしないよ」と言いました。

父親は、息子がマリファナを吸ったことがあると聞いて、少し動揺しましたが、そのように話してくれるほど自分を信頼してくれていることに安心しました。そして、この話にはまだ続きがあるのではないかとも思いましたが、ブライアンが、打ち解けて、話をするようになってくれているので、そのことを大切にすべきだと感じ、ここでは、それ以上探らずにおきました。ブライアンが父親に対して心を開き始めているのがわかったからこそ、待つことができたのです。

＊＊＊

このように特別な外出は、日常生活では語られることのない話を聞くことができ、互いを深く知り合う機会になります。その一方で、このようなときにも言い争いに発展する可能性はあります。どうしたら、それを最小限にとどめることができるか、心の準備をしておくことが大切です。

＊＊＊

ポーリーンは、十七歳になる娘のキムと洋服を買いに出かけることを計画し、前回、二人で買い物へ行った際の出来事を思い出していました。あのとき、キムはズボンを試着しました。しかし、それがあまりにタイトだったので、ポーリーンがその点を指摘しました。するとキムはものすごく怒り出してしまったのです。

「痩せてないと、タイトな服を着ちゃいけないわけ?!」キムは言いました。

「そんなふうに言われたら、あなたに何も言えないわ」ポーリーンは肩をすくめながら言いました。キムは、ムッとすると、そのまま黙ってしまいました。それからしばらくして、今度は、キムは革のスカートを試着していました。ポーリーンが、「それは学校に着ていくにはどうかしら」と意見を言うと、キムを、再び激しく怒り出してしまいました。さんざんな買い物でした。

そんなことがあったので、今回はキムがどんな洋服を試着しても、何も批判的なことを口にせず、キムを傷つけたり、言い争ったりしないようにしようとポーリーンは心に誓いました。娘が欲しがる物を何でも買ってやろうということではなく、とにかく、娘が選ぶものを、批判しないようにしようと思ったのです。いろいろと見て回る中で、キムは洋服を二組試着しました。親の目には、その二着は派手すぎるように感じましたが、買い物に行く前、心に決めたように、何の批評もしませんでした。結局、一組目の洋服はキム自身が気に入らず、選びませんでしたが、二組目のスカートと上着については、キムは「買ってもいい？」と尋ねてきました。キムの選んだ洋服は、学校に着ていくにはふさわしいとは言えないものでした。ポーリーンは、「残念だけど、今日はもうじゅうぶん買い物をしたし、洋服はまた今度にしましょう」とだけ伝え、購入しませんでした。

＊＊＊

要約：反抗的な子どもに言うことを聞かせようとして、いつもと同じことをしても、多くの場合、対立を深めるだけです。なぜなら、最初の対立パターンは、そのやり方によって生み出されたものだからです。それに代わる方法として、私が勧めたいのは、子どもと主導権争いをせず、親の方から楽しい会話に子どもを誘い、親の権威を強化するという方法です。そのような楽しい会話の中で、子どもの気持ちに適切に応答しながら話を聞くことで、親が場の雰囲気を変えていくのです。子どもをなだめすかすのではなく、戦略的に、親の立場を立て直し、子どもを管理できるようにするということが重要です。

それは以下の三点にまとめられます。

- できる限り喧嘩を避ける。
- 重要ではない問題は放っておく。
- 親が場の雰囲気を作れるようになるまでは、しつけ（管理）に関する問題は後回しにする。

子どものわがままや反抗に受け身で対処するのではなく、親の方から、先に、楽しい活動を提案したり、子どもが興味を示すようなテーマを選んで会話を始めるようにすれば、風向きは変わってくるでしょう。親を親とも思わず攻撃していた子どもが、親に守られていることを実感し、親を保護者として考えるようになります。

パート Ⅱ

応答的傾聴を様々な年齢層でどのように用いるか

第六章

幼い子ども
——涙とかんしゃく

その複雑さ、大変さでよく知られる子育てですが、結局のところ、「守り育てること」と「しつけること」の二つに集約することができます。子どもには、愛情が必要であり、また導き手が必要です。それゆえ、「守り育てること（養育）」と「しつけること（管理）」は、乳幼児期から思春期、さらにはそれ以降においても子育ての基本であることに変わりはありません。

「養育」と「管理」という項目は、どの年代の子育て指針の中にも詳しく見ることができます。

「養育」には、以下の内容が入ります：

- 身体的な快適さを提供する。
- 愛情を与える。
- 子どもを評価し、応援していることを示す。
- 子どもを尊重する。
- 子どもを受け入れ、その子の持ち味を評価するよう努める。

「しつけ（管理）」は、以下の内容を伴います：

- しつけには首尾一貫したアプローチを用いる。
- ひとり親でなければ役割を分担する。
- 子どもに何かをしてもらいたいときには、理にかなった指示をはっきり示す。
- 制限を設定するときは、明確で揺るぎないものにする。
- 設定した制限はしっかりと守らせる。

本書のテーマをふまえれば、望ましい子育ての基本項目に次の二つを書き加えたとしても不思議はないでしょう。

- 子どもが反対意見を述べたり、自分の気持ちを表現したりすることを肯定的に捉える。

・成長に伴い、次第に子どもを自立させていく。

これらの基本項目は、年齢を問わず全ての子どもに共通するものですが、どの点を強調するかは、それぞれの発達段階によって異なります。大抵の親は、「子どもにこのように対応すればよかった」と気付くのが遅すぎます。それゆえ、あらかじめ、子どもの発達について多少なりとも知識を得ておくとよいでしょう。多くの人がよかれと思うことと適切な判断との間にはかなりの隔りがあるものです。

一般的に、子どもが小さいうちはしつけよりも養育的な関わりに重きを置き、四、五歳ぐらいから、しつけを重視するのが望ましいと考えられています。しかし、実際の子育てを見てみると、親の権威が確立され、子どもをしっかりと管理できている家庭では、非常に幼いうちから子どもをしつけています（逆に、子どもが小さいときにあまりしつけを行わなかった家庭では、その後、親としての権威を確立できず、管理も困難になりがちです）。

応答的傾聴は、幼い子どもに対しても、優しくかつ効果的に管理することを可能にします。イヤイヤ期の二歳の子どもと喧嘩したり、かんしゃくを起こしている幼児に説教するのではなく、応答的傾聴を実践してみてください。子どもなりの思いを認めつつも、親が最終決定することを混乱なく実行できるよう

子どもは、二歳にもなると、親が本気で言っているときと、そうでないときが、わかるようになります。

になります。

生まれて間もない赤ん坊を病院から自宅へ連れ帰るその日から、子どもの発する声を「聞く」ということは、親にとって、とても重要な行為になります。聞くことによって、親は、子どもが身体的に何を必要とし、心理的に何を欲しているのかを知ることができるからです。赤ん坊の声にまで耳を傾けることが重要だなどと言うと、こじつけのように思われるかもしれません。しかし、応答的傾聴の全ての要素（気持ちを合わせる、集中する、受け入れる、早合点しない、重要なサインを見逃さない、親の気分やリズムを子どもに押しつけない）は、子どもが生まれるとすぐに役立ちます。

養育やしつけを行っていく中で、子どもが非常に幼いときから、その声にしっかり耳を傾けるようにすれば、将来の言い争いは最小限に抑えることができるということを以下に説明していきたいと思います。

赤ん坊の声に耳を傾ける：波長合わせと共感

生まれたばかりの赤ん坊を病院から自宅へ連れ帰る際のドライブは、この時間が永遠に続けばよいのにと思うほど心躍る出来事のひとつです。微笑む奇跡とも言える赤ん坊はなんと小さくて、かわいらしいのでしょう！　おそらく神は、誰もが赤ん坊をこの手に抱き、世話をしたいと思うように、彼らをこれほど愛らしくお作りになられたのだと思います。眠っている赤ん坊は小さな天使のようで、この先の苦労など微塵《みじん》も感じさせません。

赤ん坊が生まれて最初の数週間、親は彼らの睡眠と食事のサイクルを整えるために大半の時間を費やします。そうなると、自然と、赤ん坊の声に耳を**傾けなくてはなりません**。赤ん坊は、お腹が空いたら、（ミルクが欲しいよー）と大声で泣き、おしめが濡れたら、（気持ちが悪いよー）とわんわん泣きます。どういうわけか、赤ん坊は常にそのどちらかのようで、親は呼ばれればすぐに応じられるような待機生活を余儀なくされます。

このようにまだ生まれて間もない子どもの声に耳を傾けるということは、赤ん坊があまり不機嫌にならないうちに、何を求めているのかを見極め、ミルクを与えたり、おしめを替えたりといった世話をすることを意味します。赤ん坊の要求は、多くの場合、議論の余地がありません。

とはいえ、早ければこの時期から、親は、何がわが子の要求として妥当なものかを区別し始めます。赤ん坊が、お腹を空かせたり、おしめが濡れたりして、泣いているのであれば、世話をしてやる必要があります。しかし、既にミルクを飲み、おしめも替えたばかりなのに泣いていたらどうしますか？　また、お昼寝の時間に赤ん坊が抱っこをせがんで泣いたらどうしましょう。赤ん坊は寂しくて抱き上げて欲しいのだと考え、応じてあげるべきでしょうか？　それとも、抱き癖がついてはいけないと考え、無視するべきでしょうか？

＊　＊　＊

私が、娘のサンディと初めて「議論」をしたのは、生まれたばかりの彼女を病院から家に連れ帰って七十二時間目のことでした（ちなみに、その二分後には、初めてではありませんが、妻と議論になりました）。サンディのお昼寝の時間でした。少なくとも、私はそう考えていましたが、当のサンディは、そう思ってはいなかったのか、生まれつき備わった天然のサイレン（泣き声）を使って、抱っこして！　と訴え始めました。私は瞬間的にサンディを数分間泣かせたままにしておこうと考えました。お昼寝の時間のたびに抱っこをせがみ、ベッドで寝なくなっては困ると思ったからです。しかし、「数分間」とは言ったものの、何分ぐらいが適切なのでしょう？　十分ぐらいと考える私に対し、妻は、赤ん坊を五分以上泣かせたままにしてはいけないと考えていました。そして、サンディ本人は二秒が限界のようでした。

この件では、「数分間泣かせているうちに赤ん坊も眠ってしまうかもしれない、少し様子を見てみよう」という私の考えに妻も同意し、そのようにしました。両親が互いに歩み寄って子育てをしていけば、大抵、うまくいきます。相手がはっきりとした意見を持っている問題に関しては相手に従い、別のときには逆に自分の意見を通したりしながら協力して子育てをしていくのです。妻と私は少なくとも「お昼寝の時間に泣き出した赤ん坊を抱き上げてやるかどうか」という問題に関しては、赤ん坊にとってはもちろん私たちにとっても妥当だと思われる仮説を立て、それに基づいて対応の仕方を決めました。このように、子育てが始まると同時に、親は、自分の腕に抱かれた生身の赤ん坊に応答するだけでなく、赤ん坊の気持ちを読み取って対応していかなくてはなりません。

＊＊＊

親は幼い子どもにも意思（「あぁ、あなたはあれを見たいのね」）や動機（「早くミルクが欲しくて、あなたはそうしているのね」）、作為（「わざとそれを投げたでしょ！」）があると考え、子どもの行動を理解します。(9) 正しいか正しくないかはともかく、子どもの願望を読み取り、それに基づいて、願望を受け入れたり、退けたりするのです。

たとえば、赤ん坊が母親の顔を指で突っついたり、身体を乱暴にまさぐったり、腕を振り回したり、押したり、髪の毛やイヤリングを引っ張ったりしたとします。攻撃的なものに対する恐怖感の強い母親は、そういった赤ん坊の行動を彼ら特有の探索行動(訳注1)とは思わず、母親への攻撃として理解する可能性があります。しかし、赤ん坊がそれほど激しく行動するのは、母親に注意を向けてもらおうとしながら、無視され続けているようなときぐらいでしょう。このような誤解が次なる誤解を呼び、結局は言い争いにつながっていくのです。つまり、注意を向けてもらいたくて赤ん坊が母親に手を伸ばす→母親が無視する→赤ん坊は、母親の注意を引こうとより一層激しく体を動かす→母

(訳注1) 乳幼児が自分を取り巻く世界に関心を持ち、どんなものか知ろうとして行動すること。

親は赤ん坊のふるまいを自分への攻撃と捉え、顔を背けたり、抱いていた赤ん坊を下ろしてしまう。この流れでいくと、赤ん坊は、さらに激しく行動せざるをえません。「議論」は、子どものせいばかりではなく、子どもの行動を親がどのように理解し、反応するかによっても引き起こされるのです。

このように、生まれて数カ月目から、意思の対立だけではなく、互いの意図をどのように読むか、あるいは読み誤るかということが、親子の言い争いの原因となります。生後八カ月の赤ん坊が、母親の腕の中からモゾモゾと逃れようとしているとき、それは母親の愛情を拒否しているのでしょうか、それとも遊ぼうとしているのでしょうか？　親に反抗していると捉えるのか、探索行動と捉えるかによって、親の反応も変わるでしょう。では生後十一カ月の赤ん坊が自分のカップでテーブルをバンバン叩いたとき、その子は行儀が悪いのでしょうか、それとも、「お腹が空いたよ」と訴えているのでしょうか？　反抗していると捉えるのか、コミュニケーションを図っていると捉えるのかによって、親のやりとりはかなり違ったものになります。

母親の注意を引こうと何度も働きかける赤ん坊のジェラルドに、母親の方はイライラし、ジェラルドの訴えを無視するといったことが繰り返されれば、ジェラルドは母親の注意を引くためには、さらにうるさくしなくてはならないと考えるようになるでしょう。そうなると、母親の方はジェラルドに対して「いつもうるさい、手がかかる子」というイメージを持つようになっていってしまいます。

赤ん坊はまだ話すことができません。そのため、彼らの思いを読み取り、理解するのは親の責任です。次のような場面を少し想像してみてください。あなたは赤ん坊で、まだ言葉をしゃべることはできません。しかし欲しいものがあります。その欲しいものは見えているのに、手が届きません。こんなとき、あなたならどうしますか？　単純に考えてみてください。自分の心を母親に読み取ってもらおうとするでしょう。

余計な親子喧嘩が勃発《ぼっぱつ》する、親側の最大要因は、親が子どもの意図を読み違えるということにあります。戒める必要のない場面で、親は子どもを戒めようとしてしまうのです。

子どもの心の読み取りは波長合わせから始まります。「波長合わせ」とは、子どもの感情状態を共に味わう働きかけを指し、親子間のやりとりの基本です。共感に先立つ、人間理解の本質的な営みとも言えます。赤ん坊に対する波長合わせは、親が読み取った気分を赤ん坊に示し返すという感覚的なやりとりで始まります。

たとえば、生後八カ月の男の子がおもちゃを取ろうとテーブルの下を這って歩いていたとします。その子がおもちゃをつかみ、喜びいっぱいに「アア！」と声をあげ、母親を見ました。母親はにっこりと微笑み、拍手をして、息子の喜びを共有します。それが波長合わせです。

赤ん坊が親の顔を見上げてクックと声をあげたり、お風呂の中でパチャパチャと水しぶきをあげて遊んだり、嬉しくてキャッキャッと笑ったりするとき、「かわいい！」と思わない親がいるでしょうか。必ずや、全ての親がこのような赤ん坊の様子に感覚的に反応してしまう、つまり波長合わせは自然に起こるものと思いたいところです。しかし、残念ながら、そうではありません。親には、その時々に、やらなければならないことがあり、また心配事や気分があります。うわの空になったり、気分が落ち込んでいたり、何か他のことに気を取られていたりして、赤ん坊を無視してしまうということもあるでしょう。赤ん坊は小さくとも独自の考えや感情を持った一人の「人間」であるとは考えず、親の願望や心配事を投影させて反応してしまう親も大勢います。

ところで、乳児には、それぞれに最適な刺激レベルというものがあります。そのレベルを超えた活動は、過剰刺激となって、乳児の調子を狂わせ、一方で、最適レベルを下回ると、退屈を感じさせます。注意深く子どもを観察していれば、乳児が過剰な刺激を遮断するために目をそらしたり、逆に、より多くの刺激を求めて親にアイコンタクトをしていることに気付くでしょう。

親と赤ん坊のやりとりを見かける機会があったら、赤ん坊の刺激レベルに合わせて適切に親が反応している場合と、親の気分を赤ん坊に押しつけている場合の違いに、是非、注目してみてください。後者の場合、言葉を用いない「言い争い」をしているのと同じです。というのも、赤ん坊が、ほっとしたり、わくわくしたり、疲れたり、といったことを、何かしら感じているのに、親はそのことを理解せず、赤ん坊に心を合わせる（話に耳を傾ける）代わりに、親の気分を押しつけて（議論をふっかけて）いるからです。情緒的な細やかさに欠ける親が、キラキラと輝く目をした赤ん坊のサインを見逃している場面に遭遇《そうぐう》することがあったら、あなたは、まさに、鈍感な親によって子どもの生き生きとした興奮がくじかれる悲しむべきプロセスの始まりを目撃していると言えます。

＊＊＊

私の失敗談をお話ししましょう。私は、職業上、親にじゅうぶんにかまわれていない子どもと接する機会が多かったので、わが子に対しては、そうならないように心がけていました。夕暮れ時の子ども部屋に、こっそり忍び足で入っていったときのことを今でもよく思い出します。ちょうど赤ん坊のサンディはまどろみかけていました（あるいは、眠っているふりだったかもしれません）。そのとき、私は、男の直感で、サンディは本当のところ静かに休みたいわけじゃないと思ってしまいました。それよりも、天井に手荒く放り上げられ、パラシュートをつけないスカイダイバーのように、床に向かって落ちていく、ぎりぎりのところで、父親に抱きとめられる方がきっと嬉しいだろう、と。そして、私は実行しました。ヒャッホー！

私は、青ざめた顔で、目を皿のように見開くサンディを見て、あまりの嬉しさに口もきけないのだと、そのときは理解していましたが、彼女は本当は窒息しかけていました。(10)

＊＊＊

過剰に何かに熱狂すると、重苦しい雰囲気はなくなりますが、だからといって、それが必ずしも気持ちに寄り添った反応になっているわけではありません。「まぁ、かわいい赤ちゃん！」と赤ん坊を褒め倒し、驚嘆の言葉を繰り返す大人を誰しも見たことがあるでしょう。(11) 生まれたばかりの赤ん坊を前にすると、大人は反射的に興奮するものです。生き生きとした赤ん坊の姿に高揚してしまうからです。しかし、このようにいつも、赤ん坊の気分を上回って、大人が興奮するとなると、そこに不調和が生じます。

赤ん坊がそれを望んでいないにもかかわらず、くすぐったり、突っついたり、ゆすったり、揺り動かしたりする親がいますが、そのような親を持つ赤ん坊は、気持ちを適切に汲み取ってもらえていないという点で、親からちっともかまわれず無視されている赤ん坊と一緒です。このように親から勝手な思いを押しつけられてばかりいると、子どもは混乱し、自分にとって何が現実なのかがわからなくなるということをロナルド・レイン（R.D. Laing）は「経験の政治学」の中で非常に印象深く論じています。[12] 一人の人間として、ありのままに理解され、真剣に受け止めてもらえないということは、赤ん坊のような幼少にあっても、孤独や自己の不確実感を生み出す原因になります。精神分析家、アーネスト・ウルフ（Ernest Wolf）も、「心理的孤独こそが不安を生み出す」と述べています。[13] 口ごたえするということは、子どもにとって、理解されない孤独から自分を守る手段なのです。

愛情深い親は、幼いわが子の気分を感じ取り、その気分に合わせて対応します。過剰な反応をするのではなく、誤った理解に基づいて対応するわけでもありません。細やかに心を配り、理解し、真剣に受け止めるのです。

言葉が話せるようになると、親子の間に新しいつながりが生まれます。言葉を獲得することによって、子どもは自分の思いを伝える能力を高め、親の側の理解も深まるでしょう。とはいえ、言葉は、両刃《もろは》の剣《つるぎ》です。会話ができるようになれば、子どもは、「クッキーが欲しい」とか、「ブランコをもっと高く揺らして！」というように、自分の希望を明確に伝えられるようになるため、親が子どもの意図を読み違えることも減ります。しかし、言葉が親子の対立を長引かせる可能性も出てくるからです。

たとえば一般的に、言葉を話さない子どもと長く「言い争う」ということはありません。しかし、子どもが、「〜したい」とか「いいよ、ママ」とか「イヤ！」と口にするようになると、多くの親は、親の決定に従うことを子どもがはっきりと明言するまで言い争いに決着がつかないと考えます。

子どもが言葉を話さないうちは、親が決定すれば、それで終わりでした。しかし、言葉を身につけ始めた子どもには、親の決定に従うことを言葉にして語らせようとこだわる親がいます。それでは議論が長引くだけです。

また、言葉を覚えたての子どもというのは、とにかくおしゃべりで、抱きしめたくなるほどかわいらしいものです。このように、幼い子どもが片言のおしゃべりを続けるのは、ひとつには、新しく身につけた魔法のような力が嬉しくてたまらないからでしょう。なんといっても、自分の考えを声に出して話すことができるのです！　子どもがおしゃべりなのは、他にも理由があります。それは、このおしゃべりゲームが、通常、二人の人間によって行われるからです。話をすれば、誰かが応じてくれます。それで、子どもは、誰かが反応してくれるまで話し続けるのです。

さらに、注意して欲しいのは、言い争いを引き起こすのは、意見が一致しない場合に限らないということです。相手が言っていることを理解し損なうことも言い争いの原因になります。相手が言わんとしていることを理解し、それに言葉を当てはめる能力を**共感**といいますが、相手が言葉にしたことだけでなく、心の中で感じていることも合わせて理解しなくてはなりません。同じ状況に置かれたら自分がどう思うかではなく、**相手が**感じていることを理解することが大切なのです。偏見なく、受容的に、相手の話に耳を傾け、語られた内容を理解し、言葉に置き換え、伝え返すというのが、共感するということなのです。

四、五歳にもなると、親に共感されて育ったか否かが性格の違いに表れてきます。親にしっかりと話を聞いてもらい、理解されて育った子どもは、他人が自分のために何かをしてくれるということに関し、それほど疑問を持っていません。そのため、たとえば、学校で体調が悪くなったり、怪我をしたりしたときには、すぐにそのことを先生に訴え、助けを求めることができます。一方、しっかりと親に共感されてこなかった子どもは、そのようなとき、うまく他人を頼ることができません。「がっかりしているのに、腕を組んで、一人ですねているような男の子。テーブルの下でゴツンと頭をぶつけても、ゆっくり這い出てきて、誰かに訴えることなく、ひとりでいるような女の子。終業式で緊張し、長椅子の上でじっと、無表情に座っているような子ども」(14)。これらは、親に話を聞いてもらえない子どもに典型的に見られる反応です。彼らは成長しても大して変わりありません。

共感的な親に育てられた子どもほど、幼稚園でも、大勢の友達とのびのびと過ごしています。人とのやりとりが楽しいものだと思っているので、他人との関わりに躊躇《ちゅうちょ》がありません。このような子どもは、友達を作るのもうまく、幸せです。人の話を聞くことも上手です。一方、親からじゅうぶんな共感が得られなかった子どもは、四、五歳にもなると、不安定で、孤立しがちな部分が垣間見えます。彼らは親からひどい虐待を受けたというわけではありません。日々の生活の中で気持ちを受け止めてもらったり、理解してもらったりすることがなかっただけなのです。そのような子どもは拒絶されることにも敏感で、初めて会う人や新しい経験に対して強い不安を感じます。

子どもが幼いうちは、親が共感的な対応をしている限り、言い争いになるようなことはあまりありません。少なくとも、自分の気持ちを親が理解してくれたと感じられると、願いがかなわないという結果も受け入れやすいのでしょう。親の役割において、こうした共感的対応と対極にあるのがしつけ（管理）です。子どもは、しっかりと責任を負って、管理してくれている親に対しても、あまり口ごたえしません。どうやら、子どもとの言い争いを減らすには、二つの方向性、つまり、子どもの願いに理解を示した対応をする共感的アプローチと、誰が監督者であるかを子どもに知らしめる管理的アプローチがありそうです。実際の子育てでは、この共感的な対応と管理的な対応はワンセットになっています。

主導権争い

この「主導権争い」というタイトルは、意外なところから引用しています。精神科医カール・ウィテカー（Carl Whitaker）が、家族療法を実施する際の最優先事項について記述したものからの引用なのです。支配的ということからは程遠い、最も自由で独創的な考えを持ったセラピストであるウィテカーがこのような言葉を用いているのは興味深いところです。

彼は患者が自分を解放できるような完全なる自由と支持的な聞き手を得て、最も奥深くにある感情と向き合うことができればセラピーはうまくいくと信じていました。しかし、セラピストがそのような支持的な聞き手となるためには、セラピスト側が設定する構造（面接の時間や場所、さらには誰が面接に参加すべきか、といった基本条件）を患者が受け入れることが前提です。そのような構造が整えられることによって、セラピストは、その中で表現される患者の言動をゆったりと受け入れられるようになるからです。

最終的に自分がその場を取り仕切る立場にあると認識していれば、相手の話に耳を傾けることはちっとも難しいことではありません。しかし、主導権を争い合う関係では、相手に対して寛容になるのは困難です。

ひどく子どもが親と言い争うのは、ひとつには、幼いうちに、主導権が親にあることをはっきりとさせてこなかったからです。親の権威すら議論になるとしたら、何もかもが議論の対象になってしまうでしょう。親に対する敬意を揺るぎないものにするという意味で、主導権を握るためには、ルールの数を絞りつつも、決めたルールはしっかりと守らせるということが必要です。

ぷっくりした頬、思わずつられてしまうにっこり笑顔。よちよち歩きの子どもはあまりに愛らしく、親は厳しいルールを設定することにためらいを覚えがちです。しかし、「あらあら、それに触ったらダメよ」と優しい声で言っただけでは、キラキラと輝くきれいな水晶玉に手を伸ばす幼い子どもを思いとどまらせることはできません。困ったことに、「ダメよ」「やめなさい」という親の言葉は絶対だという先例を作ることに一度失敗すると、親の決定を子どもは受け入れなくなります。親子で意見が対立するたびに争いたくなければ、親は、子どもが幼いうちに、その主導権を確立しておかなくてはなりません。

歩き出し、話し始めるようになると、子どもの中で、これをしたい、あれをしたい、という気持ちが強まります。今や、自分で何かをすることができるのですから当然でしょう。しかし、幼いながらも自分でできることが増えていくと、親の期待も高まります。「自分でボールを拾いなさい」「ひとりでご飯を食べるのよ」「お茶碗は投げたらいけません」といったように。こうして、人生の二年目には、なんでも大目に見てもらえた赤ん坊時代が終わり、あれこれ期待される子ども時代が始まります。

> 言い争いを避けたいと思うなら、親が「ダメ」と言ったら、絶対ダメなのだということを、子どもにわからせることが第一です。

幼児が自分の願望や気持ちを言葉で表現するようになると、

親も子どもの求めていることを、以前よりもはっきりと理解し、共感できるようになります。言葉でコミュニケーションを図れるようになるということは素晴らしいことですが、だからといって、ルールの設定と実施についてまで親子で話し合う必要はありません。幼い子どもと言い争っている親を観察してみれば、多くの同じ過ちを犯していることがわかるでしょう。過ちを以下の四つにまとめてみました。

1．三、四回、ダメというメッセージを繰り返してから、制限を設けることに初めて本気になる親

セリアは三歳になる娘のダーラを連れて、友人レイチェルの家を訪れました。リビングルームでレイチェルとセリアがおしゃべりを始めたときのことです。ダーラがレイチェルの本棚に近づき、本を抜き出し始めてしまいました。「そんなことしちゃダメよ、ダーラ。わかった？」セリアは娘にそう言うと、友人との会話に戻りました。しばらくすると、幼いダーラは、本棚のもう一方の端へ歩いていき、今度はそこから本を引っ張り出し始めました。「いい子だからそんなことしないでちょうだい。わかったわね？」セリアは辛抱強く言いました。ダーラは、少しの間、床の上にじっと座っていましたが、その後、退屈したのでしょう、再び棚から本を引っ張り始めました。「やめなさいって！」ついにセリアの堪忍袋の緒が切れました。セリアはダーラに歩み寄ると、その手をつかんで、椅子のところまで引っ張っていき、「本で遊んだらダメだって言ったでしょう、そこに

座って、いい子にしていなさい！」と怒鳴って、荒々しく座らせました。

＊　＊　＊

本当に腹が立つまで、自分の考えをはっきり娘に伝えなかったという、ここでのセリアの過ちにすぐに気付いたとしたら、それは、私がそれとわかるように話したからです。しかし、仮にあなたが友人との会話に夢中になっている親の立場で、幼いわが子の行動が目くじらを立てるほどでなかったとしたらどうしますか？　それでは、もし子どもが本棚から本を二冊引き出したとしたらどうでしょう？　何が問題なのか。それは、親が、本気でやめさせようという気持ちがないのに「やめなさい」と言うのを繰り返すことによって、親が怒鳴り出すまでは無視しても大丈夫と子どもが思うようになってしまうという点です。

このような場面で、幼い子どもに向かって何度も「ダメよ」と言うのはあまり効果的ではありません。子どもがいろいろなものを触りたがるのは、周囲の世界に対する探究心があるからです。そう考えると、セリアは、「本に触ったらダメよ」と言うのではなく、近くまで行って、「ご本をよく見てごらんなさい」と誘いかけるとよかったかもしれません。そして一本の指で本を触らせてからきっぱりと「ご本は、おもちゃではないのよ」と教えるのです。

2. 実行するつもりのない、見せかけの脅しをかける親

二歳になるジェニーが、母親と公園のブランコで遊んでいたときのことです。夕食の支度をする時間になり、母親は「さぁ、帰りましょう」とジェニーに声をかけました。でも、ジェニーは、ぐずって、ブランコから降りようとしません。ジェニーが、無意味に、ブランコを前後に揺らすのを見て、母親は、言いました。「今すぐ、一緒に帰らないなら、あなたをここに置いていくわよ。もう二度とママは戻ってきませんからね！」子どもが目を丸くします。果たして、母親は本気なのでしょうか？　ジェニーが見抜いている通り、答えは「いいえ」です。母親がジェニーを置いていく気などないということは、その後の出来事によって確認されるでしょう。見せかけの脅しを用いると、子どもはそれに慣れてしまい、親がお仕置きを言い出すまでは抵抗しても大丈夫だと考えるようになってしまいます。その結果、言い争いは、不愉快なまでに長引き、親からお仕置きされて終わる、というパターンが出来上がってしまいます。

3. 理詰めで親の決めたルールに従わせようとする親

親の言う通りにしなくてはならない理由を理解させようとして、約束事を設けるのに苦労する親がいます。子どもに理由を理解させるというのは良い考えのように聞こえますが、歯を磨かないとどうなるか、寝るべき時間に寝ないとどうなるか、ということを親がいくら丁寧に説明したところで、それが引き起こす遠い未来の結果を幼い子どもが正しく理解するのは困難です。おそらく、子

どもに何かをやらせる際、そのことで親に対して腹を立てて欲しくないために、しなくてはならない理由を熱心に説明しようと思うのでしょう。「**お母さんに言われたから歯を磨くわけじゃないのよ、虫歯にならないために磨くのよ**」というわけです。

どんなに説明を尽くしても彼らの気持ちに丁寧に耳を傾けることの代わりにはなりません。子どもであっても夕食前にクッキーを食べない方がいいことぐらいわかっています。「理性的な」親は、権威主義的な親と同じように、自分の考えに固執する傾向があります。お説教と同様、説明することにあまりにこだわると、子どもの気持ちを聞き出す機会を逃すことになります。

制限や約束事を設けるとき、なぜそうしなければならないのかという理由を説明することに親がこだわると、子どもはそうした理由に疑問を抱くようになります。

4. 罰にもならないような罰を用いる親

四歳になるトッドが、まだ赤ん坊の妹にちょっかいを出していたので、母親はそれをやめるように注意しました。しかし、トッドは「赤ちゃんは喜んでいるんだよ」と言ってやめません。「赤ちゃんは嫌がっているわ。そっとしてあげて、トッド」と母親が言っても、トッドは無視して妹にちょっかいを出し続けました。とうとう赤ん坊は泣き出してしまいました。母親は、「だから言ったでしょ！」と言うと、トッドをその場からすくい上げ、自分の膝の上にのせました。

そして、母親は膝の上で身をよじらすトッドをぎゅっと抑え込み、睨《にら》みつけました。しかし、トッドの目はキラキラと輝き、お仕置きというよりはゲームを楽しんでいるかのようでした。

＊＊＊

制限や約束事を設ける際、犯してしまいがちなこれらの過ちに共通することは、両者の考えが一致しないと、どちらの意見を通すかでもめてしまうという問題です。ある程度は仕方がないにしても、賢明な親であれば、できる限り、そのような事態を招かないように心がけ、仮に、どうしても争わなければならないようなときには、可能な限り、短く切り上げます(15)。子どもが小さいうちから「ダメなことはダメ」「するなと言われたことはしない」ということをきちんと教え込んでおけば、主導権争い（言い争いの最たるもの）を繰り返すことはありません。

＊＊＊

三歳になるコートニーが友達のサマンサの家でお人形遊びをしていたときのことです。コートニーと母親のキャスリーンは既に二時間ほどそこで過ごしていました。

「コートニー、もうあとちょっとしたら、お家に帰るわよ」とキャスリーンがコートニーに声をかけました。

「イヤ、まだ帰りたくない！」コートニーは首を振りました。

「そうよね、楽しくって、帰りたくない気持ちはわかるわ。でも、もう、帰る時間よ」キャスリーンはコートニーのそばへ行き、手を伸ばしました。「さあ、行きましょう」

「イヤ！」コートニーはバタバタと部屋の反対側へ逃げていってしまいました。

「コートニー、ママは、パパがお家に帰る前に、夕食の買い物をしなくちゃいけないの」

「私、まだ帰らない！」コートニーは両手を後ろにまわして言いました。

今やキャスリーンも声を張り上げています。「コートニー、もしあなたが大きなお姉さんのように、お友達とお約束して遊びたいと思うんだったら、帰るときもお姉さんらしく行動しないといけないわ！」

しかし、コートニーはそれでも動きません。

キャスリーンは両腕でコートニーを抱きかかえると、もがいて泣き叫ぶ彼女をそのまま車に押し込みました。

自宅に向かって車を運転しながら、キャスリーンは、せっかくの楽しい時間がこんなふうに終わってしまったことで、嫌な気分になっていました。また、このような親子のやりとりをサマンサの母親に見られたことに多少の恥ずかしさもあります。赤信号で止まり、キャスリーンが後部座席にちらっと目をやると、コートニーは頭を横にガクンと垂らしてぐっすり眠っていました。数分前の反抗的な娘とは別人のように、とても安らかで、無邪気な表情をしていました。このかわいい小さな天使を泣かせてしまったことにキャスリーンは罪悪感を覚えるのでした。

＊＊＊

幼いわが子を泣かせてしまったことにキャスリーンは罪悪感を覚えました。子どもに対して、厳しい態度をとったあと、親はしばしばそんな気持ちに駆られます。大概の人と同じように、キャスリーンも何がいけなかったんだろうと考えました。キャスリーンが、「帰る」と言ったことは本気だと娘に示したことは正しいことでした。

乳幼児研究者は親子のやりとりを観察するとき、しばしば、あることに気付くと言います。それは、親が子どもに対して異なるメッセージを同時に送ってしまっているということです(16)。言葉の上で「ダメ」と言っていても、声の調子や顔の表情は「ダメ」ではないことを伝えてしまうのです。これに対して、ダニエル・スターン（Daniel Stern）が引用した例をひとつ示しましょう。幼児が壁のコンセントプラグに触ろうとしていたときの、ある母親の反応です。この母親は子どもが危険な行為をするときには、何が何でもやめさせようといつも心がけていました。

彼女は、「ダメ！」と叫びました。ひどく緊張した声で、語勢鋭く、顔いっぱいに表情を作って、子どもに駆け寄りました。母親のこの様子に驚き、幼児はすぐにその動きを止めました。子どもに禁止を伝えるとき、この母親が、声や表情、体の動きといった、ありとあらゆる「ダメ」のメッセージをそろえて子どもに伝えていたことは明らかでした。しかし、多くの場合、禁止事項はこのようには伝えられません。[17]

場を取り仕切るのは親だ、親が子どもを管理するのだ、ということは、子どもが小さいうちにはっきりさせておいた方がよいでしょう。それは、カール・ウィテカー（Carl Whitaker）がセラピストに対して提唱しているのと同じ発想です。親が最初に主導権を握って、その場の管理をじゅうぶんにできていれば、子どもが、いざ、どんなことを話し始めたとしても、親は余裕を持って、耳を傾けることができるからです。原理はいたって単純です。最初にルールをしっかりと設定し、あとは、ゆっくり子どもとのやりとりを楽しめばよいのです。

＊＊＊

ある母親が、彼女の幼い息子がちっとも言うことを聞かないといって、ひどく苛立たしげに相談にやってきました。「息子は私の**言うことを何も聞きません**」と、彼女は言いました。

「息子さんは車の前に飛び出しますか？」私は尋ねました。

「いいえ、それはないですけれど……？」と彼女は答え、私がその質問の真意を述べるのを待っていました。

私は、何も言いませんでした。

「あぁ、なるほど！」彼女は言いました。

＊＊＊

幼い子どもを親の言う通りにさせたければ、多くは、その意志の強さ次第であるということに彼女は気付いたのです。あなたが子どもに話していることは大事なことですか？　あなたは真剣ですか？　子どもに従わせようというつもりがありますか？　意見の衝突に耐える覚悟がありますか？

次章では、効果的に子どもを管理する方法について説明しますが、これらは細かい内容になります。重要な点として、子どもと言い争いたくないのであれば、親は真剣に自分の考えを子どもに伝えなくてはならない、ということを押さえておいてください。ただし、子どもを管理することと、子どもに対して支配的になることを混同しないように注意しましょう。

応答的傾聴を行うと、子どもを規制しなくてはならないような状況を先延ばしすることができます。子どもの気持ちを聞いてあげていると、言い争いになりにくいからです。うまく子どもを掌握《しょうあく》できている親（または、そのようにしたいと思っている親）というのは、子どもが何を望んでいるのかを知ることも、次のように、ゲームにして楽しむことができます。

> 子どもに対して、あまり規制を設けすぎてはいけません。銀行のお金と同じで、頻繁に使いすぎると、（価値が）なくなります。

「あと三十分、寝ないで、テレビを見たいわよね。ううん、一時間かしら！　ひょっとして、一晩中、起きていられたらいいなぁって思っている？　うーん、いや、ずーっと、ずっと起きていたい、寝ないでいられたらいいのに、って思っているのかな！」

「本当は、夕食前に、アイスクリームをお皿一杯食べたいなぁと思っているでしょ。お皿じゃなくて、大きなボウル一杯のアイス、いいえ、十杯分かしら。そうだ！　アイスがいっぱい入ったスイミングプールがあって、飛び込み台からその中にじゃぶーん。アイスクリームを食べながら泳ぎ回ることができたら素敵よね！　もぐもぐ、もぐもぐ、ああ、おいしい！」

幼い子どもは、このようなやりとりが大好きです（ただし、あまり頻繁にやりすぎないようにしてください。二歳の子どもであっても、親にうまくのせられていることにやがては気付きます）。このような遊び心あるやりとりによって、子どもからどんなことをねだられても、管理者である親は、動じないという安定感が伝わります。

私が大学生のときのことです。夏の間、一五〇キログラム近い氷の塊をレストランへ配達する仕事をしていました。そのとき、一緒に働いていた男性には「ビッグ・エド・モンスター」というニックネームがついていました。どうして、そのようなニックネームになったかはおわかりでしょう。そうなんです、ビッグ・エドは、今までに会ったことがないほどの大男でした。ただし、「モンスター」というイメージとは正反対で、エドはとても温厚な人柄でした。そんなビッグ・エドと私は、あるとき、見知らぬ男と駐車場でもめたことがありました。どちらの車も道を譲らなかったため、相手が本気で怒り出してしまったのです。その男は、自分の車から勢いよく飛び出すと、悪態をつきながら、大声で「てめえら、叩きのめしてやる！」と怒鳴りました。私はカッとなり、喧嘩を買おうとしましたが、私がドアを開けるより先に、ビッグ・エドの方がトラックから降りていました。そして、この男の前に立ちはだかると、「ホッホッホー！」と、ジョリーグリーンジャイアント(訳注2)のような声で笑ったのです。相手の男はすっかり顔面蒼白になり、自分の車に飛び乗ると、そのまま走り去っていってしまいました。

あの男を簡単に叩きのめすことができたのは、ビッグ・エドが大きくて強かったからではありません。私と違って、エドが非常に落ち着いていて、感情的に相手に反応しなかったからです。相手から向けられた敵意によって、闘争的な部分に火がついてしまった私とは違って、ビッグ・エドは冷静なままでした。そして喧嘩にはなりませんでした。喧嘩というのは、両者がその気にならなければ始まりません。

振り返ると、当時の私は鼻っ柱が強く、あのときも、すっかり一戦交えるつもりになっていました。そして、相手もまた、私と似たようなタイプだったのでしょう。しかし、ビッグ・エドからすると、彼は熱くなるほどの価値のない、つまらないガキにすぎませんでした。自信があって、どっしりしているというのは、彼のような態度を言うのだと思います。

次に、自信があって、どっしりとしている親ならば、幼い子どもがイライラしているときにどのように対応するかを示しましょう。

＊＊＊

ダーリン夫人は中学校で代用教員として働いています。その日も、仕事を終え、幼い息子のラムキンを保育園へお迎えに行って、自宅に戻りました。家に着いたときは、まだ四時半だったので、カント全集を読みながら三十分ほどくつろぐ時間がダーリン夫人にはあるはずでした。しかし、悲しいかな、午後の長い時間、砂場で遊んでいたラムキンは、少々お腹が空いていて、一刻も待てない様子で「クッキーが欲しい！」と騒いでいました。「カントの定言命法」に夢中になっていた母親は、「すぐよ、いい子だから、待ってね」と優しく言いました。

しかし、ラムキンはお腹が空いたら待っていられるような年齢ではありません。絨毯《じゅうたん》の上で大の字になって、空襲警報のように、「クッキーーーー‼」と泣きわめき始めました。

ラムキンをこらしめようと、ダーリン夫人がベルトに手を伸ばしかけたとき、ふと、以前、読んだ応答的傾聴を思い出しました。そして分別と落ち着きを取り戻すと、「あなたは、お腹が空いているのね。なのに、ママは本から目を離さない。お腹は空いたし、ママは無視するし、ふんだりけったりよね、ラムキン」と、ささやくように言いました。ラムキンは、母親に共感的に理解されたことに内心びっくりし、ピタッと泣き叫ぶのをやめました。そして、今度は、小さな声で、

（訳注2）アメリカ食品加工会社のマスコット。

「クッキー……」と言いました。

自信を回復したダーリン夫人は、さらに言葉を続けました。「あぁ、そうなのね、おちびちゃん。おやつを食べたいなぁって思っているのね。いいえ、違うわ、一日に二回か三回、おやつが食べられたらいいなぁって思っているのかしら！」

これが効いたのか、ラムキンは、イヌハッカ（訳注3）の上の子ネコのようにおとなしくなりました。そして急に甘えた口調で「ママ、僕、お腹がぺっこぺこだったんだよ。でもね、ママが僕の気持ちをわかってくれることの方が、ずっとずっと大切なんだ。僕、ママ、大好き！」と言いました。

これこそが応答的傾聴！　つい昨日までは、ラムキンに言うことを聞かせるには、ベルトを四、五回打ち鳴らすのが一番だと母親は信じてきました。しかし、このときは、そんな傷を負わせることなく、気持ちを通い合わせ、うまく収めることができました。

＊　＊　＊

気付いている方もいるかもしれませんが、この話は、事実をそのまま記述したものではありません。私がいくつかの要素を組み合わせて作り上げたいわゆる「合成」です。応答的傾聴の原理をわかりやすく整然と説明することは可能ですが、実際、これを用いる場面では、親が理性的に反応できないようなことを子どもは仕掛けてくるものです。

ラムキンとダーリン夫人の例は、理想的な展開を描きすぎました。一般的な親子の例として、次の話の方が、みなさんにとっては身近かもしれません。

＊＊＊

四歳になるビクトリアは、保育園に行く洋服に着替え、「おおきいあかいクリフォード」というテレビアニメを見ていました。床の上では、生後十八カ月になる双子の妹たちが遊んでいます。朝食の後片付けをしていた母親のマーサが、「ビクトリア、そろそろ出かける時間よ」とビクトリアに声をかけました。それから二分ほどして、母親は、ビクトリアにスニーカーを手渡しました。「はい、お靴。いい子ね、靴を履いたら、歯を磨きに行きましょうね」その日のビクトリアはいつもより機嫌が悪そうだったので、母親は余裕をもって彼女に支度の時間を与えるようにしていました。

案の定、ビクトリアは、お下げに結った頭を横に振り、「今日は、保育園に行きたくない！『クリフォード』を見たいの」と言い出しました。

母親は、ふーっとため息をつきました。この母親にとって朝は大変な時間です。「ビクトリア、昨日は、『保育園、大好き』ってママに言っていたでしょ。もしあなたが行かなかったら、お友達はきっと寂しがるわ。それにね、『クリフォード』は、今夜、再放送があるから、夕食前に見られ

（訳注3）ネコが好む香りを放つ植物。

るわよ」母親は言いました。

それでも、ビクトリアは、ソファに顔をうずめ、アフガン編みのブランケットを頭からかぶったまま、くぐもった声で、「イヤ、行かない！」と言い張ります。

「ビクトリア、もうすぐ八時十五分よ。ママはまだ、妹二人の支度をしなくてはならないの。そして、十五分後には家を出なくてはならないのよ」

ビクトリアは一向に支度をする様子がなく、妹のメーガンの隣にドシンッと座ったかと思うと、お人形をひったくりました。妹は怒って泣き出しました。

「ビクトリア！　ママは、今日、そんな気分じゃないの。今すぐにスニーカーを履いて、お人形を妹に返さないんだったら、明日、ヘザーちゃんの家で遊ぶ約束は無しよ」

ビクトリアは、母親をじっと睨《にら》みつけました。「ママの意地悪！　私、パパがいい！」

「それは残念、ママが怖いのね。もう、いい加減にして、靴を履きなさい！」予定が大幅に遅れ、完全にイライラしていた母親は、とにかく、自分の歯を磨き、バッグを取りに行くために二階へ上がりました。

少しして母親が戻ってくると、今度はビクトリアは、お下げ髪をほどいてしまっていました。

「ビクトリア！」

「お下げ髪なんて、大っ嫌い！」

「いいわ、じゃあ、髪をクリップで留めましょう」母親はビクトリアの髪を、大きな赤いクリップで留めました。そして、苛立ちをぐっとこらえて、「靴を履きなさい」と言いました。

「スニーカーなんてイヤ！　パーティ用の靴がいいわ」

「保育園にパーティ用の靴を履いていったらダメなことはわかるでしょう」母親はビクトリアを抱き上げ、ソファの上にドスンと下ろすと、嫌がる彼女の足をスニーカーの中にギューギューと押し込みました。

「もう、ママ、痛い！」ビクトリアは、声をあげて泣き出しました。

母親は、涙を浮かべるビクトリアを車まで抱えて連れていき、チャイルドシートに乗せました。それから双子の妹たちも連れてきて、同じようにそれぞれのチャイルドシートに乗せました。またしても、朝の闘いは繰り返され、ビクトリアは保育園に遅刻してしまいました。そして、またしても、母と娘は、なんとも嫌な気分を味わったのです。

＊　＊　＊

幼い子どもを持つ親なら、このような小さな衝突によって、どれほどひどい気分になるかわかるでしょう。母親のマーサは、どの時点で、応答的傾聴を試みればよかったのでしょうか？　ビクトリアが、最初に「今日は、保育園に行きたくない！」と言ったときはどうでしょう？

応答的傾聴を実践するには、子どもが「〜したい」または「〜したくない」と言い出したときが良いタイミングです。また、感嘆符を伴うような発言を捉えてもよいでしょう。どちらも、子どもが何らかの強い感情を心の内に秘めていることを示しているからです。

ぐずっている子どもが相手のときには、本当は保育園に行きたかったはず（「ビクトリア、昨日は、『保育園、大好き』ってママに言っていたでしょ」）と説得を試みるより、子どもの気持ちをそのまま映し返す方がよかったかもしれません。「あなたは、今日、なんだか保育園へ行きたくない気分なのね」と。そして、もし、母親が娘の気持ちを理解するために、あと五分、時間をかけていたら、娘は、ママは私の気持ちをわかってくれた、ママも同じような気持ちなんだ、と感じることができたかもしれません。朝、行きたくないなぁという気分に襲われるのは、ビクトリアだけではないのですから。

「〜した方がよかったかもしれない」「〜できたかもしれない」。確かに、理想的な状況が整えば可能だったかもしれません。しかし、私たちは必ずしもそのような状況に恵まれているわけではありません。完璧な親であるための時間や忍耐力を常に持ち合わせているわけではないのです。実は、このようなときにも応答的傾聴は重要な役割を果たします。

いさかいは生じます。親がいかに辛抱強くあろうと心がけても、子どもとの口論は必ずしも防げるものではありません。しかし、口論が起きてしまっても、後からそのとき子どもがどのようなことを感じていたのかを聞き出すために応答的傾聴を役立てることができるのです。

ビクトリアと母親の場合も、ずっと後で、もしくは難しいかもしれませんが、二人とも気持ちが落ち着くようであれば保育園に向かう車の中で、朝の出来事について話をすることができたかもしれません。母親は次のように切り出すとよいでしょう。「ビクトリア、今朝は喧嘩になってしまってごめんなさいね。きっと、あなたは悲しかったでしょう。ママのせいで嫌な気分にさせてしまったかしら？」

応答的傾聴が多くの言い争いを未然に防ぐのは本当ですが、仮に、言い争いになってしまったとしても、子どもの気持ちに寄り添うことに遅すぎるということは決してありません。そのことを心に留めておいてください。

ぐずり

自分の思い通りにならないとき、幼い子どもはどのようにふるまうでしょう？　ぐずったり、べそをかいたり、せがんだりして、訴え続け、最終的に、自分の欲しいものを手に入れる場合もあれば、親からひどく怒られて終わる場合もあります。

幼い子どもにとって、ぐずりは最も強力な口ごたえの方法です。二歳前後の子どもが大粒の涙をこぼしながら悲しげに泣いているのを見ると、そこまで必死に欲しがっているものを与えてやらない自分は鬼か何かに思えてきます。外出中、たくさんの人がいるようなところで、子どもにぐずられ、泣き出されると、親は腹立たしいやら恥ずかしいやら、なんともといえない気持ちになるでしょう。子どものわがまま加減にうんざりし、腹を立てながらも、自分自身が感じているように、そこにいる人たちは皆、子どもをこんなに悲しげに泣かすなんて、ひどい親だと思っているのだろうと考えてしまうからです。

ウェブスターの辞書によると、「ぐずる」とは、「だだをこね、自分を憐れみ、不満を訴えること」とされています。この説明は、非常に簡潔でよいと思いますが、これでは片手落ちです。「ぐずる」という行為は、自分と他者、双方の相互作用によって生じる現象にもかかわらず、一方のことにしか触れていないからです。

子育ての本を読むと、ぐずりに対する親の反応には次の二通りがあると書かれています。ひとつは、言うまでもありませんが、子どもに折れるという反応、そしてもうひとつは毅然とした態度を貫くという反応です。子どもがぐずったときに折れるのはよくない、というのが専門家の一致した意見ですが、実際には、折れると、とりあえず、その場がうまく収まるということを誰もが知っています。

ぐずった子どもに折れてやると、何がうまくいくかというと、まず、子どもはぐずるのをピタリとやめます（しかし、子どもは、ますます、こうしたやり方で親に口ごたえするようになるわけですが）。さらに、子どもが反抗をやめ、静かになってくれることを経験した親も、ぐずりに屈するということを繰り返すようになっていきます。このような親の行動変化を、心理学者は「**負の強化**」と呼んでいます。強化には、「正の強化」と「負の強化」の二種類があり、報酬が得られることによって、ある行動が繰り返されるようになる場合を「正の強化」と言います。たとえば、バーを押すネズミにパンなどを丸めて与えてやることと、ぐずる子どもにクッキーを与えてやることは、いずれも正の強化です。それに対して、負の強化とは、嫌悪刺激が取り除かれることで、ある行動が繰り返されるようになることを言います。たとえば、バーを押すことによって、不快な大きい音が止まるということに気付いたネズミが、音を止めるためにバーを繰り返し押すようになったり、子どもの言う通りにすれば、子どもがぐずぐず言うのを聞かなくてすむということを経験した親がぐずられるたびに子どもの言いなりになるといったことなどが、負の強化にあたります。

そうは言うものの、子どもがぐずりだしたら、すぐに降参し、子どもの言いなりになるような親などいるものでしょうか？　私はそのような親を知りません。子どもがぐずったら、大抵の親は、まず、叱ったり、説教をしたり、脅したりします。そして、**その後で**、仕方なく子どもに折れているのです。

児童心理学者は、子どもがぐずっても、親はそれに振り回されず、ぐずりのような望ましくない行動を子どもに繰り返させないようにするべきだと言っています。そして、そのためには、子どもがぐずっても無視するというのが一番だ、と。何も反応しなければ、何も強化されません。人前で子どもがぐずり出したときには、叱ったり、言い争ったりせず、何も言わずに、そのような状況から子どもを引き離しなさい、と彼らは言います。

ぐずったら相手にしないという教えの下では、家の中で子どもがぐずり始めたときも、できる限り無視するようにと親は指導されます。説教をしたり、騒ぎたてたりせず、自分の仕事に戻るのです。なぜなら説教をしたり、騒ぎたてたりすることそのものが、言い争いの片棒を担ぐことになるからです。またぐずっている子どもを「無視する」ということは、言葉を交わさないというだけではなく、ため息をついたり、怒った表情を見せたりしない、ということでもあります。このような非言語的メッセージも、ガミガミ何かを言うのと同じで、子どもをさらにぐずらせるきっかけになるからです。

子どもをぐずらないようにさせるには無視する、というのは、まあ適切な助言でしょう。どんな望ましくない行動も、それをなくしたいと思ったら、その行動に対して全く反応しないというのが最も効果的です。この方法は、クッキーの盗み食いのように、無視されることがさらなる報酬を得ることにつながるような行為には役立ちませんが、他者から反応があることによって強化されるような行為には有効です。したがって、ぐずりをなくしたければ、無視してください、というわけです。ところで、子どもがぐずらなくなりさえすれば、それで本当によいのでしょうか?

ぐずられると親は振り回されますが、子どもは最初からそうしようと思っていたわけではありません。何らかの伝えたい思いがあって、ぐずり始めたはずです。応答的傾聴を用いて、ぐずっている子どもの気持ちに寄り添えば、闘争的なやりとりを

子どもにぐずられたとき、そこで子どもはどのようなことを伝えようとしているのか、耳を傾けるようにしてください。不愉快な声の調子に反応してはいけません。

通常の会話に変えていくことが可能かもしれません。

子どもがぐずるのは、親に注目してもらいたいからでもあります。「あなたが伝えようとしていることはどんなこと？」と、親がちょっと立ち止まり、子どもに関心を持ったなら、それでぐずりが収まることも多いでしょう。

＊＊＊

時刻は午後七時三十分。レゴやバービーちゃん人形、本、パズル、ブロック、それにお出かけ用の洋服が居間の床いっぱいに広がっていました。「メリッサ、おもちゃをお片付けする時間よ」と母親が言うと、三歳になるメリッサは、「私、疲れちゃったの、ママ」とぐずり始めました。母親はぐずぐず言い出した娘を面倒だとは思うものの、それに動じることはありません。そもそも、片付けが好きな子どもなどいるはずないからです。母親は熱を測るかのようにメリッサの額に手を当て、「あら、大変！」と驚いたふりをしました。

「何？」メリッサはびっくりした目をして、母親を見つめました。

「もしかして、あなた、『ツーカレチャッタ病』じゃないかしら」

「何それ？」

「パパにお話ししておいた方がいいわ。パパは、明日、あなたをスイミングプールへ連れていってあげるつもりだったの。でも、あなたをこれ以上疲れさせたくないわ。それから、あなたの病気、妹にもうつっちゃうかしら？」

メリッサは母親がふざけていることに気付き、「ママったら変なの。そんなこと、あるわけないでしょ」と言いました。

「あら、それなら安心ね」母親は言いました。「あなたが、『ツーカレチャッタ病』でないなら、どちらがより多くのおもちゃを片付けられるか競争できるわよね。よ～い、スタート！」

十分後、部屋は、すっかり、きれいに片付いて、母親もメリッサも嬉しくなりました。

その一週間後のこと。メリッサは、夕食の間中、ずっとぐずぐず言っていました。「私、このインゲンマメ、食べないからね！」メリッサは言いました。

「でも、あなた、インゲンマメが大好きでしょう？」と母親がいくら言っても、メリッサは「オェッ！」と言うばかり。

そこで、母親は、メリッサの弟のタイラーにちらっと目をやり、「わかったわ、タイラーなら、その豆を食べるでしょう。ねぇ、タイラー、メリッサのインゲンマメをどうぞ」とタイラーに向かって言いました。そして、母親は、自分の口に豆を一粒ほうり込み、タイラーのお皿の上に二、三粒のせました。「ママね、思うんだけど、メリッサは、インゲンマメの食べ方がわからないんじゃないかしら。タイラーはわかるわよね？　もう、お兄ちゃんだものねぇ」

するとどうでしょう。「ママ、ほら見て！　私、自分のインゲンマメ、ぜ～んぶ食べちゃったわ！」とメリッサ。確かにすっかりきれいに平らげていました。

＊＊＊

　みなさん、お気付きかもしれませんが、この母親は、メリッサのぐずりに対して、厳密に応答的傾聴を行ったというわけではありません。というよりは、娘の反抗的態度をうまく遊びに転換させているといった方が適切でしょう。ところで、注目して欲しいことがあります。それはこの母親が一つ目のエピソードでは「面倒だ」と感じたり、二つ目のエピソードでは最初に「でも、あなた、インゲンマメが大好きでしょう？」と説き伏せようとしたりしていたものの、どちらの場合も、メリッサをやりこめようとはせず、メリッサの気持ちは気持ちとして認めてあげているという点です。わざわざメリッサの感情をとりあげることはしませんでしたが、否定もしませんでした。

　子どもは、ぐずって、ただ騒ぎたてているわけではありません。子どもなりに言いたいことが必ずあるものです。しかし、それらをうまく表現することができないため、ぐずるという手段をとってしまうのです。疲れていたり、イライラしていたり、幼かったりと、子どもがうまく自分の気持ちを表現できない理由は様々です。そうした子どもに対して、「うるさい！」というように極めて厳しく対応すれば、気付かぬうちに親は言い争いの片棒を担ぐことになります。また、子どものぐずりに何の反応も示さず、無視すれば「興奮しているあなたの話を聞くつもりはないわ」とか、もっとひどい場合には「あなたが本当にどうしようもなくなったら、話を聞いてあげましょう」といったメッセージを伝えてしまうことになるかもしれません。それに対して「怒っているようだけど」というように、応答的傾聴を行う親は、感情的になったり、他人を振り回したりすることなく、自分の願望をうまく伝えられるように子どもを導くことができます。

子どもがぐずっているようなときには、望ましくない行動について叱ったり言い争ったりするのも、無視するのも建設的とは言えません。どのような気持ちでいるのかを言葉のやりとりで汲み取っていくという、応答的傾聴こそ、ぐずりに対して、最も理にかなった方法と言えるのではないでしょうか。ただし親がこのような建設的な対応をすることで、気持ちを聞いてもらえる機会を得たとしても、子どもは最終的に、「ダメ」と言われると、再び、ぐずり始める可能性があります。最終決定に対してぐずるようなときには、それ以上の対話はかんしゃくにつながるだけなので、その場から立ち去るようにしてください。

かんしゃく

それまでぐずっていた子どもが、欲しいものが手に入らないとわかり、怒りが抑えられなくなると、かんしゃくを起こし始めます。自分の言い分を言葉で表現する代わりに、足で蹴ったり、金切り声をあげたりし始めるのです。

かんしゃくと紛らわしい子どもの反応に、恥の感情による激高というものがあります。子どもというのは、失敗をしたり、誰かに批判されたりして、恥ずかしい思いをすると、足をバタバタ踏み鳴らし、名誉を傷つけられた、とばかりに、激しい怒りを表現することがあるのです。子どもがそのような気持ちになっているときには、必要に応じて、暴れさせたり、部屋から飛び出させてあげるようにしてください。

かんしゃくを起こしているのか、それとも恥の感情による反応なのかを最も簡単に見分ける方法は、それが生じた場面に着目することです。親に「ダメ」と言われた直後であれば、かんしゃくであることは明白です。泣いたり叫んだりして、なんとか親を操り、願いを聞き入れてもらおうとしているのでしょう。一方、恥の感情によって混乱している子どもというのは、ひとりにして欲しいと感じているため、かんしゃくを起こしている子どものように、金切り声をあげたり、怒鳴ったりしても、親の目の前で、床の上にひっくり返るようなことはしません。それよりは、落ち着きを取り戻すために、自分の部屋へ駆け込みたい気持ちでいっぱいです。彼らは、とにかく人の目から逃れたいと思っているのです。

子どもが恥の感情にとらわれていることに気付けない大人、感情的に混乱している子どもに対する寛大さに欠けた大人は、しばしば、状況をより一層悪化させてしまうような対応をとりがちです。たとえば、そのような大人は何が起きているのかを知りたがり、問い詰めがちですが、感情に身を震わせている子どもが、そんなことを話せるわけがありません。

恥の感情にとらわれている子どもは、既に、自分の意見が踏みにじられ、軽視されたかのように、怒りと屈辱の感覚でいっぱいです。その上、親が子どもにしつこく話をさせようとすれば、腹立たしいまでの無力感に襲われ、より一層の屈辱感を募らせることになります。それでもなお、親が子どもを問いただし、追い詰めるなら、子どもの怒りは病的な興奮へと高まり、屈辱感でいっぱいの子どもは全身で「**私をひとりにしておいて！**」と訴えるしかありません。

自分が愚かに感じられるとき、最も嫌なことは人から見られることですが、その点が、かんしゃくを起こしているときとの決定的な違いと言えます。かんしゃくを起こしている子どもは、逆に、人に見てもらいたいと思っているからです。

一方、かんしゃくも、恥の感情による爆発も、コントロールできないという点では共通しています。思い通りにしたいことがあるにもかかわらず、あまりに興奮してしまって、それを言葉にできない状態がかんしゃくだからです。

かんしゃくを起こしている子どもに対しても、応答的傾聴の原則は、そのまま適用できますが、子どもが自己コントロールできない状態にあるということを頭に入れておかなくてはなりません。何よりもまず、言い争わないようにしましょう。「ダメと言ったら、ダメなの！」というように、子どもをカーッとさせるような支配的言動を繰り返すというのは一番やってはいけないことです。「落ち着きなさい」と言うのもいけません。

かんしゃくを起こしている子どもと言い争っても水掛け論になるだけだということを心に留めておくことです。

> カーッとしている人に「落ち着きなさい」と言うのは、「あなたには感情を持つ権利がない」と言っているようなものです。

「ほら、やるわよね！」
「やだ、やりたくない！」
子どもに反論し、言い争いをさらにエスカレートさせないようにしてください。たとえば、「あなたが何をしようと気にしないわ、ママは考えを変えるつもりはありませんからね！」などと言うのはよくありません。また、子どもに対して、自分の感情や欲望を抑えなさいと言わないようにしましょう。その代わりに、子どもがどのような気持ちでいるのかを理解しようとすることから始めてください。子どもは、頭に血がのぼっていて、自分の気持ちをうまく言葉にすることができなくなっています。親が汲み取って、言葉にしてあげなければなりません。

「怒っているのかな？」

ところで、質問の形でこのように伝えると、子どもに同意を求めることになるという点に注意してください。これが功を奏するときもあれば、そうでないときもあります。というのは、人に同意を求める場合、言い争いになる余地を残すからです。より安全な方法としては、同意を求めるのではなく、子どもが感じていると思われることを、言葉にして返すだけにすることです。

「怒っているのね！」

子どもに問いかけながら気持ちを聞き出すようにするという応答的傾聴の原則から外れているように聞こえるかもしれませんが、「怒っているのね！」という表現もまた、応答的傾聴であると言えます。

なぜなら、応答的傾聴の最も重要な点は、相手を**承認すること**にあるからです。つまり、それは、子どもは何をどんなふうに感じてもよく、また感じたことをそのまま親に伝えてもよい、ということを意味します。子どもがかんしゃくを起こして興奮しているようなときには、神経が高ぶりすぎて、自分の気持ちを説明できるような状態にないため、あれこれ聞かない方がよいと言いました。しかし、このようなときでも、親が読み取った子どもの感情をそのまま言葉に示すことで、親の理解を子どもに伝えることはできます。そうすれば、子ども次第で、親の解釈を否定したり、自分の思いを詳しく述べることもできるでしょう。

ところで、親が感じた子どもの気持ちを最も正確に描写するには、感嘆符（！）をつけて心をこめることが有効です。たとえば、大きな声で「怒っているんだね」と感嘆符なしで言ってみてください。それから、この表現に感嘆符をつけて言ってみてください。違いがわかりますか？　感情の入り方に大きな違いがありますよね！

子どもがかんしゃくを起こしているとき、このように子どもの気持ちを受け止めて表現したからといって、魔法をかけたように、子どもが落ち着くということはないでしょう。でも、親が子どもの気持ちを理解していることは子どもに伝わり、さらに重要なことに、そのような対応をすることで、多くの場合、自己コントロールを失っている子どもと言い争いになるのを避けることができます。

また、幼い子どもは、混乱した感情を発散させるための物理的なはけ口を必要とする場合がありますそのようなときには、気持ちを抑え込むのではなく、混乱の少ない、適応的な方法へ心を向けさせるとよいでしょう。たとえば、子どもにクレヨンと画用紙を与え、「ねぇ、あなたがどれほど怒っているのかママに教えてくれる？　あなたが感じているままを絵に描いて欲しいの」と伝えて、描いてもらうのもよいと思います。

子どもを家の外に出したり、子ども部屋へ行かせたりするのは、感情を発散させるという意味では適当な方法ではありません。子どもが、絵を描いたり、何かをげんこつでなぐったり、ドンドンと叩いたりしている間、親が、傍《かたわ》らにいて、見守っているということが重要だからです。親がそのように見守ることで、自分がどんなに混乱したり、怒ったりしても、親は理解し、受け入れてくれるのだということを子どもは感じ取ります。

かんしゃくを起こして、完全にコントロールを失い、子どもが物を壊し始めたら、親は子どもをぎゅっと抱きしめ、感情を吐き出させ、落ち着かせてあげることが必要かもしれません。抑制のきかなくなった子どもを抱きしめるのは、最初は大変ですが、親が自分を管理、保護してくれているということが伝わると、子どもは心から安心します。数分かかるときもありますが、親に守られていることを実感できれば、やがて力が抜け、必ず落ち着いてくるでしょう。

魔の二歳児

二歳くらいになると、子どもは親に対して「イヤ」と言えることを発見します。「イヤ！」。なんとすばらしい言葉でしょう。その言葉を口にした途端、子どもは、小さくもなく、無力でもなくなります。いやいや、今や、大きくて、強くて、自分のしたいことが何でもできます！

「さあ、いらっしゃい、もう寝る時間ですよ」と母親が呼ぶと、二歳になるタミーは、「イヤ！」と、ぷっくりした手を腰に当てて言いました。「イヤ！」。**これはどういうこと？**　母親は驚きました。**彼女のかわいいおちびちゃんは反抗的な子どもになったのでしょうか？**

二歳の子どもが、一日に八十七回も「イヤ」と言うようになると、親は、何度となく、「この子は悪い子になったのかしら？」と自分に問いかけるようになります。そして、この問いにどのように答えるかによって、先々、子どもとの関係が対立的になるか否かがわかります。

二歳くらいになって、自律性が芽生え始めると、子どもは親に対して必ずしも「ハイ」と言わなくてもよいということを学びます。自分の意志を主張し、「イヤ」と言うことができるようになるのです。

このようにして、二歳児が「イヤ」と言い始めると、大人は、「わがまま」とか、「強情」とか、「扱いにくい」「反抗的」といった言葉を当てはめますが、これらは大人の側の偏った見方にすぎません。たいていの二歳児は、親の権威にたてつく気などなく、ただ、自分のしたいことをしたいと主張しているだけなのです。皆さんもそうでしたよね。

賢明な親ならば、子どもが自律性を発揮し始めるようになったとき、それを反抗的になったとは捉えないでしょう。しかし、そうではない親や、子どもが自律的になっていくことを受け入れようとしない親は、二歳児に「イヤ」と言われると、意地を張り合って、押さえ込もうとします。子どもに無理やり「ハイ」と言わせたり、子どもから「イヤ」と言う権利を奪わなければ、言い争いにはならないのに。「イヤ」のいったい何が悪いのでしょう? ひとつの単語にすぎません。

親が子どもを敵と見なさなければ、主導権をめぐって争うような関係になることはありません。

親は、二歳児が「イヤ」と言うようになったことを恐れるのではなく、子どもの自律性が育くまれていることを喜ぶべきです。「イヤ」は反抗ではありません。親が、子どもの「イヤ」と言う言葉に反応しすぎるために言い争いになるのです。二歳の子ども相手にカッカしすぎないようにしてください。

ぐずりや、かんしゃくに有効であるように、「魔の二歳児」にも応答的傾聴は役立ちます。彼らに応答的傾聴を行えば、主導権争いはコミュニケーションの機会に変えられます。ただし、「イヤ」と言って、気持ちを認められるという言葉の上での勝利を味わわせた後には、親の指示にいかに従わせるか、という問題があります。

その際には、次のように選択肢を示してみてはどうでしょう。子どもは自分の人生をコントロールするという新しい体験を楽しむことができます。

「オレンジジュースがいい、それともアップルジュースがいいかしら？」
「車に乗るのをお手伝いしようか？　それとも、自分で乗ってみる？」
「通りを渡るとき、ママとどっちの手をつなぎたいかしら、右手？　それとも左手？」

ついでながら、どうしても言うことを聞かないような子ども向けの選択肢も紹介しておきましょう。「わさびを食べる？　それとも、からしの方がいいかしら？」（どちらも選びたくないようなものを並べるのがこつです）

自分のことは自分でやらせて、子どもの自立を促すというのは大切なことです。そのためには、自宅を子ども仕様にして、環境を整えてあげることも必要です。たとえば、子どもが水を飲むためのコップは、低い棚の上に置くようにしたり、洗面台の近くに踏み台を置いたり。知人の家では、子どもが一歳のときから、寝る前に読んでもらいたい本を自分で選べるようにと、床と同じ高さの棚に子どもの本を並べていました。また、別の家庭では、就寝前に、子どもの背に合わせて作られたテーブルの上にお皿一杯のシリアルを置き、冷蔵庫の中には牛乳の入った小さなプラスチック容器とコップ一杯のジュースを入れていました。そのようにして、朝、親が起きていなくても、三歳の息子がその気になれば、自分で朝食を食べられるようにしたのです。

子どもが、朝、着替えたがらなかったとしても、必ずしも毎回、毎回、丁寧に子どもと話をする必要はありません。確かに、応答的傾聴の基本的精神は、どんな理由で子どもが言われたことをやりたがらなかったとしても、共感的姿勢を保つことにありますが、子どもは、特別な意味なく、単にぐずぐずして、文句を言っているときもあるからです。そのような場面に親が辛抱強く付き合う必要はありません。また、反抗している子どもとは言い争いにならないように特に注意してください。共感的に子どもの話に耳を傾ける時間がある場合はよいのですが、そのような時間がないときには、指示だけ明確に与えるようにしましょう。ただし、言う通りにさせるには、厳しく言うしかない、というわけではありません。外出の準備をする際、ゲームのように楽しみながらやらせても、**非常に厳格に**取り仕切ってやらせたとしても、〝やらせる〟という点では同じだからです。保育園に遅れそうで、「着替えなさい」「歯を磨きなさい」と、厳しく、強く言わなければならないようなときには、朝の慌しさの中で、子どもがどれほど嫌な気持ちになっていたか感じとっていたことを、後でゆっくり子どもに伝えてあげるようにしましょう。

＊＊＊

以上、見てきたように、就学前の子どもと言い争いになるのを防ぐためには、子どもが幼いうちから、親は温かくも厳しく管理するというスタンスを築き上げることが大切です。幼い子どもが、すねて、わがままを言うようなときでも、親が寄り添いながら子どもの話に耳を傾ければ、言い争いは避けられます。大事なことは、親が決めたルールは議論の対象にしないということです。そうすれば、子どもの話に耳を傾けることは難しいことではありません。

自己主張という点で、「魔の二歳児」と言われる時期は非常に重要です。幼い子どもに「イヤ」と言われると、脅かされたように感じ、身構えてしまう親は、子どもの発達において重要な出来事を主導権争いと取り違えているのでしょう。これは大変な過ちです。「魔の二歳児」というのは、たとえて言えば「雨の日」のようなものです。親が思い悩み、「こりゃひどい！」と考えれば「魔」となるのです。

応答的傾聴は、親が子どもの感情を受け入れているということを伝えるにはひとつの良い方法だと思いますが、親が何をしようと、それより重要なのは、親子関係がどのような情緒的雰囲気にあるかということです。良い関係が築けていれば、子どもは、「魔の二歳児」や「エディプス期」、「思春期」といった「難しい時期」を、喜びを感じながら通過することができるでしょう。この喜びは、自分が成長していることを誇りに感じられるからだけではありません。親もまた子どもの成長に大きな誇りを感じてくれているからこそ得られる喜びです。そのような喜びと誇りがあれば、こういった「難しい時期」でも、親子喧嘩に明け暮れることはありません。子どもの自己主張が敵対心と解釈されなければ、子どもは自らの自律性と自尊心をめぐって争う必要がないからです。

幼い子どもが、一日中「イヤ」と言っているですって？　すばらしいではないですか、その自己主張が役立つ日がやがて訪れるでしょう。

第七章

学童期の子ども
――「やらなきゃダメなの？」

五歳の子ども（訳注1）にとって学校というのは恐ろしいほど広大な場所です。迷子になることもあるでしょう。先生は威張り散らし、体の大きな子からはいじめられるかもしれません。校庭に生徒が並ぶと、ものすごい数！　自分よりも身体の大きい子がほとんどです。彼らは、一年生か、二年生か、あるいは三年生かもしれません。皆、お互いに笑ったり、つつき合ったりして、のびのび過ごしているように見えます。何をしたらよいのか、周りを見回してみると、ほとんどの子どもは、言われた通りに行動しています。中には、静かにしなくてはいけないときに、笑ったり、冗談を言ったりして、指示に従っていない子どももいますが、大した問題を起こしてはいるわけではありません。

五歳から十二歳にかけて、子どもたちは、ルールを学ぶことに多くの時間を費やします。彼らは、学校の先生や校長先生、食堂のおばさん、バスの運転手さん、サッカーのコーチ、ボーイスカウトやガールスカウトのリーダー、日曜学校の先生、そしてもちろん親といった大人たちの期待に応えることを学ぶのです。言われたことをやりさえすれば、その後は自由に遊べると考え、従順に従う子どももいれば、言われた通りにすることに抵抗を示し、ルールを無視したり、口ごたえしたりして反抗する子どももいるでしょう。

学童期になると、子育ての力点は、「守り育てること（養育）」から、「取り仕切ること（管理）」へと移行していきます。きちんと朝起きて、学校へ行く支度をする、宿題をする、自分のものを片付ける、雑用をこなす、テレビやコンピュータを消す、幼い弟や妹たちをいじめない、歯を磨く、決まった時間に寝る、といった習慣を親は子どもに身につけさせなくてはなりません。そのため、親子喧嘩は、以前よりもはるかに日常的に生じるようになります。

幼い子どもと言い争わないための秘訣は、親が本気であることをはっきりと示すことだと前章で説明しました。しかし、学童期になると、子どもは、自分がしたいこと、したくないことについ

（訳注１）アメリカでは小学校に併設された幼稚園が多くあり、日本の幼稚園年長にあたる五歳を、いわば小学校０年《ゼロ》として、教育課程に含むのが一般的。

て、以前よりも明確に主張するようになります。この年齢の子どもとの言い争いを最小限に抑える秘訣は、言い争いとしつけを分けて考えることです。つまり、言い争いは一種のコミュニケーションとして捉え、しつけは、望む状態をはっきりと示し、それに沿った行動変化を引き出すものとして考えるのです。

言い争いとは、私の辞書によれば、言葉の綱引きです。綱引きをするには、両側から綱を引き合わなくてはなりません。つまり、双方が自己主張することが言い争いにつながるのです。できる限り応答的傾聴を行えば、言い争いが意味ある対話へ変わる場合も多いでしょう。

学童期の子どもたちに口ごたえが多いのは当然です。なぜなら、この時期、彼らは大人から無数の規則に従うことを求められるようになり、また同時に、それらの規則に異議を唱えるのにじゅうぶんな言葉の能力を獲得するからです。

それは話し合いですか、それとも喧嘩ですか？

「**議論する・主張する**（argue）」というのは、「同意に達すること、相手を納得させること、あるいは、事実をめぐる疑問を解決することを目的に他者と話をする」ことを意味する動詞です。似たような言葉には、**討議する**（debate）、**話し合う**（discuss）、**説きつける**（reason）、**討論する**（dispute）、**口論する**（quarrel）といったものがあります。中でも、**議論する・主張する**（argue）

が最も包括的な言葉と言えるでしょう。この言葉は、理にかなった意見を提示する際にも用いますし、喧嘩同然の激しい口論に対しても用いられます。

「**議論する・主張する**（argue）」がどのように使われているか、具体的な例を挙げましょう。

（A）エリンが巧みに自分の立場について「**主張した**＝argue」ため、先生はエリンの見解に一理あることを認めざるをえなかった。

（B）レイチェルが門限のことであまりにもしつこく「**自己主張した**＝argue」ため、父親は、とうとう彼女に外出禁止を言い渡した。

本書で取り扱うのは、（B）のような、喧嘩腰の応酬、つまり「言い争い（argue）」です。ところで、二つの例を提示するにあたって、私は異なる二つの場面を選択していますが、その点に注目してください。（A）のような場面では、子どもは、問題になっていることについて自ら思考することを期待されます。つまり、そこでは、論理的に考え、話し合い、さらに討論するように促されるため、あまり言い争いにはなりません。一方、気を付けねばならないのは、（B）のような親子でのやりとりです。家庭内での出来事は、子どもの態度を親がどのように捉えるかによって、その後の展開が変わってくるからです。言い争いになるか、ならないかは、親次第なのです。

コミュニケーション論の専門家、ランサー（A. S. Rancer）教授は、**議論すること**（arguing）は必ずしも悪いことではないと言っています。[18] 議論（arguing）は、他者に自分の考えを納得させるための、じゅうぶんに理にかなったプロセスになりうるからです。

彼は、また、「**議論すること**」と定義し、彼が言うところの、**言語的攻撃**（ただ単に相手の考えに異議を唱えるというよりは、相手そのものを攻撃すること）や闘争とは区別すべきだと言っています。

残念なことに、親の考えに子どもが異議を唱えると、あたかも攻撃されているかのように感じ、反応してしまう親がいます。中でも、権威主義的な親は、子どもは問答無用で親に従うべきだと考え、反論を許しません。子どもが親に対して自己主張するということは、親を侮辱する行為だと受け取ってしまうのです。たとえば、成長するにつれて、したいと思うことが増え、その許可を求める子どもには、親の権威にはむかうつもりなどないでしょう。彼らは他人に左右されない自分になりたいと思って格闘しているだけなのです。にもかかわらず、そのような子どもに対して、何の疑問も持たずに親に従うことこそ親を尊重することだと、親が言い張れば、子どもがその支配のあり方に疑問を抱き、親を尊敬しなくなるのも当然です。このように、子どもが自分の意見を主張することを、正当な自己表現とみなすのか、それとも親への攻撃とみなすのかは、親の捉え方ひとつです。

他人に対し、攻撃的なものの言い方をするような人間になると損をすることが多いため、子どもにとって、うまく他人と議論する能力を身につけるということは重要です。議論になれば、子どもはその問題について情報を得ようとして、好奇心を刺激され、学習意欲を高めるでしょう。人と議論するということは、他人と上手に付き合う方法や、どのようにすると人をうまく説得できるかを学ぶことでもあるのです。

相手を納得させようとして「自己主張」をしているのか、やりこめようとして「言語的攻撃」を仕掛けているのかという区別は重要です。また、親が子どもの言動をどう受け取るかによってその後の展開が違ってくるといっても、自分の思い通りにしようとして駄々をこねる子どもの行動には、「口ごたえ」というお馴染みの表現がぴったりくる場合もあるでしょう。このように「議論する・主張する」という言葉には複数の意味があり、様々な表現に置き換えることができます。しかし、いずれにしても、子どもの反抗を成長に伴う当然の感情として親が受け入れることができれば、親が会話の主導権を失うことはありません。どちらの意志を通すかということに関して親子で張り合おうとするのではなく、子どもの考えを聞く機会として利用すればよいのです。

何かと疑問を抱き、異議を唱えるような子どもは、時として、腹立たしいものです。そのような子どもは、自分の意見を言わず、反抗し続けるようなことがよくあります。一方、自分の意見を積極的に主張しようとする子どもは、強い自己イメージを持っており、彼らの行動には大人の私たちも感心させられます。

毅然とした態度をとるということは、相手を軽んじるということではありません。子どもが自己主張する権利を親が尊重すれば、子どもも親の決定を尊重するようになるでしょう。逆に、話を聞いてもらえない子どもや、その主張に全く敬意を払ってもらえない子どもは、自分の考えを伝えるのをやめ、親を攻撃するようになります。面倒であっても、子どもの言い分に耳を傾け、子どもに敬意を払ってください。相手を攻撃するつもりでなければ、少々激しい口調になっても、自分の気持ちを言葉にすることはよいことだということを子どもに示すことが大切です。

ところで、議論で相手に太刀打ちできないと感じると、暴力的手段に訴えてしまうような人がいます。実際、それを裏づけるような調査研究では、夫婦喧嘩になったとき、言葉で意見を戦わすことに不慣れな配偶者ほど暴力に訴えがち、ということが明らかにされました。[19] 同様に、デートレイプ[訳注2]も、話し合いのスキルに欠け、社会的通念をそのまま受け入れている（たとえば、「女性が『嫌だ』と言っても、それは恥じらいからで、本当は『ＯＫ』なのだ」というような捉え方をしている）男女間で問題になりやすい、という報告があります。[20] だからこそ、子どもの主張を親が受け入れるということは、子どもと口論にならずにすむということもありますが、それだけでなく、論理的に思考し、それに基づいて物事に向き合う力を子どもの中に育てるという意味でも重要なのです。

バイヤー（Bayer）とセガラ（Cegala）は、五歳から十二歳の子どもを持つ親を対象に、子育てのスタイルに関する研究を行いました。二人は、その研究を通じて、親子で積極的に意見交換するような子育ては、コミュニケーション能力の発達を促し、反対に、子どもに有無を言わせないような権威主義的子育て（「親がこうだと言ったらこうだ！」）は、子どもの攻撃的な言動をエスカレートさせるということを見出しました。[21]

　このことからもわかるように、子どもが親とは異なる意見を持つことを許さず、子どもの気持ちに耳を傾けようともせず、子どもの反抗は親に対する攻撃と考えるような親の態度が、余計に言い争いを引き起こすのです。子どもに不平不満を言わせまいとするのは、入り込んでくる潮の流れをせき止めようとして、砂の壁を打ち建てているのと同じです。それよりは、水を傍《かたわ》らの水路へと流し、穏やかな潮だまりを作るようにした方が害は少なくてすむでしょう。

　子どもとの争いをできるだけ少なくしようと思ったら、子どもは親に反抗するものだ、という事実を受け入れることです。そして、子どもは一人一人違うということも認識しておかなくてはなりません。

十人十色

　二人以上の子どもを持つ親ならよく知っていることだと思いますが、子どもというのは一人一人違います。どの子にも個性があり、それぞれのやり方で世界と関わっています。無気力な子どももいれば、エネルギーの塊のような子どももいます。感情的な子どもがいる一方で、穏やかで、落ち着いた子どももいます。変化にうまく対処する子がいれば、そうでない子。あっさり譲る子もいれ

（訳注2）婚姻関係にない友人や知人、恋人からの性的暴力。

ば、頑固で、強情な子。挙げれば、きりがありません。こうしたわが子の個性を考慮することなく、親があれこれと子どもに指図すれば、必要以上に言い争いを引き起こすことになるでしょう。

子どもの個性を、六つか、せいぜい八つぐらいまでに分類して説明できればよいのに、と思います。そうすれば、みなさんは、どのグループに自分の子どもが当てはまるかを判断するだけで、対応の仕方がわかります。それだけ単純だったら簡単なのですが、実際には一人一人がユニークで、そういうわけにはいきません。そんなことはわかりきったことなので、次のことを付け加えましょう。それは、こうした子どものユニークさに対してこそ、応答的傾聴が有効だということです。というのも、応答的傾聴は、そもそも、子ども一人一人のユニークな経験に親が波長を合わせられるようになることを目的にしているからです。子どもがどのような視点から物事を捉えているのかを正しく理解するためには、関心を持って、その子の話に耳を傾けるのが一番です。子どもが何を言おうとしているのかを理解することこそ、まさしく子どもの個性を尊重することになるのです。

> 子どもは皆、ユニークで特別です。親は、そのような子どもを勝手に型にはめこんでしまわないよう、最大限、注意しなくてはなりません。子どもが自分らしさを発揮できるように、そのサポート役を務めるのが親なのです。

＊　＊　＊

六歳のベンジャミン・ブラッドリーは、大げさな子どもでした。傷ついたり、がっかりしたりすることがあると、わーっと感情を発散させて、気持ちを落ち着かせます。母親は息子がそういうタイプであることを理解し、ベンジャミンがプンプン怒っていても、あまり気にしませんでした。一方、父親は筋の通らないことが嫌いでした。暗闇でランプにつまずき、怪我をするようなことがあれば、ベンジャミンは、「あのランプ、どうしてあんなところにあるんだよ！」ときっと文句を言うでしょう。そういうとき、息子には自分のミスを他人のせいにするような子どもになって欲しくないと思っている父親は、おそらく、「電気をつければよかったじゃないか」とベンジャミンを諭します。母親は何も言いません。ベンジャミンと言い争いに発展する可能性が高いのは、父親と母親のうち、どちらだと思いますか？

七歳になるスペンサー・ブラッドリーは、弟とは違って、理詰めでものを考えるタイプでした。自分の思い通りにならないときには、なぜそれに従わなくてはならないのか、親を質問攻めにします。母親は「あの子は、あまのじゃくなんです。『でも、でも、でも』ばっかり」と話し、息子のそういうところがあまり好きではありませんでした。何かするように言うと、そのたびに、スペンサーはどうしてそうしなくてはならないのか理由を尋ねてきます。母親はそんな彼の癖が煩わしくて仕方がありませんでした。しかし、道理を重んじる父親は、スペンサーと物事の理屈についてよく話をし、それをストレスに感じてもいません。スペンサーと父親が言い争いになることもあまりないようです。

＊　＊　＊

たいがい、どの親も、わが子の性格特徴の中で、受け入れやすい部分とそうではない部分を持っているものです。たとえば、ポールは、スケジュールをあらかじめ把握したがりました。そうすれば、家族との買い物や外食の予定などに備えることができるからです。しかし、母親は、思いつきで行動するタイプだったため、ポールのこのような柔軟性のなさを面倒に感じていました。父親の方は、ポールと同じように、スケジュールの変更があれば、前もってそれを知っておきたいと思うタイプだったので、息子に対して母親よりも共感的でした。

親が子どもの持つユニークさをなかなか理解できない理由に、自分の延長で子どもを捉えてしまう、ということがあります。外向的で、社交的な親は、子どもにもそうあるよう期待しがちです。早起きの親なら、朝、子どもがグズグズしている様子にイライラするかもしれません。子どもが親とは違う気分でいたり、異なる好みを持っていることがわかると、反抗的だとか、頑固だと捉えてしまうのです。しかし、子どもの個性をきちんと理解できていれば、ある種の行動を反抗的な態度と取り違えずにすみます。

リビングで宿題をするサリーは「自分の部屋で宿題をしなさい」と言う親と、いつも口論になっていました。しかし、家族の誰かがそばにいないとサリーは勉強ができないのだということに母親が気付いてからは、そのことで言い争うことはなくなりました。今では母親も「サリーは**そういう**

子なんです」と言います。

子ども部屋の片付けに、ケイシーは普通の子の三倍の時間がかかりました。床のおもちゃを一つ拾い上げるたびに、片付けの手を休め、それで遊ぶからです。そんなケイシーの様子を見て、父親はいつもイライラしていました。しかし、今では、父親は、「きちんと片付けなさい」とだけ伝えると、後は、ケイシーのペースに任せることにし、口論にならないように工夫しています。時間のかかるケイシーのやり方を見て腹が立たないように、戸口に立って監督することもやめました。

子どもに本来のスタイルとは正反対の行動を求めるのは、利き手と逆の手でサインすることを求めているようなものです。

私の息子が十歳……、いいえ、これは、わが家のことではありませんでした。ロジャーという名の少年が十歳の頃の話です（**私の**息子ではありません、念のため）。あるとき、ロジャーの父親は（しつこいですが、これは私ではありませんよ、父親の名はラルフとしておきましょう）、息子やその友人たちと一緒にタッチフットボールをすることになりました。しかし、少年たちの試合のやり方は、父親のラルフが彼らと同じ年齢の頃にやっていたものとは全く異なりました。彼らときたら、実にでたらめなのです。ラインから走り出ても、そのまま中に戻ったり、どう見ても、ボールは地面でバウンドしているのに、「キャッチした」と言ったり。そのため、タッチがあったかどうかをめぐってたびたび言い争いになりました。とうとう父親のラルフがうんざりして、「君たちのプレイはでたらめじゃないか！」と言うと、父親の言葉に腹を立てたロジャーは、怒鳴り散らしながらグランドから出ていってしまいました。

何がいけなかったのか。あまりにもわかりきったことかもしれませんが、息子とその友達に、この（匿名の）父親が自分のやり方を押しつけようとした点が問題でした。子どもたちの試合を支配する権利はこの父親にはありません。しかし、ラルフの頭からは、このあまりにも当然の原則が抜け落ちていました。というのも、他の親が、清潔であること、礼儀正しくあること、あるいはテキパキ行動することなどを重要と考えるのと同じく、ラルフにとってフットボールは重要なものだったからです。さらに、きちんとしたことを好む性格の彼は、明確なルールに従って試合をするのが当然だと思っていました。しかし、少年たちはプレイをしながら自分たち自身のルールを自由に作り上げるというやり方をしていました。父親と息子は「正しいやり方」ということで言い争っていましたが、根本的問題は、スタイル、流儀の違いにあったのです。

親子喧嘩から教訓を得ようと思ったら、次の点について自分に問いかけてみてください。この言い争いは、**何かをやるかやらないか**をめぐって起きたものなのか、それとも、単に**やり方**をめぐって対立したものだったのか。親がわが子と言い争いになるのは、子どもが言われたことをやらないからということもありますが、同様に、やり方をめぐって争っている場合も少なくありません。親がわが子の生まれ持った性質を考慮せず、自分と同じやり方で物事に取り組むことにこだわれば、しなくてもよい争いを招くだけです。

家の中でのことというと、子どもは、大抵、何をさせても親より時間がかかります。親は、自分たちの忙しいペースに子どもがついてこられるよう、追いたてなくてはなりません。そのようなとき、たとえば、この子はエンジンのかかりが悪いということがわかっていれば、準備のための時間をできるだけ多く見込んで、言い争いになるのを避けることができるでしょう。

わが子がどのようなタイプであるかを正しく理解することによって言い争いを減らすために、次のエクササイズをやってみてください。

1. あなたの子どもは生まれつきどのような性質か記述してください。
2. あなた自身は生まれつきどのような性質か記述してください。
3. あなたの子どもが持つ悪い面を、良い面として捉え直すことはできないか考えてみてください。あるいは、良い面とまでは言えなくても、少なくとも、その中間ぐらいのものに捉え直すことはできないでしょうか。

1. あなたの子どもは生まれつきどのような性質か記述してください。

アレクサンダー・トーマス（Alexander Thomas）と、ステラ・チェス（Stella Chess）は、一三三人の子どもとその親を対象に一九五六年から研究を続け、子ども時代から大人になっても継続的に見られる特徴を、「扱いやすい子」「扱いにくい子」「打ち解けるのに時間がかかる子」の三タイプに分けて説明しました[22]。ただしこれらの特徴は、親が特に関心を持っている点であり、観察者である親の先入観が入る可能性があります。そこで、観察者の先入観にとらわれないよう、別の視点から子どもを分類した研究もあります。[23] その研究は、子どもの気質を「用心深く抑制的なグループ」と「大胆で探究心が旺盛なグループ」の二つに分類し、この相違によって一方は「控えめで、用心深く、落ち着いた子ども」になり、他方は「のびのびとして、活発で、自発的な子ども」になると報告しています。

また、カール・ユング（Carl Jung）の人格タイプ論を基に、マイヤーズ（Myers）とブリッグス（Briggs）は、性格を十六タイプに分類しました。これは、今も広く心理学者たちに利用されています。[24] 子どもを理解するために、このような複雑な類型学が役に立つと感じる親もいるでしょうし、子どものユニークさに着目し、その子どもの最も特徴的な面を正しく理解できるようになることの方が役立つと考える親もいるでしょう。

子どもとの無駄な言い争いを最小限に抑えるために、親が考慮する必要のある気質的要素には以下のものがあります：

- **適応性**：先々の予定を常に把握しておきたいタイプの子どもは、突然、予定にないことをするように言われると、ひどく文句を言う場合があります。一方で、流れに身をまかせることを厭《いと》わないタイプの子どももいます。前者のような、適応性の低い子どもには、できる限り、前もって予定を伝え、言い争いを避けるようにするとよいでしょう。突然、予定にないことをやらせなくてはいけなくなり、そのことで子どもが腹を立てた場合には、彼らの予定を変え、混乱させてしまったことは詫びるようにしてください。

●独立／依存：独立心が強い子どもにも、依存的な子どもにも、プラス面とマイナス面がありま す。独立心の強い子どもは、人に頼らず、自らが信じるところを自力で行い、他人の指示にはなかなか応じません。また、このような子どもは、家族で一緒に何かをするよりは、自分が興味を持っていることを一人で追究することを好む傾向にあります。それに対して、依存的な子どもは、何かと親の助言を頼りにしますが、人懐っこく、協調的です。また、いつも誰かと一緒であることを好み、他人に見捨てられることに対して強い不安があります。依存的なタイプの子どもは、このように親和欲求が強いということを理解しつつ対応し、言い争いを避けるようにしてください。反対に、独立心の強い子どもは、他人に呑み込まれることを恐れる傾向があるため、何かをやらせようと思うときには、その子なりのやり方を尊重する必要があります。依存的な子どもは、こと細かく、明確な指示を求める傾向があり、独立心が強い子どもは、どのようにしたらうまくいくかということを自分で見出したがるといった、それぞれの特徴を理解しておくことも重要です。

●感情的な繊細さ：大抵の子どもは、痛い目にあうと泣きますが、中でも、誰かに感情を傷つけられることに敏感なタイプの子どもがいます。そのような、感情的に繊細な子どもは、批判されると強く反応するため、「〜だからダメなんだ」と足りない点を指摘するよりは、「〜してくれるかしら」と依頼する表現をとった方がうまくいきます。繊細な子どもに対して、どうしても欠点や過失について叱らなくてはならないときには、人目につかないところで、優しく、手短に伝えるようにしてください。気持ちが内側に向きやすい子どもほど傷つきやすいものですが、それほど繊細でない（ように見える）子どもも、同じように傷つくことがあります。その場合、彼らはその痛みを外側に向かって発散し、批判されれば攻撃という形で反応してきます。これらの特徴をふまえ、何らかの制限や規則を課さなければならないときには、感情的に繊細な子どもには、穏やかに伝える配慮をし、また外側に心的エネルギーが向かいやすい子どもには、議論の余地を残さないように、優しくというよりははっきりと伝えるとよいでしょう。

• **活力レベル**：朝になると、元気いっぱいにベッドから跳ね起きるような子どももいれば、ゆっくり寝ないと、その日一日、調子よく過ごせないというタイプの子どももいます。活力に満ちあふれた子どもは、親をぐったりさせますが、逆に、それほど活発でない子どもは、なかなか物事にとりかかれません。活力にあふれた子どもはじっとしていることが苦手であることを理解して対応すれば言い争いは避けられます。たとえば、退屈な雑用をさせるときには、頻回に息抜きをさせ、鬱《うっ》積《せき》したエネルギーを発散させてあげるとよいでしょう。一方、なかなか物事にとりかかれない子どもには、事前に予定を伝え、作業を完了させるためのじゅうぶんな時間をとるように配慮してください。

• **内向性／外向性**：内向的な子どもというのは、まじめで、おとなしく、常に、一人で何かをしているか、考え事をしているように見えます。読書なども大好きです。また、社交的な活動が多すぎると疲れてしまい、物事に没頭できる時間を欲します。そのようなタイプの子どもに対して、持って生まれた内気さを克服させてやろうなどと考え、過度な活動予定を組み、あちこち引っ張り回したりしてはいけません。また、内向的な子どもは、人嫌いというわけではありませんが、外向的な子どもに比べると、より注意深く、交際を選択する面があります。彼らは、相手から問われない限り、自分の気持ちについてあまり語ろうとしません。選んだ相手と一対一でやりとりすることを好みます。それに対して、外向的な子どもというのは、たくさんの人に囲まれているときの方が、生き生きとしています。たとえば、自分の部屋で一人っきりで宿題に取り組むよりは、先ほどのサリーのように、リビングルームで人の気配を感じながら取り組む方が彼らにとっては能率が良いのでしょう。また、小さいときは特にそうですが、彼らはうるさく、文句を言いがちなので、一人でするような退屈な作業には、周囲に援助者が必要かもしれません。

●**楽観主義／悲観主義**：何もかもがうまくいくと予測し、困難な状況も難なく切り抜けるタイプの子どもがいる一方で、状況がもっと悪くなるのではないかと常に心配しているようなタイプの子どももいます。楽観主義か、悲観主義か、という点で、子どもを批判してはいけません。子どもも、大人と同じように、自分の個性を馬鹿にされると**腹が立つものです**。まず、悲観的な子どもに対しては、心配するなと言わないようにしましょう。また、「心配症」などと呼ぶのもいけません。彼らが不安に思っていることに耳を傾けてあげることが大切です。「物事は悪い方向に進む」という考え方に同意する必要はありませんが、そこで言い争う必要もありません。傷つきに対して敏感な子どもは、悲観主義的な考え方を用いて、大きな期待を抱かないようにしたり、他人から期待されないようにして、自分の心を守っている面があります。一方、このような子どもとは逆に、起こるかもしれない問題に対してあきれるほど楽観的な子どももいます。彼らに、何かしら警告する必要があると感じた場合には、まず、どんなふうに物事がうまくいくと確信しているのかをじゅうぶんに聞くようにしてください。楽観主義は、実際、ポジティブな考え方です。それは良い面として認めた上で、親として心配している点を伝えるとよいでしょう。

• **ねばり強さ**：ねばり強い子どもは、ひとたび何かをすると決めたら、どんなにつらくても途中で投げ出しません。それゆえ、何かをやり遂げさせるには、始めるきっかけをうまく作ることがポイントです。ねばり強さというのは、独立心の強さとも関係し、このような子どもの多くは、決断力があって、意志も強固です。それに対して、独立心に欠け、依存的な子どもというのは、誰かがなんとかしてくれると思っているところがあり、物事がうまくいかなくなると、早々に諦めます。ねばり強い子どもには動機を与えてあげること、ねばり強さに欠ける子どもには、背中を押して、励まし続けてあげることが大切です。

• **ペース**：エンジンがすぐにかかる子どももいれば、なかなか物事にとりかかれないのんびり屋の子どももいます。エンジンがすぐにかかる子どもならば、多忙をきわめる親のペースにも、さほど問題なく、ついていくことができるでしょう。しかし、そうでない子どもの場合、物事にとりかかるのに時間がかかります。言い争いを避けたければ、彼らには実際より短めのタイムリミットを伝えるようにしましょう。そして、親は、子どもが数分遅れることを見込んで、それに応じた計画を立てるようにしてください。

以上、いくつかの気質的特徴を挙げました。わが子の性格に該当すると思われた点もあったでしょう。一方で、ここに述べられていないこともあるはずです。このリストがすべてではありません。本来、わが子を理解するために、他人の作った一覧表などは必要ありません。自分自身でわが子の性格特徴を描き出し、正しく理解することが大切です。

子どもの持って生まれた気質を、否定せずに、受け入れるようにしてください。

2. あなた自身は生まれつきどのような性質か記述してください。

あなたは、性格的にどのような特徴を持っていますか？　あらかじめスケジュールを把握し、心の準備をしておきたいタイプですか？　それとも、その場のなりゆき、思いつきで行動するタイプでしょうか？　また、あなたは独立心が強く、まわりの人にも同じように他人に依存しないことを期待する面がありますか？　あなたが育った家庭では、宿題や持ち物など、自分で管理するように言われていたでしょうか、それとも、親があれこれと世話を焼いていましたか？

もし、あなたに二人以上の子どもがいるとしたら、そのうちの一人は、あなたと非常によく似た性格で、別の子は全く異なる性格といったこともあるかもしれません。

子どもと衝突するのは、いつもどのようなことが原因でしょう？　親子で物事の進め方が違うのだということを認識していれば、避けられる言い争いもあるのではないでしょうか？　子どもが、「頑固だから」「とろいから」「わがままだから」「協調性がないから」衝突すると思っていることの中には、お互いの気質的な違いを理解すれば避けられる争いもあるかもしれません。子どもは、親に協力したくないと思っているわけではなく、協力するにしても自分のやり方でやりたいのです。

> 子どもの気質、そして、親であるあなた自身の気質を正しく理解してください。そうすれば、親子喧嘩の多くは、子どもが間違っているからとか、協力的でないからではなく、物事への取り組み方が親子で異なるために生じていることがわかるでしょう。

3．あなたの子どもが持つ悪い面を、良い面として捉え直すことはできないか考えてみてください。あるいは、良い面とまでは言えなくても、少なくとも、その中間ぐらいのものに捉え直すことはできないでしょうか。

親が、わが子の頑固さばかりに注目することによって、子ども自身、自分のことを頑固だと思うようになり、そのようにふるまってしまうことがあります。結局は、親が子どもからそのような部分を引き出してしまっているのです。

同じことでも次のような二通りの捉え方があります。

「ポールは融通がきかない子なんです。どこかへ一緒に行かなければならないときには、いつもイライラします」

「ポールは計画好きです。前もって物事を把握しておきたいタイプなんです、そうすれば必要な準備が整えられますものね」

たとえば、「恥ずかしがり」は「注意深い」に、「頑固」は「意志が強い」といったように、子どもの特徴を捉え直してみるとどうでしょう。捉え方を変え、子どもを受け入れようとすることによって、親子関係にどのような違いが生じるかを確かめて欲しいのです。

性格にはプラスにもマイナスにもとれる面というものがあります。私が指導した、ある卒業生の話をしましょう。その学生に対して、私はいつもイライラしていました。というのも彼女は、何をするにも、それはそれはゆっくりで、慎重だったからです。話をするのも本当にゆっくりでした。しかし、このように落ち着いて、穏やかに他人に接する彼女は、すばらしいセラピストになりました。セラピー場面で、混乱し、腹を立てた家族が、どんなふるまいを見せたとしても、この学生は、常に、落ち着き、理性的に対応し、相手に安心感を与えたのです。彼女のこのような特徴を思い出すたびに、私は、彼女はきっとすばらしい母親になるだろうと確信します。

ところで、子どもの持って生まれた気質に合わせて、対応の仕方を変えるべきだというような話をすると、「子どもが生来の怠け者だったらどうするんですか？　息子が一日中ソファに寝転んで、テレビを見ていたいと言ったら、そうさせてやるべきだと言うのですか？」と反論されることがあります。

子どもの気質を受け入れるということは、親の言うことに従わせるのを諦めるということではありません。子どもには元々の性格というものがあり、子どもなりの物事への取り組み方があって、それらは大きくは変わらないということを受け入れることを意味しているのです。子どもの気質を受け入れ、それらを理解して、うまく対応すれば、親子間の不毛な闘いを避けることができるでしょう。

また、自尊心の中核をなすのは自己受容ですが、その自己受容は親に受け入れられているという感覚から生まれます。つまり、子どもが親に求めているものは、愛情だけではありません。親によって、自分らしさが理解され、認められるということも子どもにとって重要なのです。自分がどういう気質であるかを親によって理解され、それが受け入れられていると実感できている子どもは、「私はこのままでいいんだ」「お父さんもお母さんも大好き。二人ともありのままの私を受け入れてくれているんだもの」といった思いを心に抱いて、成長していくことができるでしょう。

言い争わずに子どもをしつけるには

子どもは親の決定が揺るがないものなのかどうかを確認するために口ごたえをしているような場

合があります。とことん抵抗すれば、どこかで親も折れるのではないかと考えているのです。そして、実際、何回かは、親が、子どもの抵抗に屈して、折れてしまうことがあって、子どもは口ごたえを繰り返すようになっていきます。

厳しい態度をとりさえすれば、このような親子での言い争いを避けられるかと言えば、そういうわけでもありません。押さえつけるようなやり方をして、子どもがおとなしく従ったように見えても（少なくとも幼いときは従うでしょう）、親に対する尊敬の念が芽生えることはなく、協力しようという気持ちが育つこともないからです。しつけは、穏やかに、かつきっぱりと、というのが最も効果的なやり方です。

自信のある親は、子どもの気持ちに耳を傾け、可能な限り、子どもの希望を考慮に入れようとします。しかし、いったん、子どもにこれをしてもらいたいと決めた後は、その要望を明確に示し、子どもがそれをやり遂げられるように後押しし、揺らぐことがありません。

応答的傾聴を用いることで、親は多くの場合、揺るぎなく子どもに対応することが楽になると感じることでしょう。というのも、応答的傾聴には、わが子の気持ちに耳を傾ける優しさと、やってはいけないことをはっきり示す厳格さの両方が含まれ、子どもに対して優しすぎたのでは？　と か、厳しすぎたのでは？　と迷う必要がないからです。

ところで子どもが口ごたえをするのは、ひとつには、家庭内のルールに曖昧《あいまい》な点があるから、ということがあります。たとえば、娘に対して、「今度の土曜日、遊びに出かける前に自分の部屋を掃除しなさい」と親が伝えた場合を考えてみましょう。このとき、「自分の部屋を掃除する」ということを、親は、「床の上の洋服を全て片付け、ベッドをきれいに整えること」と考え、娘の方は、「汚れた衣類をクローゼットの中に押し込みさえすればいい」と考えていたとしたら、それが言い争いの種になります。

> 効果的なしつけは、子どもに対して、どうして欲しいのかという要望を明確に示すことから始まります。

言い争いを減らすためには、子どもにどうして欲しいのかを、明確に、しっかりと、かつ平静に伝えることが大切です。**明確に**伝えることで、子どもは、どうすべきかを理解します。**しっかりと**話すことで、親の決意の強さが伝わります。そして、**平静に**話すことで、苛立ちや、怒りで、コミュニケーションを滞らせることなく、親のメッセージを子どもの耳に届けることができるでしょう。

- 指示はとにかく具体的に示すこと。

言い争いを招きやすい表現	言い争いになりにくい表現

「片付けなさい」	「夕食前に、リビングにあるおもちゃを集めて、箱の中にしまいなさいね」
「電話を切りなさい」	「あと一分で電話を切るのよ。後で、切ったかどうか、確かめに来るから、ちゃんと切りなさいね」
「いつになったら自分の部屋を掃除するの？」	「遊びに出かける前に、ベッドをきれいにして、床の上に落ちているものは全部拾っておきなさいね」

●曖昧な指示は、言い争いの余地を残す。

「自分の部屋を掃除するように言ったわよね」

「やったよ！　何の文句があるの?!」

効果的なコミュニケーションを行うためには、相手が存在するということを常に心に留めておかなくてはなりません。子どもに何かを伝えたいと思うなら、まずは、子どもの言いたいことに耳を傾けるということが重要です。親が自分の話を聞いてくれて、さらに理解してくれたと感じると、子どもも親の言うことをしっかり聞こうという気持ちになるからです。

また、子どもが「〜してもいい？」と尋ねてきたときに、反射的に「ダメ」と答えないように注意しましょう。まず、聞くことです。子どもがどうしてわざわざあなたのもとに話をしにやってきたのかを理解してください。子どもは、親が定めたルールに異を唱えて、それを変えたいと思っているわけでなく、ただ、確認しただけかもしれません。ところで、反射的に「ダメ」と言わないようにしたからといって、なんでも「いいよ」というわけではない点にも注意してください。要は、甘やかすのではなく、子どもの話を聞くということを習慣にして欲しいのです。即座に反応せず、一呼吸おいて、なぜそれがしたいのかを子どもに尋ねるようにしてください。そして、子どもが言いたいことはどんなことなのか、どんな気持ちでいるのか、考えます。親としての最終的な結論を下すまでにじゅうぶん時間をかけましょう。

子どもは、親が自分の言い分に耳を傾けてくれ、理解してもらえたということを実感できなければ、本気で親の言うことを聞こうとはしません。

「お母さんは、それについて、どういう判断を下すべきか迷っているの。結論を出すためには少し時間が必要だわ。その件については、夕食後にまた話をしましょう」

学童期の子どもは、親から「ダメ」と言われることがあまりにも多いため、「ダメ」と言われると、反射的にカッとなってしまうようなところがあります。あなたも「どうしてダメなの？」「お母さんは、**一度も、『いいよ』って言ってくれないよね！**」「すっごい意地悪！」といった言葉を子どもから投げられた経験があるでしょう。

必ずしも「ダメ」という言葉を用いなくても親の決定を子どもに伝えることは可能です。というのも私たちは、幸いにも、「ダメ」に代わる様々な表現方法を持っているからです。(原注1) 次の表現を見てください。

- 「ダメ」と言う代わりに、できない理由を説明する。

例「今は、お友達のタイラーの家へは遊びに行けないわ。どうしてかって言うと……」

- 「ダメ」と言う代わりに、事実のみを伝える。

例「あと、五分で夕食よ」

- 「ダメ」と言う代わりに、子どもの気持ちを認める。

例「まだ、お家に帰りたくない。もうちょっといたらダメ？」という子どもの気持ちを認める。

（原注1）日本の商談では、単に「いいえ」と言うのではなく、「その件につきまして、真剣に検討いたします」という表現がよく用いられます。提案に対して「検討する」と対応されると、相手は尊重されていると感じます。

●「ダメよ、もう帰らなくちゃいけないの」と言う代わりに、子どもの気持ちを積極的に受け止める。

例「もし好きなようにしてよいと言われたら、ずっとずっとここにいたいと思うわよね」（と、子どもの手をとり、歩きながら言う）、「楽しいときに帰るのはつらいわよね」

話し合うためのじゅうぶんな時間がない中で、子どもの気持ちを聞き出そうと思うなら、次のようにしてみてはどうでしょう。「あなたの気持ちがまだよくわかっていないから教えてくれる?」と言うのではなく、「もしかしたら、あなたは、こんなふうに思っているんじゃないかしら」と理解していることを子どもに伝えてみるのです。時間がある場合には、もちろん、じゅうぶんに時間をとり、「どうして帰りたくなかったの?」と尋ね、子ども自身にその思いを語らせてあげるとよいでしょう。

また、親の指示を正確に子どもに浸透させたいと思うときには、さりげなく念を押すという方法があります。たとえば、親子で商店街に入る前に、「五千円以下の靴一足までなら、買ってもいいって話していたわよね」と言って、思い出させるとか、あるいは、前の晩に既に伝えていたことであっても、翌朝、再度、「今晩、宿題を見せてね」と優しく声をかけて思い出させるといった方法です。

ただし、子どもにちょっと思い出させるつもりが、気付いたら小言になっていた、ということにならないようにしてください。不機嫌な声で話したり、繰り返し同じことを言ったり、一方的に話し続けたりすると、それは小言と捉えられてしまいます。小言というのは、非常に耳障りなので、相手は話を聞かなくなります。そうなると、ますますガミガミ言いたくなり、まさに悪循環です。

ダニーは母親の小言が大嫌いです。「リビングに食べ終わったお皿を置きっぱなしにするのはやめなさい」「必ず自分の部屋を掃除してね」「宿題が終わるまで遊びに行ったらダメよ」。こんな調子の母親に、（**いつも小言ばっかり**）とダニーは心の中で独り言をつぶやき、口ごたえをすることはありません。

一方の母親は、何事につけダニーに注意を繰り返さなくてはならないことにほとほと嫌気がさしていました。「ダニーに何かをさせるために、どうして、何度も何度も念を押さなくちゃいけないのかしら？　もう、うんざり」

小言も言い争いも、二人の人間がそれぞれの役割を担いながら、やりとりが展開していきます。言い争いの場合、それぞれが主張し、どちらも相手の言うことを聞いていません。小言では（少なくとも小言が何度か繰り返されない限り）、一方は文句を言い、他方はそれを無視します。つまり、子どもに対して小言を並べても、険悪になって、子どもは親を無視するだけなのです。

子どもが従うべきルールを多く作れば、親は小言を繰り返さねばなりません。結局、それは言い争いにつながります。子どもの些細な行動まで管理することはできません。親が管理しようと思いすぎれば、子どもはかえって反発するだけなのです。

＊　＊　＊

ジョニーの父親は、平和で静かな家庭を好みました。そのためジョニーが騒ぐと、父親はいつも彼を叱りました。「リビングルームで歌を歌うのはやめなさい」「大きな声で話すのはやめなさい」「自分の部屋でボリュームいっぱいに音楽をかけるのはやめなさい」「私が帰ってきたときに、私に飛びついてくるのはやめなさい」。**あぁ、うるさーい！**「〜するのはやめなさい！」の連続です。結局、ジョニーは父親を避けるようになり、近くにいても、父親の言うことをほとんど無視するようになりました。

＊　＊　＊

ニーナは、六歳になる娘のカイリーに、いつも行儀よくしていて欲しいと思っていました。会社の同僚とのピクニックでも、ニーナは、ちょっとしたことで、度々、カイリーを叱りつけました。「ブランケットの上を走るんじゃありません、カイリー！」「ジーンズに草のシミをつけちゃダメよ、カイリー！」「シャツの上に、ソーダをこぼさないで、カイリー！」「大人たちの近くでボール遊びをしたらいけません、カイリー！」。カイリーは、母親に何を言われてもそのほとんどを無視し、カイリーの行動はますますエスカレートしていきました。

一方、ニーナの同僚、ロクサーヌにも、六歳になる娘、ホリーがいました。彼女は、ホリーがカイリーと一緒に走り回って遊んでいるのをじっと見守っています。娘のホリーが、少々、やんちゃだとは感じていましたが、**（今日は、ピクニックなんだもの、子どもたちも少しぐらいはめを外してもいいでしょう）**と思っていたからです。ロクサーヌは、ホリーがブランケットの上を走ったり、大人がいる近くでボールを投げたり、ジーンズに草のシミをつけたりしても、何も言いません。ただし、ホリーが幼い子どもからフリスビーを取り上げようとしているのを見つけたときには、近くまで行って、ホリーを厳しく叱りました。ホリーは、うなだれ、母親の言うことをちゃんと聞いていました。

＊　＊　＊

「うちの子は親の言うことにちっとも耳を傾けないんです」とこぼす親を観察していると、そのような親は非常に細かい点にまで口うるさいということがわかります[25]。親がひっきりなしに小言ばかり並べていると、子どもにはそれがＢＧＭのように感じられ、ほとんど気に留めなくなってしまうでしょう。

親の言うことに子どもを従わせたいと思うなら、従わせたいと思うことを適当な量にとどめることです。あまり多くのルールを作りすぎないこと、そして、定めたルールはしっかり守らせること、この二点が大切です。

守らせるつもりのないルールは口にしないこと。

どうでもよいことまで口うるさく言って、しつけようとすると、子どもは、どのようなことはしてもよいのか、どのようなことはしたらいけないのかを学ぶことができません。そして、結局は、親に従わなかったからといって、大した問題が起こるわけじゃないと思うようになってしまいます。

子どもの行動に対して与えるもの——報酬か罰か

子どもは親が何らかの判断を下す前に、自分の気持ちを伝え、願わくは、親の考えを変えようとして口ごたえします。たとえば、何か悪いことをしてしまった後であれば、罰から逃れようとして口ごたえすることもあるでしょう。親は子どもがやるべきことをやらないからといっては怒り、やったらやったで、やり方が悪いと怒ります。怒られることは、気分がいいものではありませんが、それも度を過ぎると、子どもは慣れてしまって、何も感じなくなっていきます。

子どもの行動の結果に対して与えるものというと、一般には罰を意味します。しかし、子どもをしつけるためには、望ましくない行いに対して罰を与えるよりは、望ましい行いに対して報酬を与える方がはるかに効果的と言えるでしょう。

報酬が与えられた行動は、その後、繰り返される可能性が高まります。「報酬」には、物理的なもの（おやつ、おもちゃ、お小遣い、星形の勲章、特別のお出かけなど）と社会的なもの（関心、タッチ、ハグ、微笑み、承認、目配せ、キス、賛辞など）があります。望ましい行動に、こうした報酬を与えることによって、その行動が繰り返されるように働きかける、という**正の強化**の原理は、非常にシンプルですが、それゆえに必ずしも正しく理解されているとは限りません。

たとえば、親子を観察していると、子どもに最もやって欲しくないような行動を、無意識に親が強化してしまっているような場面に、度々、出くわします。自分の好まない行動をわざわざ相手に繰り返させるなど、普通はありえないと考えるでしょう。では、なぜ親は子どもと言い争いを繰り返すのでしょう？　また、夫は子どもへの関わり方が不十分だと感じる妻がその状況を助長させてしまうのはどうしてだと思いますか？　息子のしつこくせがむ癖を煩わしく思っている父親が、繰り返し息子にせがまれているのはなぜでしょう？　人は苦しみを求めるものだから、というような屈折した複雑な動機が答えではありません。「人は良いことよりも悪いことに目が向きやすい」という単純な事実にその答えがあるのです。

＊＊＊

レイモンドは静かに宿題をやっていました。その横では、父親が国税庁に年に一回提出する書類を作成しています。二、三分して、レイモンドが本をバタンと置き、「あぁ、つまらない！」と言い出すと、父親は顔を上げ、「父さんは集中しなくちゃいけないことをやっているから、静かにしてくれないか」とレイモンドに言いました。それから数分経って、「僕、宿題、終わったよ！」とレイモンドが言うと、今度は、父親は、「感心、感心」と顔を上げずに応じました。さらに、レイモンドは、自分の部屋へ行き、フットボールを持って戻ってくると、敷物の上にドスンと腰を下ろして、ボールをくるくると回し始めました。二、三回、回したところで、ボールがころころと仕事をしている父親のところへ転がっていってしまいました。父親は、税関係の書類をバタンと閉じ、仕事の邪魔をしないでくれとレイモンドにお説教を始めました。

このようなやりとりからレイモンドはどんなことを学ぶと思いますか？　うるさくすれば、父親の関心を引くことができる、ということを彼は学んでしまうのです。

＊＊＊

子どもが望ましくない行動をしたとき、多くの親は、叱ったり、説教したりします。そのようにして、罰を与えているつもりかもしれませんが、それでは、かえって望ましくない行動を強化している可能性があります。というのも、親は腹を立てていたとしても、子どもにとって、親に関心を寄せてもらうことは強力な社会的報酬になるからです。[26]「無視していたら、そのうちやらなくなるわよ」と一般的によく言われますが、こうしたアドバイスはこの事実を反映したものと言えるでしょう。しかし、子どもの苛立たしい行動を無視するのは、非常に難しいものです。たとえば、思わず大きな反応をしてしまうような言葉というものが皆さんにもあるでしょう。さらに、望ましくないと感じる子どもの行動があったとして、それが些細なことであれば無視すると固く心に決めても、大抵の親はそれを貫くことができません。これでは事態は悪化するばかりです。というのも、断続的に強化（間歇《かんけつ》強化）された行動は最も消去するのが難しいからです。(27)(訳注3)

望ましい行動を子どもに繰り返させたければ、良い行動が見られたときに、どのような行動を評価しているのかが具体的にわかるようにコメントし、その場に即した報酬を与えることが大切です。

「カイル、床にあった自分の洋服をちゃんと拾い上げておいたのね。ありがとう、偉いわ！」

大抵の親は、子どもが良い行いをしたときには褒めていると言います。確かに、褒めているときもあるでしょう。しかし、親というものは、とかく、わが子の望ましくない行動にばかり

子どもの望ましい行動を積極的に褒めるようにしましょう。そうすれば、応答的傾聴を用いたときと同じように、親子関係は敵対的なものでなくなり、言い争うことも減ります。

（訳注3）ある行動に対して、毎回ではなくときどき（断続的に）報酬が与えられることを間歇強化と言います。そのようにして、強化された行動は、連続して報酬が与えられた行動よりも、消去されず、持続しやすくなります。一般に、なかなかギャンブル依存から抜け出せないのは、毎回、大当たりするのではなく、何回かに一回、当たるからです。

目がいきがちです。これには理由があります。親は子どもには行儀よくしていて欲しいと思っているため、その期待に反した行動ばかりが目についてしまうのです。

「自分の本を片付けておかなかったでしょう！」
「お部屋がぐちゃぐちゃじゃない！」
「お母さんが言うことに、どうしていちいち口ごたえするの？」

ちょっとしたエクササイズをやってみると、そのことがよくわかります。小さなノートを用意してください。そして、子どもに対して叱ったり、批判的なコメントをしたときに、そのコメントを書き留めることを一週間実行してみましょう。やることはそれだけです。もし、子どもが二人以上いる場合には、それぞれの子どもについて別々に記録してください。また、「お皿を洗ってくれたのね、本当にありがとう。でも、次、お手伝いしてくれるときには、洗剤をきちんと洗い流さないとダメよ」というように、最初は感謝を伝えたり、褒めたりして、ポジティブに始まったコメントが最後にはネガティブに終わった場合も忘れずに記入してください。いかに子どもの望ましくない行動にばかり目がいってしまっているかがわかるでしょう。

子どもが何か望ましくない行動をしたときに非難するよりは、望ましい行動をしたときに褒めてあげる方が、しつける方法としては前向きです。次のようなコメントをできるだけ具体的に子どもに伝えるようにしてください。

「○○してくれたの、ありがとう！」

「食洗機の中のお皿、全部片付けてくれたのね、助かったわ！」

「自分の本をきれいに片付けたのね！」

「あなたのお部屋、すごくきれいになっているわね！」

「あなたがいてくれると、とっても助かるわ！」

「最後まで話を聞いてくれてありがとう」

子どもの悪いところばかりに着目してはいけません。子どもが良い行いをしているところを捉え、それに対して、きちんと褒めるなどして、報酬を与えるようにしましょう。

子どもはみな、本来の自分を、また自分の行動を認められたいと思っているものです。子どもが親の期待の全てに応えられていなかったとしても、できていない部分を叱るよりは、できた部分を褒めた方が、望ましい方向に展開していくでしょう。複雑な行動を教える際、最も効果的な方法のひとつに**シェイピング法**があります。これは、目標とされる行動をいきなり獲得させるのではなく、最終的な目標行動に至るまでを、容易にできるものから段階的に分割し、小さな目標から順番にクリアさせる方法です。一つクリアするたびに、褒めるなどして報酬を与え、望ましい方向へ行動を強化していきます。シェイピング法がうまくいかないとしたら、設定した目標が高すぎたのか、さもなければ与える報酬の効果が弱すぎたのでしょう。この方法も、できないことを取り上げるのではなく、できたことを評価していく方法のひとつです。

スージーはクローゼットに洋服をしまうという習慣がなかなか身につきませんでした。きれいにしまうときもありましたが、床に散らかしっぱなしのときもあります。そんなスージーに、洋服を収納する習慣を身につけさせるには、しまわなかったときに叱るのではなく、きちんとしまったときに、彼女を抱きしめ、できたことを言葉にして大いに褒めてあげるとよいでしょう。

> 「酢より蜂蜜を使う方が、たくさんのハエがつかまる」ということわざがあります(訳注4)。報酬として蜂蜜を用いる場合には、子どもに欠かさず、「蜂蜜浴」をさせてあげましょう(訳注5)。

また、あなたに二人の息子がいて、彼らは仲良く一緒に遊んでいるときよりも、喧嘩をしているときの方が多かったとします。このような場合でも、二人が仲良く一緒に遊んでいる、数少ない機会に気付いたら、それを逃さず、「二人が、とても仲良く一緒に遊んでいるから、アイスクリームを食べに連れていってあげようと思うのだけれど」と声をかけ、特別なご褒美を与えてあげるとよいでしょう。

中には、あまり頻繁に子どもを褒めると、その価値がなくなるので、褒めすぎないようにといったことを親に警告する専門家もいますが、私は、そんな心配はいらないと思っています（先ほどの、エクササイズで作成したノートを見れば、子どもを褒める機会というのはそうそうあるものでないことがわかるでしょう！）。

ここで二つ目のエクササイズをしてみましょう。これから二十四時間、あなたが、子どもに対して、感謝を伝えたり、抱きしめたり、話を熱心に聞いてあげたりしたら（これらは社会的報酬にあたります）、それを記録するのです。家族の名前を書き出しておいて、あなたが社会的報酬を与えるたびに、与えた相手の名前の横に印をつけていきます。二十四時間後、その記録を見直してみると、実際、誰に対してどのような強化をしているかがある程度わかるでしょう。多くの場合、子どもに滅多に報酬を与えていないこと、あるいは、同じ子どもばかり褒めていることに気付き、驚きます。このような状況も変えられます。その最初のステップがまさに気付くことなのです。

良い行動をしたら報酬を与えるという考えは、子どもを買収しているようで、好ましく思わない親もいます。子どもを買収しなければならないとしたら、親はその子を実際には管理できていないということではないのか？　当然やらなくてはならないことをしただけなのに報酬を与えたら、子どもは何かに取り組む前に、毎回、見返りを求めるようになるのではないか？　そのように考えるからでしょう。

「報酬」というのは、良い仕事を成し遂げた後に与えられるボーナスのことを言います。それに対して、親が何かをさせるために、子どもに事前に与えるものが「買収」です。このように両者に

（訳注４）人を説得するには、厳しい態度で迫るより、柔らかい態度で臨んだ方が有効だ、という意味。
（訳注５）望ましい行動が起きたときには必ず報酬を与えることが大切だ、という意味。

は明確な違いがあります。たとえば、「もし今週一週間、あなたが毎日良い成績を持って帰ってきたら、土曜日に遊園地へ連れていってあげるわ」といった提案は報酬であり、たまにそのように言ったとしても、それがさほど大きな問題を引き起こすとは思えません。しかし、買収となると、権力バランスが親から子どもへ移行してしまう危険性をはらんでいます。つまり、親に言われたことを子どもがやり、そのことを親が評価して与える報酬と違って、買収は、子どもがそれと引き換えならやってもいいと思った場合に限り、親の言うことを聞くという構造を作り出す可能性があるからです。

「まず行動、それから報酬」：理論的には、報酬とは協力して何かをやった際、当然の結果として得られるものを言います。たとえば、子どもが、口ごたえしたり、ぐずぐずしたりせずに、面倒な雑用をさっさと片付けてしまえば、遊びの時間が増える、というように。

「急いでパジャマに着替えたら、電気を消す前にご本を読んであげる時間が増えるわよ」

「宿題が終わった後、遊びに出かけてもいいわよ」［注意：「～したら」と条件を提示するより、「～した後」と優先順位を意識して伝えた方がうまくいきます］

「自分の部屋を片付けてくれたのね、ありがとう。これでスナネズミのケージを置くスペースができたわね。夕食の後、ペットショップへ行って、つがいのスナネズミを選びましょう」

子どもが好きなことをやり続ける中で得られる最も嬉しい報酬というのは、活躍できる場が自然と広がることです。たとえば、サッカーを一生懸命頑張る子どもであれば、技術が向上し、試合に出られる時間が増えたり、コーチやチームメイトから認められたりすることが報酬になります。子どもにとって自分が有能だと感じられることは最も嬉しいことのひとつでしょう。

親に頼まれたことをやったときであれば、子どもにとって最も嬉しい報酬は、親に評価されるということです。

「お皿洗いを手伝ってくれてありがとう、いい子ね。あなたがとっても協力的なのですごく助かるわ」

「頼んだことを文句も言わずにやってくれて、お母さんはすごく嬉しいわ。本当にありがとう」

親に褒められるということは、子どもにとって、「自分が有能だ」と感じられることと同様、最も嬉しいことのひとつなのです。

罰

罰には、それなりの効果があります。しかし代償も伴います。家族の中で、他者の良いところを積極的に褒める人物ほど、他のメンバーから好意的な扱いを受け、また家族を非難する人物ほど、他のメンバーから不快な扱いを受けるということが研究でも明らかにされています[28]。つまり、罰を与えて厳しく対応すれば、それ相応のものが自分に返ってくるということです。

それゆえ、腹立たしい行動に対しては、可能ならば、無視するというのが一番です。コツコツと指でテーブルを叩いたり、ゲップをしたり、調子はずれの口笛を吹いたり、だらしないことをしたり、憎まれ口をたたいたりといった些細な子どもの行動は、無視していれば、いずれはやむと考え、大きな反応をしないようにしましょう。このように、反応しないのが最善の反応とは言いつつも、次のような行動を無視することは困難です。

望ましい行動を捉えて褒めるという、「正の強化」を既に実践していたとしても、次のことを忘れずにいてください。家庭内で親の優位性を揺るぎないものにするには、子どもとの間で楽しい雰囲気を作るように、親が率先して働きかけることが重要です。

1．子どもにとって危険な行動
2．破壊的な行動
3．ものすごく親の神経を逆撫でするような行動

最初のうちは我慢していた親も、限界を超えると、しばしば、叱りつけたり、怒鳴ったり、ひっ

ぱたいたりして罰を与えてしまいます。これらの罰によって、その瞬間、子どもは静かになるので、一時的には効果があると言えますが、残念なことに、自制心を失った親に怒られても、子どもは自分がいったい何について叱られたのかがわかりません。子どもの心に残るものは怒鳴られた悔しさと悲しさだけです。

効果的な罰もないわけではありませんが、残念ながら、多くの親は、そうした罰をうまく活用していません。それどころか、カッとして、悪いタイミングで、不適切な罰を用いてしまうことが少なくないのです。

＊　＊　＊

マージ・ウィルソンは、二十分ほど前から、隣の部屋が徐々に騒がしくなっているのを気にしながらも、二人の娘のために台所で夕食の準備をしていました。と、そのとき、「エイミーが、私のバービーを盗んだの！」と言って、三歳になる下の娘、ロビンが台所に駆け込んできました。隣の部屋からは、「ロビンのバービーならソファの後ろにあるわよ、馬鹿ね！」と叫んでいるエイミーの声が聞こえます。ウィルソン夫人は、「ママは忙しいの。ロビン、お願いだからお台所に来ないでちょうだい。エイミーと二人で仲良く遊べないのなら、離れていなさい。それからエイミーも、妹にちょっかいださないのよ」と娘たちに言いました。

それから二分ほどして、隣の部屋からドスンと大きな音が聞こえ、ロビンが泣き始めました。

ウィルソン夫人は急いで隣の部屋へ向かい、「私がしたんじゃないわ！　ロビンが勝手に椅子から落ちたのよ！」と訴えるエイミーを押しのけて、ロビンのもとに駆け寄りました。ロビンは、どこも怪我をしていませんでした。どうやら、落ちてびっくりしただけのようです。しかし、今や、娘たちは二人とも大泣きです。ウィルソン夫人は「お願いだから静かにして！」と娘たちを怒鳴っていました。

＊＊＊

ウィルソン夫人は、もう少し早めに何とかするべきでした。ここまで大変な状況になる前に対処していれば、自制心を失って怒鳴ることもなかったはずです。たとえば、二人のうちのどちらかを、二階へ行かせるとか、台所へ連れてきて母親の手伝いをさせるとかすれば、子どもたちが小競り合いをエスカレートさせることもなかったでしょう。姉のエイミーが妹をからかい、子どもたち二人では収拾がつきそうにないと感じた時点で、軽い罰を与えてもよかったかもしれません。

罰を用いるときには、親は冷静である必要があります。罰を与えるということは、相手を理解するというより、戒めることに重きが置かれ、応答的傾聴の考え方と相反するように感じられるかもしれません。しかし、効果的な罰を用いれば、言い争ったり、うるさく小言を言ったり、お説教をしたりしないですみます。その点では応答的傾聴と共通していると言えるでしょう。効果的な罰が子どもに伝えるメッセージというのは、「あなたは悪いことをしたのよ、あなたは本当にダメな子よ」ではなく、「残念だけれど、これがあなたのとった行動に対する結果なの」ということなのです。罰を与えることはあまり愉快なことではありませんが、腹が立つ前に、首尾一貫した態度で罰を与えるようにすることが大切です。同時に、望ましい行動も強化しなくてはなりません。たとえば、先ほどのウィルソン夫人の場合、仲良く二人の娘が遊んでいるのを見かけたら、その都度、「まぁ、仲良く遊んでいて、本当にお利口ね。二人が、とっても静かに遊んでいるから、お母さんは、あなたたちがそこにいることに気付かないほどだったわ。今は何をしているの？」などと、声をかけてあげることも必要です。

行動パターンは、急には変わりません。辛抱強く、首尾一貫した態度で対応してください。

最も効果があるとされる罰のひとつに**タイムアウト法**があります。小さい子どもにも、学童期の子どもにも効果があります。「タイムアウト」とは、子どもがやり続けたいと思うことや、社会的な刺激がある場所から一定時間離れることを意味し、もちろん口ごたえもさせません。何もできない状態で、五分間、子どもを椅子に座らせたり、浴室や子ども部屋の隅に立たせたりして、短時間隔離（＝タイムアウト）させるのです。

「テーブルをドンドン叩くのをやめなさいって言ったのに、やめなかったわね。あなたにはタイムアウトが必要だと思うわ。こっちに来て、私が終わりと言うまで、椅子に座っていなさい。もういい、という時間になったら教えてあげるわ」

タイムアウトさせる時間は五分ぐらいでよいでしょう。中には、「○分間」というように、子どもにタイムアウトする時間をあらかじめ伝えた方がいいと考える人もいますが、伝えない方が、親が状況を管理することができ、次のような無駄な言い争いをせずにすみます。

「ママ、五分経ったよ。もう終わってもいい？」
「ダメよ、まだ四分と五十八秒よ。ママがいいって言ったら、終わってもいいわ」
「ママ〜、五分って言ったじゃない！」

子どもをしつけるために、叱るとか説教するという方法は、大体において、あまり効果がありません。そうした言い争いを避けるという意味でも、タイムアウトは有効です。タイムアウトして五分ほど経ったら、シンプルに「さあ、時間よ」とだけ子どもに伝えるようにしてください（「こっちに来て、遊んでもいいわよ」など余計なことは言わないようにしましょう）。

最初のうち、子どもはタイムアウトを嫌がるかもしれません。そのときは、力ずくでも実行してください。子どもが蹴ったり、わめき散らしたりしても、子ども部屋か浴室まで連れていき、中に入れて、ドアを閉めてしまうのです。ドアのそばに立ち、その五分間が終わるまで、親が扉の取っ手を握っていなくてはならない状況もあるかもしれません。とにかく、親が毅然とした態度をとり続ければ、タイムアウトにいくら抵抗しても無駄だということを子どもは次第に学びます。

タイムアウト法にせよ、その他の罰にせよ、次の二つのことを心に留めておいてください。まず、罰を与えるよりは、望ましい行いを褒める（正の強化をする）方が、子どもの行動を正していくには有効であるということ。もうひとつは、親自身が気乗りしない方法を用いて子どもを罰するよりは、肯定的な方法で良い行動を引き出していった方がうまくいくことが多いということです。それらをふまえても、罰を用いた方が望ましいと思われる場合には、慎重に、冷静に、そして、できる限り速やかに、その場で罰を与えるようにしてください（学童期の子どもに対して、小言の次に、効果がないとされる罰は外出禁止です。罰を与えられる原因となった出来事から、実際に罰を受けるまでの間が長すぎて、叱られた原因が不明瞭になるからです）。

罰を与えると決めたからといって、コミュニケーションの余地がないということではありません。子どもを理解する必要がないということでもありません。なぜ罰を与えるのかを子どもに説明し、必ず、子どもの言い分にも耳を傾けるようにしてください。そんなことをしたら、子どもに言いくるめられるとか、親としてダメなことを教えるのを諦めなくてはならないと思う人もいるかもしれません。しかし、相手の気持ちに共感的になると、むしろルールの実施はより容易になるものです。

子どもが望ましくない行動をするのは、それなりに理由があります。子どもがなぜそのような行動をとるのかを理解できれば、子どもを望ましい方向へ導くにはどうしたらよいのか、また、場合によっては、これは親がどうこうできることではない、ということがわかります。まず、子どもを傍《かたわ》らに座らせ、深呼吸をしてください。そして子どもの話に耳を傾けてください。その出来事があったとき、いったい何が起こっていたのか、何が原因だったのか、その後どのようなことが起きたのか、そしてそれらについて、子どもがどのように感じているのかを聞くのです。

一言、忠告があります。子どもの話を聞こうと思ったら、なぜ、親が好まないようなことを子どもがしたのか、それについて子どもはどのような気持ちでいるのか、それらを親は心から理解したいと思っていることを、子どもにわからせなくてはならないということです。望ましくない行いをしたとき、子どもは親から厳しく叱られることを予想しています。そのため、「どうして」と子どもに尋ねる際には、気を付けなくてはなりません。子どもは、「どうして」という質問は表面的なものだと考え（実際、表面的なことが多いからですが）、「どうしてあなたはそれをしたの？」と聞かれると、大抵、「ダメでしょ！」というメッセージをそこに読み取ってしまうからです。親は本気で子どもの話に関心を持っているはずがないという子どもの思い込みを変えようと思ったら、そのことをそのまま伝えること、そして、「どうして」という言葉を会話で使わないように工夫することです。たとえば、「あなたはショッピングセンターに行きたいのよね、それは〜だから？」というように。

手本から学ぶ

子どもに何か教えようとするとき、大抵の親は「**親の言う通りにしなさい**」と言って、説明することにエネルギーを注ぎます。しかし、実際のところ、子どもは説明を聞いて学ぶより、モデリング、すなわち自分が目にしたものを観察し、真似をすることで多くを学びます。「ママのやっている通りじゃなくて、ママが言う通りにしなさい」という言葉には何の説得力もありません（言っている本人ができていないということですから）。

数年前、バスケットボールのスター選手であるチャールズ・バークレーは、「俺は手本じゃない」と言って、論争を巻き起こしたことがありました。彼が言いたかったことは、有名人だからといって、その行動が常に模範的であるとは限らない、だから子どもは有名人を手本として崇《あが》めるべきではない、ということでした。しかし、人は、手本とされる人間になろうと思って、なるわけではありません。子どもは影響力の強い、相応のものを得ている大人の行動を真似るのです。子どもの身の回りに、親以上に影響力のある大人というのはほとんど存在しないでしょう。その上、少なくとも子どもから見ると、親は家の中で自分の望むことを何でもやっているように見えます。子どもが親を真似るのは避けられません。そして、残念なことに、相手に言い返すとか、相手の話に耳を傾けないといった傾向は親がモデルになって形成されていることが少なくないのです。

子どもが何か話を始めると、ニーダーマイヤー夫人はいつも詳細を尋ねます。

「ねぇ、ママ、トミーがサッカーチームを追い出されたんだ。それで、僕、先発でリベロとして出場することになったんだよ！」

「どうしてトミーはチームを追い出されてしまったの？」

ニーダーマイヤー夫人のこの類の質問は、多くの場合、自分の関心によって発せられ、必ずしも子どもの興味に寄り添ったものではありませんでした。子どもが言わんとしていることをそのまま受け止めようとせず、自分の興味に従って質問していれば、子どもが最も伝えたかった内容（「僕、先発でリベロとして出場することになったんだよ！」という誇らしい気持ち）から会話はずれていってしまうでしょう。彼女は、実際、議論をふっかけているわけではありませんが、子どもの言葉に本当に耳を傾けているというわけでもありません。こうした親とのやりとりが繰り返されることによって、子どもは親の話を聞こうとしなくなるのです。

親は、自分で認識している以上に、子どもとの言い争いの原因を作り出している

誰も自分のことを口うるさい人間だ、などと思いたくはありません。しかし、実際のところ、多くの人が、自覚している以上に、家庭での言い争いを引き起こす原因となるような言動をしてしまっているものです。私の経験に基づいて作成した以下のテストを通じて、普段、何気なくやって

いることの中に、子どもとの言い争いの一因になっていることがどの程度あるか考えてみましょう。

❖「言い争いを引き起こしがちな親かどうか」チェックリスト

以下の記述は、あなたにどの程度当てはまりますか？「ほとんど当てはまらない」「ときどき当てはまる」「よく当てはまる」の三つの中から一つを選んで番号を書いてください。

1…ほとんど当てはまらない　2…ときどき当てはまる　3…よく当てはまる

□1．子どもと口論になったとき、過去に起きた問題を持ち出さないように気を付けている。
□2．子どもが意地を張っているとき、その頑固さがいけないのだと子どもを非難する。
□3．目の前の問題から話がそれ、子どもが親を批判し始めても、目の前の問題について意見を述べるだけにとどめるよう気を付けている。
□4．あなたの知らない状況について子どもから話を聞くときは、疑ったり、咎《とが》めたりしているように子どもに受け取られないよう、伝えられた内容をそのまま理解するようにしている。

□5. 子どもが非難されていると感じ始めていることがわかったら、その時点で口うるさく言うことをやめるようにしている。
□6. 子どもが何かを主張しているときには、その間違いを指摘したり、反論したりせずに、とりあえず最後まで話を聞くようにしている。
□7. 子どもと言い争いになったとき、親の立場から反論する前に、子どもの考えを積極的に理解するようにしている。
□8. 子どもがやりたいと思っていることに賛成しかねるときでも、そうした願望を持つことの正当性は認めている。
□9. 子どもが話をしているとき、子どもの言い分を理解する前に、自分が気になっている点を問いただす。
□10. 実際のあなたの発言と、子どもの受け取りとの間に食い違いがあるとき、自分は確かにこう言ったはずと言い張るのではなく、自分の記憶違いの可能性も認める。
□11. 一方的にしゃべり続ける傾向があると家族に文句を言われたことがある。
□12. 子どもを非難するときには、あなたの言うことを子どもが受け入れるまで責め続ける。
□13. 子どもと言い争いになったとき、ただ反論のタイミングを待つのではなく、子どもはいったい何を言おうとしているのかを真摯《しんし》に理解しようとしている。
□14. 子どもと言い争いになった後、子どもの考えを理解するためというよりは、自分の考えを説明しようとして、再度、話を蒸し返す傾向がある。

□15．子どもが着ている洋服が気に入らないときは、遠慮会釈なく批判する。

採点：まず、2、9、11、12、14、15番の項目は、選んだ答えの数字をそのまま加え、1、3〜8、10、13の項目は、選んだ答えの数字を逆にして（1は3点、2は2点、3は1点として計算します）加えて、合計得点を出してください。

回答の結果：

● 31点以上…あなたの態度が原因で親子喧嘩が起きている可能性が非常に高いと思われます。

● 21点から30点…あなたの態度は平均的です。

● 20点以下…あなたの態度はそれほど親子喧嘩の原因にはなっていないでしょう。

反抗的な子どもを持つ親は、子どもの行動の多くが親である自分自身の行動を鏡に映したかのようにそっくりであることに大抵は気付いていません。彼らは、自分の行動が他人からどのように見えるかということよりも、子どもの行動にばかり目がいっているからです。言い争いは敵対的なムードから生まれますが、その敵対的なムードは、子どもの言うことに耳を傾けようとせず、問いただすようなことを習慣にし、子どもが何を言っても受け入れないといった親の態度によって作り出されるのです。
親の言うことに従おうとしない子どもと穏やかに話をするのは難しいことかもしれません。しかし、怒った口調で話をしても、雰囲気はますます険悪になるだけです。子どもの気持ちを大切に取り扱えば、それだけ子どもも親の権威というものを尊重してくれるようになるでしょう。一方的に話をするのではなく、子どもとの対話を心がけてください。その際には、自分の態度や声の調子に心を配って、敵対的なムードを作らないようにすることが大切です：

ありのままを話すこと。
叱るときは具体的に。
批判する際は慎重に。
怒鳴らないこと。
小言や説教はいけません。忠告も控えて、話を聞きましょう。

「うちの子は、大きな声を出さないと親の話を聞こうとしません」と話す親がいます。確かに、そういう子どももいるかもしれません。おそらく、親の方も怒鳴るまでは子どもと本気で向かい合っていないのでしょう。しかし、怒鳴られて初めて、親が本気であることが子どもに伝わったとしても、それでは、敵対的な雰囲気を同時に生み出してしまうことになります。穏やかに話し、かつ毅然とした態度をとる方が賢明です。あなたの言葉と、終始一貫した態度こそ親の真剣さを伝えるものなのです。そうすれば、親が本気かどうかわからずに生じる不安や、それに伴う言い争いを避けることができるでしょう。

「親なんて、口うるさく言うか、説教するか、問い詰めるのに忙しくて、子どもの言い分なんか耳に入らないんでしょう」という子どもの文句に、親子で言い争いになる理由が示されているのです。親があなたの言葉にちっとも耳を傾けてくれようとしなかったら、自分の話を聞いてもらうためには言い争うのもやむなしと、あなたも感じるのではないでしょうか。

第八章

ティーンエイジャー
――「あれこれ指図しないで！」

ティーンエイジャーにとって、生活はいたって単純です。ホルモンの刺激で、体がぐんぐん成長し、体型が変わって、最もありそうにない所に毛が生えてくる間、何もせずに見ているだけでいいのです。いや、「何もせずに見ている」は、正確ではありませんでした。高校を卒業すると、これからの人生でなすべきことのおおよその見当がついてきます。恋に落ち、少なくとも一度は、胸が張り裂ける思いをすることでしょう。古い友人との別れ、新しい友人との出会いがあります。そんなことを経験しながら、彼らは幼い子どもから自分がなりたいと思う大人へと成長していくのです。そう言えば、セックスをすれば死に至る病にかかる恐れがあり、汚染された雨のために魚が死ぬということを知るのもこの時期です。

フロイトは、子どもが小学校へ上がる頃から思春期までを**潜伏期**と呼びました。何事もなく過ぎる時期だからということではなく、激しい欲動が潜伏し、比較的、穏やかな安定した日々が続くからです。この年齢になると、子どもは多くのことを自分でするようになり、できるだけ長く友達と一緒に過ごしたがるようになります。一方、親は中年期を迎え、改めて自分の人生について振り返ります。キャリアや結婚生活を見直したり、友人と一緒に過ごす時間を作ったり、お金の心配をしたり、休暇を夢見たり。思春期前の子どもはあまり親を必要としなくなるので、親は自分のために時間を使えるようになります。しかし、これは嵐の前の静けさです。

ほどなくして「思春期」と呼ばれる嵐がやってきます。激動の思春期。そのとき、親は、人懐っこく、かわいかったわが子が、小生意気で無愛想なティーンエイジャーに変わっていくのを、複雑な気持ちで目《ま》の当たりにすることになります。子どもの成長に伴い、言い争いも新たな次元に突入します。幼いときには、子どもがどれほど自己主張しようとも、最終的な判断は親に任されていますが、ティーンエイジャーになると、そうはいきません。

幼い子どもの話を親身に聞いてあげることが、親にとって、それほど大変なことではないのは、最後には彼らが親に従うということがわかっているからです。幼い子どもは親に管理されることを受け入れ、自分がしていいこと、悪いことは、親が決めることだと思っています。だからこそ、彼らは親に自分の話を聞いてもらえるというだけで嬉しいと感じ、最終的に、親にダメと言われても、自分の気持ちを聞いてもらえたことで得られる満足感を失うことはありません。

それに対して、ティーンエイジャーの話を聞くことはたやすいことではありません。なぜなら、親が積極的に子どもの話を聞こうとしても、彼らはそのことだけではありがたいと思わなくなっているからです。彼らは、今や、話を聞いてもらって当然と思っているのです。

＊＊＊

カレンは、帰宅時間をめぐって息子のジョナサンと言い争うことにうんざりしていました。そのため、「平日は九時までに帰ること。決定よ」とだけ伝えると、話を終わらせようとしました。

しかし、ジョナサンは引き下がろうとしません。「そんなのおかしいよ！　どうして母さんは僕がしたいと思うことをいつもぶち壊すわけ?!」

ジョナサンは、今回の門限の件に限らず、自分の考えを公平に扱ってもらいたいために文句を言っていました。彼は母親が一方的すぎると感じていたのです。

しかし、母親は、ジョナサンのそうした物言いは、親に対する敬意を欠いたものと感じ、腹を立て、「親に対して、そんな口のきき方をするのは許さないわ！　一週間、外出禁止よ」と言い渡しました。

ジョナサンは、ドスドスと足を踏み鳴らしながら台所を出ると、自分の部屋に入って、ドアをバタンと閉めました。そして、（なんてひどい母親なんだ！　僕には何の自由もないじゃないか！

僕が言うことなんか、ちっとも聞いてくれやしない！）といつまでもイライラしていました。

それから二日後。ジョナサンは友達のウィルから、新しいオフロードバイクを見に、放課後、家に寄っていかないかと誘われました。母親にそのまま事実を話して許可を求めても、寄り道せずに帰りなさいと言われるだけだと思ったジョナサンは、「ブラスバンドの練習で、放課後、学校に残らなくてはならなくなった」と親には伝えました。

六時半にジョナサンが帰宅すると、母親は居間で彼を待ちかまえていました。その一時間前、ブラスバンドでトランペットを吹いているアイザイアがジョナサンを練習に誘おうと立ち寄ったのです。そして、母親は「息子はバンドの全体練習で遅くなるって言っていたけど、どうしてあなたは出ていないの？」とアイザイアに尋ね、バンドの練習日でないことがばれてしまっていました。母親は、ジョナサンが親に嘘をついたことに対し、猛烈に腹を立て、息子を信頼して放任することも、もはやこれまでとばかりに、「これから二週間、外出禁止よ。それから、テレビを見るのも、電話を使うのも許しませんからね」と宣言しました。

自宅に戻って、最初に母親の顔を見たときには、ジョナサンは嘘をついたことに対する心の痛みを感じていました。しかし、その後の母親の極端な反応に、今では怒りの気持ちしかありません。テレビも電話も禁止され、何もすることがないまま自分の部屋にいるなんて、囚人と変わらないじゃないかと彼は思いました。母親は刑務所の看守のようです。（どうして母さんは、こんなに意地悪なんだろう？　友達の家に行っただけなのに、なんでこんな大ごとにならなくちゃいけないんだ！　同年代の子がしていることの半分も僕はしていないよ。マリファナだって吸わないし、タバコだって吸わない。そうだよ、確かに、母さんに嘘をついたよ、でも、僕が嘘をついたのは、母さんが、不合理なことばかり言うからだよ）ジョナサンは心の中でそう思っていました。

一方、母親のカレンは、今後、ジョナサンの言葉を信じるのをやめようと心に固く決めました。こんなふうに母親に嘘をつく息子は信頼できません。そのため、この一件以来、ジョナサンがどこへ行き、誰と話し、いつ帰ってくるのかを細かくチェックし、監視するようになりました。しかし、残念ながら、カレンが厳しく取り締まれば取り締まるほど、ジョナサンは、ますますこそこそと行動するようになりました。全く望んでもいない息子の看守という役割を強いられ、カレン自身も囚われ人のように感じ始めていました。

従わせようとすればするほど、反抗される

ティーンエイジャーの多くは、自立の過程で、親に反抗的な態度をとる、いわゆる反抗期を経験し、その兆しは、この時期、早々に現れます。

＊　＊　＊

バイロン・ミークスは、娘のアリサが十二歳になって、親としては受け入れがたい口のきき方を

するようになったときのことを思い出していました。その変化に初めて気付いたのは、アリサが赤いヘアクリップを探していたときのことです。彼は娘から、「パパ、居間でクリップを見なかった？」と尋ねられ、見かけなかったので、「いいや。ここにはないんじゃないかな」と答えました。

するとアリサは、「いったいどこにあんのよぉ！」と、まくしたてたのです。

バイロンは二の句が継げませんでした。彼は「あんのよぉ！」という言葉にひっかかったのではなく、その口のきき方に驚いてしまいました。

＊＊＊

思春期になると、子どもは言葉づかいが悪くなり、それに対して、親はつい批判的に反応してしまいます。大抵の親は、この時期、子どもは反抗的になるものだと理解しています。しかし、ある程度、言うことを聞かなくなるのは仕方ないとしても、どの親にも許せることと許せないことがあるものです。

たとえば、娘の不愉快な言葉や態度は大目に見ることができても、派手な化粧をして学校へ行くことは認められないという母親もいるでしょう。また、息子が、学校の先生について、「あいつ、むかつくんだ！」と言うのは聞き流せても、同じ類の言葉を自分に向けられたら無視できないという父親もいるでしょう。

このように、十代のわが子の言動が、親の許容範囲を超えると、親はカッとなって、感情的に反応し、とにもかくにも、厳しく取り締まらなくては、という気持ちになってしまうものです。

「そんなに顔に塗りたくってどうするの？　売春婦みたいじゃない！　二階へ行って、その厚化粧を拭き取ってきなさい。そんな顔で学校に行かせませんからね！」

「おまえ、親に対して、何て言った！　私に対してそんな言葉を使うことは、絶対、許さないからな！」


子どもを教え導こうとして、親はこのような発言をするのだと思いますが、これでは平手で顔を打つのと同じで、教育的とは言えません。

大抵の親は、自分の行動が子どもに及ぼす影響について軽く考えすぎています。思春期の子どもを持つ親は、子どものマナー違反や失礼な態度をいかに取り締まるかということにばかり頭を悩ませ、子どもの言動の多くが、親のそれに反応して生じていることに気付いていません。対人関係における**相互性**というものを見落としているのです。

親は、幼かったかわいいわが子が、思春期の気難しさをまとっていくことばかりに気を取られ、自律性を育みながら成長している子どもを受け入れられずにいる自分の姿は見えていません。思春期の子どもが成長しようとするとき、その勢いというのは本当に手に負えないものなのです。

九歳から十二歳ぐらいになると、子どもはいろいろなことで自己主張を始めます。短いスカート、ダブダブのズボン、タトゥー、R指定映画、ジャンクフード、ゴミ出し、散らかった部屋、宿題、成績……。そういったものがことごとく言い争いの種になります。それらの中でも、親が非常に心配し、口うるさくなる問題は、確実に親子喧嘩に発展します。たとえば、あまり友人のいない母親は、娘に「友達を自宅に招いて一緒に遊んだら?」と口やかましく言いすぎて、あるいは、じゅうぶんな教育を受けてこなかった父親は、息子に「宿題をしなさい」とうるさく言いすぎて、子どもをムッとさせることがあります。そして、親が口うるさくなればなるほど、健康オタクの父親を持つ少年が、親からの自立の証とでもいわんばかりに、ヘビースモーカーになるといったことも起きてくるのです。

このような状況で深刻な問題として考えるべきことは、友人や宿題、健康習慣云々のことではなく、親がこうした方がいい、これが正しいと思っていることほど、子どもが反発してくるということです。それは親子関係にも影響を及ぼします。この時期の子どもは、今の自分や、この先、なりたい自分を問われても、よくわからないものですが、どのような人間に**なりたくない**かということははっきりと感じ取ります。つまり、親と同じにはなりたくない、もはや親の望む「いい子」ではいたくないと思うようになるのです。そして、子どもは親を真似ることをやめ、親に従うことに抵抗を示し始めます。残念なことに、多くの親はそのことに気付かず、これまでと同じように、子どもを支配しようとするため、余計に反抗されるという悪循環に陥っていきます。

ティーンエイジャーは自分のことを親と同じように独立した一人の人間と思いたがっています。

しかし、あらゆる関係がそうであるように、親子関係というものは、独立した個人と個人が単純に一緒にいるということではありません。関係には独自のルールがあり、常に変化していきます。つまり、全体を構成する要素である一人一人は、互いに密接に結びつき、影響を及ぼし合う間柄にあるのです。

そのような関係に最も大きな変化をもたらすもののひとつに**歩み寄り**（accommodation）があります。「歩み寄り」とは、調和のとれた関係に発展するために相手に合わせていくことを言います。親密な関係にある個人同士が、彼‐彼女というハイフンで結ばれた一組のカップルになる過程で、それぞれの個性の一部を失っていくのは、この歩み寄りの働きによります。いわば、しばらく誰かと一緒に歩いていると、知らず知らず相手に歩調を合わせてしまう傾向のようなものです。

この歩み寄りという考えを用いると、血のつながりのない親による養育が難しい理由も説明できます。実の親子には、長年連れ添った夫婦のように、相手の気質や、ものの見方について時間をかけて歩み寄る過程があります。たとえば、子どもは、これ以上親に逆らってはいけないタイミングというものを徐々に身につけ、一方の親も、子どもが常に従順というわけではないということを段々と理解していきます。しかし、新しく親となった継親は、このような歩み寄りの過程を経ていませんん。そのため、様々な食い違いが生じ、うまくいかないことが起きてくるのです。

＊＊＊

アーサーは、先妻を亡くし、娘のキャシーが十二歳のときに再婚しました。アーサーの新しい妻となったエイドリアンは、キャシーの良き母親になろうと一生懸命でした。買い物に連れていったり、宿題の手伝いをしたりして、それまで父親のアーサーがやっていた以上に、エイドリアンは、キャシーの日常に関心を寄せていました。しかし、そうしていくうちに、「アーサーは子どもを甘やかしすぎる」「キャシーにはもっとしつけが必要だ」と批判するようにもなっていきました。

父親のアーサーはというと、後妻のエイドリアンは少々偉そうに口出ししすぎだと感じていました。また、キャシーが問題に直面すると、彼女はすぐに手を差し伸べてしまう傾向があり、それでは、娘が自分で物事を解決するようにならないとも思っていました。しかし、そんなことをエイドリアンに少しでも意見しようものなら、いつも大喧嘩になるだけでした。「僕たちは、もう少し、キャシーのことを放っておくべきだと思う」というようなことを言うと、エイドリアンは、激怒して、長々と反論を始めるのです。そんなふうだったので、アーサーはエイドリアンと、娘のことは話さなくなり、ますます傍観するようになっていきました。エイドリアンは、(娘のことを私に押しつけて、アーサーのすることといったら、私を批判するだけじゃない) と感じていましたが、アーサーは決して彼女にあきれて黙っていたわけではないのです。

そんなアーサーから相談の申し込みがあった際、私は彼に、「奥さんと娘さんも一緒に連れてきてください」と伝えました。しかし、アーサーは妻のエイドリアンに「キャシーは、あなたの娘なのよ。アーサー、あなたが行けばいいでしょう」と言われ、一人で現れました。

現状について、アーサーから話を聞いたあと、私は、人間が三人いれば、大抵、二対一に分かれ、二人は親密に、残りの一人は孤立するという三者関係の陥りがちな問題を彼に説明しました。そして、そのような葛藤的な関係に陥らないようにするための最善の方法は、妻と娘、それぞれと単独で話をすることだと助言したのです。彼が、個別に二人と親密な関係を築ければ、妻も娘もお互いに今ほど気をとられることはなくなるでしょう。話し合いの際、言い争いにならないよう、彼に応答的傾聴の用い方も説明し、「まずは、この作戦で二週間やってみましょう。次の面接には、奥さんと娘さんも連れてきてください」と伝えました。

その次のセッションでも、エイドリアンは夫に同行することを拒否しましたが、アーサーは、応答的傾聴を用いて、いかに関係改善を図ろうとしたかを日記に丁寧に記していました。

彼は、まず、妻のエイドリアンと話をすることから始めました。彼女の立場に共感しようと努めながら、「ねえ、エイドリアン、ずっと考えていたんだけど、僕たちは、キャシーのことで言い争ってばかりだよね。僕は、君の考えをもっと理解する努力をしなくてはならないと思う。君は、親である僕たちがキャシーに対してもう少し厳しく対応すべきだと考えているんだよね？」

「キャシーはだらしないし、成績はひどいし、お手伝いだって**全然しようとしないのよ**。でも、あなたはそんなことはいちいち言うなと思っているでしょう！　あなたは、いつも私ではなく、あの子の味方なのよ」

アーサーは、エイドリアンのなにかと言いがかりをつけてくるようなところが嫌いでした。しかし、私から応答的傾聴を行うように言われたことを思い出し、妻の気持ちに共感しようとして、「悪かった。キャシーの反抗的な態度の矛先《ほこさき》は君にばかり向かってしまっていたんだね」とエイドリアンに言いました。

「ええ、そうよ。そう思うでしょう?」彼女は答えました。

相手が自分に対して怒っているようなとき、相手の話に真剣に耳を傾ければ、怒りが収まり、「あら、そこまで理解してくれてありがとう」とばかりに、こちらの姿勢に感謝してくれるものと考えがちですが、相手の話を適切に聞けているときほど、最初のうち、相手はますます怒りをぶつけてくるようになります。それに反応して、怒ってはいけません。それまで抑え込んでいた怒りや苦しみを言葉にして表す、いわゆるカタルシスは、あなたが相手の話をうまく聞けていることを示すサインだからです。

「君は、自分ばかりキャシーのことに一生懸命になって、僕のすることといったら君を非難するだけのように感じているんだよね」アーサーは言いました。

「そうよ。あの子が汚した物をきれいにしているのは誰だと思う? 宿題をみてやっているのは誰? 遅刻をしたとき、あの子を学校まで連れていくのは誰だっていうのよ? こういったことをあなたは何一つしてないじゃない!」

「そうだね、僕ももっと関わるべきだった。それに、君がキャシーのことで一生懸命やってくれていることに、僕がどれほど感謝しているか、そのことをきちんと君に伝えなきゃいけなかったんだ」

ここまでくると、エイドリアンの様子も和らぎ、いつもの攻撃的な物言いは鳴りをひそめ、自分がどれほど日々つまらなく感じているのか、キャシーのことをどんなに心配しているのか、そして、どれほど孤独に感じているのか、ということを話し始めました。キャシーへの批判から一転、苦しい胸のうちをエイドリアンが語り始めたのです。こうなると、アーサーも彼女の気持ちに共感することは容易でした。

一方、娘のキャシーとの対話では、容易にできることと難しいことがありました。エイドリアンがあまりにも口うるさい、とキャシーが感じている点に共感することは容易でしたが、キャシーの肩を持たないようにするのは難しいことでした。「エイドリアンたら、**いつも**私のあら探しばっかりするのよ！」と言うキャシーに、アーサーは、つい、同意したくなったからです。しかし、そうするのは間違いだともわかっていました。

「それはおまえにとったら、きついだろうね、キャシー」

「なぜ、私のことを、何もかも**あの人**が決めるの？　お父さんは、どうして、いつも**あの人**の味方をするの？」キャシーは、継母であるエイドリアンが、父との間に割り込んでくることに腹を立てていました。しかし、キャシーが何よりつらかったのは、再婚によって、大好きな父親に捨てられたように感じたことでした。

ティーンエイジャーが不公平だと訴えることにじっと耳を傾けるというのは、親にとって、生易しいことではありません。アーサーも、以前は、キャシーが不平を言い始めた途端、父親の立場を守ろうと必死になっていました。しかし、今の彼はそうではありません。じっと耳を傾け、そして、「すまなかったね、キャシー。確かに、私たちはあまり話をしなくなったね」とそっと伝えました。

「どうして私はいつも**あの人**の話を聞かなくちゃいけないの？　以前のお父さんはすごく優しかったわ。でも、今じゃ、私は、四六時中、あの人に命令されるばっかり。お父さんは、ちっとも気にかけてくれないじゃない」そう言いながら、キャシーは目に涙をためていました。

今や、共感的な「ふり」をする必要などありません。アーサーにはキャシーの気持ちが痛いほど伝わってきました。「キャシー、以前のような関係に戻りたいかい？」とアーサーが尋ねると、「ううん、そんなことないわ」とキャシーは答えました。「でも、お父さんと、もっと話ができたらいいのになって思うわ」

口うるさい妻や反抗的な娘に対して、以前のアーサーは、対決するか、距離を置いて関わらないか、という選択肢しか思い浮かべることができませんでした。しかし、今では、応答的傾聴を行うことによって、言い争うことなく、愛すべき妻や娘の心に近づくことができるということを実感しつつありました。とはいえ、相手の意見に賛成も反対もせずに、その人の気持ちを理解するということを常に心に留めておくのは、彼にとって容易なことではありませんでした。再婚家庭をうまく切り盛りできれば、大抵のことはうまくやりこなすことができるということもまた、アーサーが学んだことのひとつです。時間をかけなくてはなりません。

＊＊＊

歩み寄り（accommodation）に失敗すると、関係性のもうひとつの大きなダイナミクスに呑み込まれてしまいます。それが**二極化**（polarization）です。「二極化」では些細な違いが互いに拡大してしまいます。

意図的に二極化を起こす場合もありますが、歩み寄りと同様、その多くは、気付かぬうちに生じます。たとえば、夫が父親としてわが子に厳しすぎると思う妻は、自分は子どもに対して甘くなるとか、また、ブランド好きの母とはできるだけ異なるスタイルを目指すティーンエイジャーは、中古衣料品店でばかり洋服を買う、といった例は、いずれも意図的に二極化を起こしている面があるかもしれません。しかし、ティーンエイジャーを支配しようとする親と、それに反抗する子どもの対立は、気付いたらそうなっていたという場合が少なくありません。

＊＊＊

「もういい加減、この年なんだから、ベタベタとハグしないで」と息子のスコットが言い始めた頃から、母親の関心の多くは、妹のキンバリーに向けられるようになりました。スコットは、甘え上手のキンバリーを妬《ねた》ましく感じることもありましたが、小さな妹が母親にぴったり寄り添っているのを見ると、大きくなった自分が母親に甘えたいと思うなんて恥ずかしいとも感じていました。このような複雑な気持ちについて、母親もスコットもあまり深く考えることなく、スコットは、「もうベタベタとハグしないで」と独立宣言し、母親の方はキンバリーに愛情を注ぐようになりました。それを見て、スコットは、ますます甘えの気持ちを見下し、男らしいと自分が考えるような態度をとるようになっていきました。

さらに、スコットは、母親の抱擁《ほうよう》を拒むのと同じように、母親の言うこと全てを拒絶するようになりました。そうなると、何もかもが言い争いです。たとえば、母親が、「ラップミュージックって、気品や優雅さに欠けていると思うわ」と言えば、スコットは、「あの詩と情熱がすばらしいんだよ！」と主張し、母親が、「サッカーって面白そうね」と言うと、スコットは、「あんなのは、アメフトができない弱虫のためのお遊びだ！」と反論しました。こうした意見の対立も、じゅうぶん不愉快ですが、友人のこと、時間の使い方といった、スコット自身の問題に関して母親が意見を述べたときの言い争いはやっかいでした。他人にとやかく言われることではないと思っていることに、母親が条件をつけたり、反対したりすれば、スコットはますます頑《かたく》なに反抗してきたからです。

母親はスコットとの争いにうんざりしていましたが、かといって、手綱《たづな》を緩めることもできません。スコットはまだまだ未熟で、思春期の様々な誘惑に対して適切な判断ができない、と思っていたからです。しかし、母親が押さえ込もうとすればするほど、スコットは、危うい思春期の渦の中へ巻き込まれていきました。

＊　＊　＊

二極化とは、正反対の意見を持つ両者が、互いを刺激し合う微妙な関係です。自立しようとするティーンエイジャーを押さえ込んで管理しようとする親にとっては、二極化は解決の難しい問題とも言えるでしょう。

ところで、ティーンエイジャーが誤った判断をするのではないかと心配するあまり、つい口出ししてしまう親がいますが、そのような親は適切な判断ができるようになるためには練習が必要だ、という肝心な点を見落としています。自分で下すべき判断を他人任せ（いかにその相手が賢い人間であろうと）にするような大人になって欲しいと、わが子に対して願う親などいないでしょう。ティーンエイジャーは、親からするように言われた内容に対して反抗しているわけではありません。**自分がすべきことをいちいち親から指示されるという関係性**を拒否しているのです。つまり、思春期の反抗とは、親を嫌だと言っているわけではなく、親に依存することを拒否しているのだ、という点を理解しておくことが重要です。このように子どもが自律性を必死に獲得しようとしているにもかかわらず、親が管理を強めれば、子どもが抵抗するのも当然です。

この管理しようとすればするほど反抗されるという悪循環は、二極化のひとつの表れです。そこでは、双方が、相手の主張に反応し、相手の立場と反対の意見をより強硬に主張するという繰り返しが起きていますが、それは、自動的で、ある意味、無意識のプロセスとも言え、感情的な反応によって引き起こされます。ティーンエイジャーは親に制限され、管理されることに抵抗を示し、一方の親も反抗的な子どもの言いなりになるまいと必死になれば、両者が互いの言動に対しワンパターンの反応を繰り返し、溝を深めていくのも仕方がありません。いったん二極化のパターンに陥ると、このように、親によってあるいは子どもによって、さらに二極化が進んでいってしまいます。

親が、子どもを言う通りにさせようとすればするほど、子どもは反抗的になり、子どもが反抗的になればなるほど、親は、より一層、管理を強化してしまいます。これでは悪循環です。

ティーンエイジャーを反抗的だと考える親は、自律性を獲得するための努力を頑固さと取り違えています。ティーンエイジャーの多くは、意志が強く、なかなか折れませんが、敵対的なわけではありません。彼らは、親に反抗するために必死になっているのではなく、自分で自分のことを決めるための権利を獲得しようと一生懸命なのです。つまり、彼らがどれだけ必死に抵抗するか、彼らの態度がどれほど過激になるかは、親がどれほど厳しく彼らを管理しようとし続けるかによると言えます。

たとえば、親が厳しくて、学校に行くための服装を自分で選ばせてもらえない少女は、自宅を出てから、仰々しいゴシック調のお化粧を自らに施し、自立心を表現しようとするかもしれません。それで不十分と思えば、わざと遅く帰宅したり、母親と怒鳴り合ったりして、さらにその闘いをエスカレートさせていくこともあるでしょう。タバコを吸ったり、万引きをしたり、薬物に手を出したりして、親に大胆に反抗する道を選ぶ可能性もあります。子どもは、自由を謳歌しようとして、無鉄砲に新しい体験や危険な人間関係に飛び込んでしまうのです。当然ながら、彼らには、まだ、しっかりとした自分というものがあるわけではありません。そのため、親が管理しようとすればするほど、皮肉なことに、親の望まない方向へ進んでしまうというわけです。

融通の利かない規範を押しつけ、親の決定権ばかり主張し、子どもの考えを聞こうともせず、ただ命令するといったやり方は、ティーンエイジャーに対しては、ご法度です。

思春期の子どもを持つ親への第一の戒め：威圧的な言動で押さえつけ、子どもの反抗心を刺激しないこと。

だんまりを決め込む

エレン・バーマンが、居間へ入っていくと、息子のフレディがソファに寝そべって、テレビドラマ『フレンズ』の再放送を見ていました。そこで、「フレディ、明日は、リサイクル品のゴミ捨て日よ。朝、学校に行く前に、ゴミ箱を出しておいてね」と声をかけました。

「ああ、うん」フレディは言いました。

しかし、翌日の午後、エレンが仕事から帰宅してみると、フレディはリサイクルゴミを出していませんでした。エレンは、空きビンや新聞紙でいっぱいのガレージを目にするのが不快だからということに加え、フレディが自分との約束をまたもや破ったことに腹を立てていました。

＊　＊　＊

お気付きかと思いますが、エレンはゴミ出しに関し、息子の同意をはっきりと取りつけてはいません。ゴミを捨てるようにエレンが頼んだとき、息子は、早く解放してくれと言わんばかりに、「ああ、うん」と、うるさそうに口の中でボソボソと返事しただけです。彼は、リサイクル品を外に出さないとは言っていませんが、だからといって、すると約束をしたわけでもありませんでした。

親に対して滅多に口ごたえをしないけれど、だからといって、常に親に従順というわけではない子どもというのがいます。彼らが親と言い争いをしないのは、単に、もめるのが面倒だからでしょう。彼らの「ああ、うん」は、「うん、わかった、僕、それをやるよ」という意味ではなく、「うん、ちゃんと聞こえたから、もう、あっち行って」という意味なのです。

女子よりも、男子の方がこのような戦術を常套《じょうとう》手段として用います。十代の男子というのは、口喧嘩があまり得意ではなく、できる限りそれを避けようとする傾向にあるからです。彼らは、口論になると、頭に血が上ってしまうのでしょう。ある調査研究では、男性は、年齢に関係なく、女性よりも生理学的に興奮しやすく、言い争いが不得意であると報告されています(29)。

子どもが親の指示に従おうとしなかったり、話し合いを避けようとしたりする場合、それは無言で抵抗しているとも考えられます。そんなとき、問題を突きつけても、彼らは言い争いが面倒なため、「忘れていた」とか「後でしようと思っていた」といった答えしか返さないでしょう。

> 「だんまり」は、ティーンエイジャーの秘密兵器です。

自分の部屋を全く掃除しようとしない十代の少年は、本当は、掃除をしなさいと言われることに納得していないのかもしれません（なんといっても、それは彼の部屋なのですから）。親の言いつけを無視する子どもの言い分にたとえ賛成できなかったとしても、そうした考えを持つことそのものを認めてあげた方が、子どもも親の言いつけに従おうという気持ちになる可能性があります。

子どもに（いや、子どもに限ったことではありませんが）何を頼んでもやろうとしないとき、その子はそれをやりたくないのだと考えてまず間違いありません。それほどまでに、やりたくないのでしょう。しかし、だんまりを決め込まれると、その子が言われたことをやろうとしないのは、実際にやる必要などないと思っているからなのか、それとも、自分がやらなくても誰かがやるだろうと思っているからなのか、取り組まない理由がはっきりしません。それを明らかにするには、尋ねてみることです。

＊　＊　＊

「お母さんは、いつも、あなたに、自分の部屋をきれいにしなさいって言い続けていなくてはいけない感じね。お母さんに命令されて、ベッドをきれいしたり、洋服をしまったりすることに抵抗があるの？」

「**もー、母さん、**やるって、僕、言ったでしょ。とにかく、この番組だけ見せてよ！」

このように、ティーンエイジャーに、なぜ親がしなさいと言ったことをしないのか、その理由を尋ねるのは、意外に難しいものです。「どうして約束したのに自分の部屋を掃除していないの？」「頼んでいるのに、いつもゴミを外に出してくれないのはなぜ？」などと親が尋ねると、ティーンエイジャーは、親は本当にその理由が知りたいわけではなく、怒りを伝えてきているだけだと受け取る可能性があるからです。実際、親は、そのような批判をこめたメッセージを送ってしまうことが多いものです。

子どもが特に何か文句を言うわけでもなく、かといって、親がして欲しいと思っていることをやらないのはなぜなのか、その理由を本当に明らかにしたいのであれば、子どもの気持ちに親が心から関心を持っているということをわからせなくてはなりません。「○○をやらないのは、それをすることに納得がいかないところがあるからじゃない？」と尋ねてみるのも良い方法です。そして、辛抱強く、答えが返ってくるのを待ってくださ い。親が積極的に話を聞く気持ちでいることを子どもに実感し

子どもが何も言わないのは、基本的に、親が自分の考えを受け入れてくれると思っていないからです。

てもらうには、しばしば時間がかかります。

「違うの、お母さんはなにも、今、あなたにそれをやりなさいと言っているんじゃないの。あなたの部屋を掃除するかしないかについて、お母さんが指示することをあなたがどう思っているかを本当に知りたいの」

「そうなんだ、母さんが本当に知りたいなら言うけど、ベッドをきれいにしろって言われる意味がわからないよ。だって、あそこは僕の部屋だよ、そうでしょう?」

これまでだんまりを決め込んでいた子どもが、どうして親の言うことに従わないのかという理由を話し始めたら、親の次なる対応として二通り考えられます。ひとつは、子どもの気持ちに理解を示しつつも、それでも、親の言う通りにして欲しいということを改めて伝えるという対応、もうひとつは、子どもに歩み寄るという対応です。どちらをとるかは親の考え方次第でしょう。ただし、最終的にどのように対応をするにしても、じっくり考える時間をとるようにしてください。

「わかったわ、たぶん、あなたはそこにひっかかっているのね。お母さんに、少し考えさせてくれないかしら。明日、また、この件について、あなたに話をするわね」

＊　＊　＊

ビジネスの場でも、応答的傾聴は、相手を説得するための強力な手立てになります。誰かに何かを売り込みたいとき、あるいはこちらのやり方で相手に何かをやってもらいたいとき、とりあえず、まず相手に買いたくない理由、やりたくない理由を語ってもらう、というのが最も効果的な戦略です。自分の言い分がしっかりと受け止められると、人は、つい、相手の言い分にも耳を傾けてしまうものだからです。他人を説き伏せようと思ったら、まず相手の言い分を聞く、それこそが最も効果的な方法です。

また、親の言いつけから逃れようとする子どもに、受動攻撃的行動（訳注1）をとらせないようにするためにも、このやり方は有効です。とは言うものの、大抵の親は、敵の裏をかくための作戦を練るかのようなつもりはなく、子どもに、将来、自分のしたいことを主張し、相手を説得できるような大人になってもらうために応答的傾聴を活用しようと思っているものでしょう。

次のような場面を想像してみてください。あなたは、子どもがボソボソと「わかった」と言うだけでは怪しいと考え、言いつけに従うという、はっきりとした返事を取りつけました。にもかかわ

（訳注1）嫌なこと、やりたくないことに対して、「嫌だ」「やりたくない」と直接表現する代わりに、わざとゆっくりやったり、忘れたふりをしたりして反抗すること。

らず、子どもはその雑用に取り組もうとしません。このとき、これは、一体どういうことなのだろうという疑問でいっぱいになるとしたら、人がやると言ったことをやらないのには理由がある、という考えをあなたは本当には理解していないのかもしれません。やらない理由を聞き出し、それに丁寧に耳を傾け、認めない限り、相手はやる気になどならないのです。

ところで、ティーンエイジャーが、親からやるように言われたことになかなか取り組まないのには、もっと重要な別の理由があります。それは、もはや彼らは言われるままに親に従うつもりがないということです。そのため、彼らに確実に実行させるには、「**交渉**」、つまり話し合いによって合意を目指すということが最も効果的な方法になってきます。

相手が「ああ、うん」と言っただけでは、承諾したとは言えません。相手が、あなたの言う通りにすることに、本当に同意したとき、承諾したと言えます。その違いを見分けるには、相手に尋ねるのが一番です。

交渉による合意

応答的傾聴を幼い子どもに用いる場合の主な目的は、自分の感情を表現させることにあります。というのも、学童期までの子どもは、親に管理されることを当然と思っているので、その先の最終決定は親がすればよいからです。しかし、思春期になると、その目的は、ルールなどを決めるプロセスに参加してもらうことに移っていきます。

門限、家での規則、服装、髪型、デートに関する問題は、頭ごなしに親が命令するよりも、子どもと話し合いながら決めていった方が、あまり衝突することもなく、解決していけるでしょう。また、その方が、彼らもルールに従おうと思う気持ちが強くなります。交渉による合意こそが、本当の合意と言えます。

親とティーンエイジャーとの間で繰り広げられる言い争いは、多くの場合、その背後に次のようなテーマが隠されています。それは、お互いが関わることに関して決めるのは誰か、ということです。というのも、もはや、ティーンエイジャーは、親が全てを決め、その決定に従うのが当たり前だとは考えなくなっているからです。ここで、誰が誰を支配するのかといった主導権争いをするよりは、物事の決定過程に思春期の子どもを参加させ、そこで彼らのエネルギーを使わせる方がより生産的だと言えるでしょう。

話し合いながらルールを決めていく、つまり交渉の原則は単純です。双方が、それぞれの立場を述べ、その上で折衷案を作り上げていけばいいのです。しかし、残念なことに、この過程で、しばしば言い争いが生じます。建設的な話し合いを言い争いにしてしまう最悪の原因は、相手の意見を認めないことによ

思春期になると、子どもは自らが関与できないままに下された決定には従わなくなります。自分の思いを述べる機会が与えられていないため、彼らは無言で抗議したり、わざと決定を無視したりして抵抗を示すのです。

ティーンエイジャーが到底受け入れられないような無理なルールを作るということは、親の権威を最も無駄遣いしていると言えます。

ります。「そう、でも……」といった言葉で、大抵、相手は認められていないと感じます。

＊　＊　＊

母「ナンシーのパーティに行くのはいいけれど、夜十一時半までには帰るのよ」
娘「えー、パーティは、一時までなのよ！」
母「そう、でも、真夜中を過ぎているのに、外にいるなんて許可できないわ」

息子「芝刈りが終わったよ。ブライアンの家へ行ってもいい？」
母「そう、でも、垣根の手入れはまだよね」
息子「えー！　週末なんだよ、どうして自分の好きなように過ごしたらいけないの？」
母「そんなこと言ってないでしょ！　あなたには自由な時間がたくさんあるんだから、垣根の手入れぐらい、いいじゃない」

＊　＊　＊

思春期の子どもが親に腹を立てるのは、主に以下の三つが原因ですが、応答的傾聴は、こうした際の憤りを和らげます。

親は自分の話を聞いてくれない。
親は自分を尊重してくれない。
親はずるい、不公平だ。

思春期になると、子どもは、自分のことは自分で決めたいと思うようになりますが、親は相変わらず子どもは親の指示に従うのが当然だと思っています。このズレに気が付くと、子どもが言っている不満がより一層理解できるようになるでしょう。
公平性や敬意の問題を対話の中ではっきりと強調することによって、子どもの気持ちに敬意を払っていることをそのまま実証することができます。

＊＊＊

母「ナンシーのパーティに行くのはいいけど、夜十一時半までには帰るのよ」
娘「えー、パーティは、一時までなのよ！」
母「他の子がまだ残っているのに、あなただけ帰らなくちゃいけないなんて、不公平だ、おかしいって思うのかしら？」
娘「**実際**、そうでしょ」
母「それじゃ、お母さんが、十一時半を少しなら過ぎてもいいわよと言ったら、あなたは何時に帰ってくるかしら?」

娘「一時はどう?」

母「今度は、**あなたの方が**おかしいわ。お母さんは妥協点を見出そうとしているのに、あなたはちっとも歩み寄ろうとしていないでしょ」

娘「わかったわ。十二時ならどう?」

ティーンエイジャーは、公平であること、平等であることに強いこだわりがあります。この例のように、他の子どもには許され、自分は許されていないことには、特に強く反発します。

息子「芝刈りが終わったよ。ブライアンの家へ行ってもいい?」

母「そう、でも、垣根の手入れはまだでしょ」

息子「えー!　週末なんだよ、どうして自分の好きなように過ごしたらいけないの?」

母（深呼吸して）「一週間、あなたが学校でどれほど頑張っているかを、私が認めていないと感じるときがあるのかしら?」

息子（はっとして、しばし沈黙）「ううん。ただ、僕は、そのへんに座って、友達と話しているだけのように、母さんに思われている気がするんだ」

このやりとりは、実際にあった会話の冒頭です。応答的傾聴を用いて、ティーンエイジャーの訴えを聞く姿勢を示したら、彼らはすぐにでも親に対して感謝の気持ちを述べるだろうなどと期待してはいけません。このやりとりにあるように、「尊重されていない気がする」とか、「公平に扱ってもらっていない」と彼らが不満を訴えることこそ、それだけ親を信頼するようになったという証であり、コミュニケーションの道が開かれたことを示すサインなのです。

応答的傾聴を用いて、子どもが自分の意見を語ってくれるように働きかけ、その内容を真剣に受け止めれば、子どもは尊重されていることを実感するものです。ハーバード大学のキャロル・ギリガン（Carol Gilligan）は、思春期の少女が母親との関係で最も大切にしていることは何かという研究を行いました。それによれば、まず、母親が自分の考えに耳を傾けてくれること、また、母親自身の感情についても語ってくれること、さらにそうしたやりとりを通じて、親子関係が変化していくことを重要だと考えていることがわかりました。思春期の少女は、自分の気持ちや考えを表現する機会が与えられると、母親の提案にも喜んで耳を傾けるようになるのです[30]。

中には、「私も母親も、他人の正しさを、なかなか認めることができません。私の場合、母親が正しいかもしれないと思うこともあるし、母親の言っていることを信じようかなと思うこともあります。でも、そういうことは口にしません[31]」というように、母親を権威主義だと批判しつつも、自分自身の頑固さを認めているような少女もいます。

このように親の言う通りになるまいとあらかじめ身構えているような子どもとの関係を変えていくためにも、応答的傾聴は役立ちます。自らが決定の過程に関わり、同意したことなら、子どもも従おうと思うでしょう。子どもの考えを聞き出し、親も意見を言い、そして最終的には両者が妥協し合いながら同意を図ればよいのです。とはいえ、単純に思えることほど、多くの場合、実践するのは容易ではありません。

たとえば、親に妥協する気がないときには、親がいくら「話し合って決めよう」と呼びかけても、それは見せかけにすぎず、親は自分の意見を押しつけるつもりだということを子どもはすぐに見抜きます。

「月曜までの宿題が終わらなかったら、日曜日の午後の映画はなしよ」

これは「協定」ではありません。話し合いが全く行われていないからです。

「映画に行きたいんだったら、宿題はいつやろうと思っているのかしら?」
「帰ったらするよ」
「でも映画から帰ってくる頃には夕食の時間になってしまうわよ」
「わかった。じゃあ、宿題を全部終わらせてしまってからだったら、映画に行ってもいい?」

「もちろん、それなら問題ないわ」

このような単純な結論を導くために、まどろっこしいやりとりがなぜここまで必要なのでしょう。それは、子どもに解決法を見つけさせることが大切だからです。最初の例のように、話し合いを全く行わず、親が一方的に指図をすれば、ティーンエイジャーは腹を立てるだけで、従おうなどとは思わないでしょう。

ただし、たとえ親が誠実に互いの意見を尊重しながら物事を決めていくつもりでいても、このような話し合いは感情的になりやすく、しばしば決裂します。冷静さを失えば、良い結果につながる話し合いは不可能です。話し合いが口論になった場合には、親は、子どもを説き伏せようとはせず、子どもの話にじっと耳を傾けるようにしてください。もし、それができなければ会話を一時中断し、少し時間をあけてから、再開するとよいでしょう。

話し合いが白熱してくると、応答的傾聴の使い方を心得ていた方が有利に事を進められますが、相手の話を聞くだけに切り替えた方がいいということに気付き、実際に、そのようにスタンスを変えられるほど冷静でいることは、非常に難しいことです。戦略的には、相手の出方を待ってそれに応じるのではなく、先手を打つようにするとよいでしょう。つまり、意見の相違が問題に

反論すれば、言い争いは一層激しくなるだけです。言い争いを収めたいと思うなら、相手が言わんとしていることに耳を傾けることが大切です。

なるのを待つのではなく、家族内のルールについては、あらかじめ話し合っておくようにするのです。

どのようなことを望み、何を不満に思っているのか、といったことを子どもから聞き出すためには、一緒に過ごす時間を作らねばなりません。こうしたことがきっかけで、家の中の雰囲気は一変します。

問題が起きるのを待つのではなく、先手を打つという意味では、家族内の問題に関して、ブレインストーミング（訳注2）をやってみてもよいでしょう。このようなセッションを、意味あるものにするためには、まず、これは最終的に親の言う通りにさせるための見せかけの話し合いではないということを、子どもに納得させなくてはなりません。そして、ブレインストーミング中、誰がどんなアイデアを出したとしても、批判してはいけません。あらゆる提案を歓迎してください。一般の話し合いでは、誰かがアイデアを出すと、他の誰かが批判的な意見を述べ、貶《おとし》められたような嫌な気分だけが残って、誰もアイデアを出さなくなるというようなことがありますが、ブレインストーミングでは批判はご法度《はっと》です。ブレインストーミングで出されるアイデアの中には、心のモヤモヤを晴らすためのようなものもありますが、批判しないというルールがあれば喧嘩にはなりません。

「対話（名詞）」：複数の人が、考えや意見を自由に交換すること。対話に長けている親は、子どもの考えが自分と相容れないものであっても、子どもが安心して意見を言えるようにしています。

どこまで管理するか

残念なことに、思春期の子どもとの言い争いをなくすためには、彼らの考えに耳を傾ければそれでじゅうぶんというわけではありません。自ら進んで少し負ける、別の言い方をすれば、完全に親の言うことに従わせようという考えを捨てることが必要です。そうすれば、ティーンエイジャーに対して、親はある程度の支配力を維持することができるでしょう。ティーンエイジャーの行動**管理は、ほどほどに**とどめておくのがちょうどよいのです。

たとえば、息子に、家のあちこちに汚れたお皿を置きっぱなしにしておかないように千回注意したとします。それでも、息子が相変わらずお皿を置きっぱなしにするとしたら、それは言っても無駄ということです。そのような場合は、絶えず批判を繰り返し、子どものやる気を失わせるよりは、諦めてほうっておいた方がよいでしょう。

管理を緩めるということは、実際には、一方的に命令して何かをやらせるのではなく、話し合ってどうするか決めるということであり、また、ある部分は諦め、ある部分は相手に譲るとこと

> 親はいつまでも思春期の子どもの生活を全て管理しようとしてはいけません。その点が諦められれば、親の威厳は保たれます。

（訳注2）ある問題について、メンバーで、自由に、できるだけ多くのアイデアを出し合うこと。

いうことでもあります。ここで、ニクソン元大統領流に言うならば、「ひとつ、はっきりさせておきたいことがあります」。それは、どのルール、どの規制を見て見ぬふりするべきかについては、一概には言えない、ということです。いや、言えないわけではないのですが、それを聞いたところで役には立ちません。こういったことは、親自身が、あるいは、親同士で相談して決めなくてはならないことだからです。(原注1) 私に言えることは、あらゆることを親が管理しようとし続ければ、子どもは、公然と、あるいは密かに、より一層の反抗を繰り返すようになるだろうということです。

どのようなルールを守らせるべきかに関してはコメントしかねつつも、ひとつ忠告があります。それは、親に対する子どもの口のきき方をめぐって、子どもと争うなということです。ティーンエイジャーの言葉遣いを注意したらきりがありません。あなたはどうかわかりませんが、私は、十代の頃、家で悪態をついた覚えがありません。親のしつけによるものだったのか定かではありませんが、私が子どもだった頃は、そのような子どもは周囲にはいませんでした。昔に比べ、今の子どもは、厳しく押さえ込まれることなく成長しています。そのため、とりわけ家庭内で、敬意を欠き、偉そうな発言をする子どもが増えたように思います。

> 十代の子どもの反抗には、しばしば、ごまかしや欺きが伴います。

> たとえ、その内容がいかに礼儀を欠き、理不尽なものであったとしても、ティーンエイジャーが自分の思いを口にする権利は認めてあげてください。

＊　＊　＊

ティーンエイジャーの話題とは関係がないように思われるかもしれませんが、少し、私の話にお付き合いください。ある裕福な馬生産者の男性から、彼の結婚生活のことで、私はかつて相談を受けたことがありました。金持ちの年配男性と美しい若い女性という、いわゆる年齢差カップルだった彼らは、最初は、それこそすばらしい関係でしたが、結婚して、二、三年経った頃に、離婚の危機に陥りました。

「いったい何が起きているのか、私には、理解できません」男性は、苦悩に満ちた表情で語りました。「私たちは、以前はとてもうまくいっていました。それが、どうしたことか、彼女は、変わってしまったのです……」

出会ったときの彼女は、別の男性と離婚をしたばかりで、一二歳になる娘を養育するためにウェイトレスとして働いていました。

「あの頃の彼女は思いやりにあふれ、私たちは何をするのも一緒でした。彼女は馬に対する私の

(原注1) 質問は限りなく、どれひとつとして簡単に答えられるものはありません。答えは、個人の価値観や好みにより、何が正しいかは状況によっても様々に変わります。たとえば、十代の娘に新しい車を運転させるかどうかといった問題なら、次のようなことを自分に問いながら考えるとよいでしょう。娘は普段から責任ある行動をとっているか？　身の回りのことをきちんとこなし、学校の勉強にもちゃんと取り組んでいるか？……

愛情を理解してくれましたし、厩舎《きゅうしゃ》の手伝いも一生懸命してくれました。それが、いったい何が起こってしまったのか。私にはわかりません。彼女は変わってしまったのです」

＊　＊　＊

この男性がうまくいかなくなった原因は明らかです。彼の年若い妻はもっと友人と過ごしたい、いつも夫の言うままに行動するのは嫌だ、つまりもっと自立したいと徐々に考えるようになっていました。そういう妻の変化を夫が理解できずにいたことが原因です。親も子どもに対して同じような過ちを犯しているところがないでしょうか。

「ジンジャーは、以前はとても優しい子で、にっこりマークのついたかわいらしい小さなカードを私にくれました。家でもお手伝いをよくしてくれて、『何か私にできることはない？』といつも尋ねてくれるような子どもだったんです。それが、いったい何が起こったのか。私にはわかりません。あの子は変わってしまったのです」

そうです、彼女は、変わったのです。それを成長と言うのです。しかし、ティーンエイジャーからすれば、成長しているというよりは、成長しようとして、もがき苦しんでいるといったところでしょう。十代というのは、子どもから大人への過渡期にあたり、この時期、彼らは、自分が何者なのかという問いに対する答えを探し出すとともに、親との関係性も新たに構築し直さなければならないからです。

親がいくら十代の彼らを管理しようと躍起になったとしても、管理しきれないことは多々出てきます。わが子の行動として親が絶対に許しがたいと思うこと、たとえば、飲酒、マリファナ、シロシビン（訳注3）、セックス、学校をさぼる、悪い仲間とつるむ、といったことは、親が何を言っても、何をやっても、子どもはやるときにはやるものです。実際、一筋縄ではいかないことばかりでしょう。

思春期になると、親の存在は、それまでのしつけなどを通じて、良心として内在化され、既に子どもの一部になっています。この時期の子どもの意思決定に最も大きな影響を及ぼすのが、この内なる声と言えます。ただし、それは、親があまり支配的でなく、また、厳しすぎない場合に限ります。というのも、監視されて、何をすべきか命じられてばかりいると、人は、物事の善悪について、自分で判断できなくなるからです。

＊＊＊

ある方から次のような質問を受けました。「先生のお話はよくわかります。でも、十代の子どもを守るためには、彼らの生活でどんなことが起きているかを知る必要もあるのではないでしょう

（訳注3）キノコから得られる幻覚薬。

か。その意味で、子どもの自律性やプライバシーを尊重するということは、どのようにバランスを取ったらよいでしょうか？　先生は、親として、子どもの生活のどういったことは知らなくてもよい、どういったことは把握しておくべきだとお考えですか？　また、そういったことをどんなふうにティーンエイジャーに伝えたらよいでしょう？」

非常に良い質問です。しかし、こうするべきと私が結論づけるのではなく、いくつかの事実を示しましょう。まず、私が伝えたいことは、ティーンエイジャーに対して、いつまでもあれこれと指図する親というのは、結局、子どもから反抗的な態度を引き出してしまうものだ、という事実です。それから、ティーンエイジャーというのは、概して、親から叱られそうなことは隠そうとする、ということも伝えておきましょう。後は、ご自分で考えてみてください。

ところで、皆さんは、家の外で出あう危険から子どもを守るために必要な情報をどのように入手しますか？　どこに誰と何をしに行くのか、何時に帰宅するのか、といったことを、毎回、子どもに報告させるという方法もあるでしょう。しかし、そうすることによって、親が子どもの生活に関心を持ち、気にかけていることは伝わったとしても、彼らの行動の歯止めにはなりません。

また、子どもがあることに関し、隠したり嘘をついたりしていることが、外部情報によってもたらされた場合を想像してみてください。あなただったら、その情報を子どもに話しますか？　それとも、自分の胸にしまっておきますか？

話す、話さない、どちらの対応をとったとして、それぞれ理解できます。たとえば、親が知りえた内容を子どもに伝えずにいれば、子どもはばつの悪い思いをせずにすむでしょう。しかし、大事な相手に隠し事をすることは心の重荷になります。言わないということは相手に隠し事をするということであり、いわば嘘をついているとも言えます。

気まずい問題を持ち出すべきかどうかで迷うときは、そのジレンマを相手に伝えてみるとよいかもしれません。たとえば、次のように言ってみてはどうでしょう。「あなたに話すべきかどうか迷っていることがあるの。あなたに関して、ちょっと知ってしまったことなのだけど、それを話したら、私があれこれあなたについて探っているように思われるんじゃないかと心配なの。かといって、知っているのに知らないふりもしたくなくて迷っているんだけど……」

このように、話し合うべきかどうか迷っている、ということを伝えると、大抵、相手は、「そこまで言うなら話してよ」と言ってくるものです。この先、話を続けたとしても、親の懸念をあらかじめ伝えてあれば（「あれこれ探っているように、あなたに思われたくない」）、子どもは反抗的になったりせず応じてくれるでしょう。

＊＊＊

親の目の届かないところまで管理しようとしてもめる場合もありますが、大抵は、ゴミを出したか、汚れた衣類を洗濯カゴに入れたか、門限までに帰ったか、といった身の回りのことが親子喧嘩の原因になります。思春期になると、子どもの行動の全てを管理することはできないものの、彼らの行動に影響を与えることはできるということを認識していれば、親としての影響力を維持したまま、言い争いを減らすことができます。

というのも、十代の彼らは、子どものように親にあれこれ指図されたくないとは思っても、依然として、親に認められたいという気持ちを持ち続けているからです。つまり、彼らにとって本当に嫌なことは、親に行動を管理されたり、罰を与えられたりすることではなく、親に認められないということなのです。それゆえ、彼らがルールを破ったときには、親は、子どもの行動を残念に思う、ということをはっきりと伝えるとよいでしょう。「私はあなたの行動を残念に思う」という言葉には反論しにくいため、子どもに対して、脅したり、説教をしたり、罰を与えたりするよりも、多くの場合、効果があります。

ティーンエイジャーがルールを破ったとき、言い争うのではなく、次のような対応をしてみてください：

1. ルールが破られたという事実を明確に述べる。
2. それは認められない行動だということを強調する。
3. 当該のルールは今後も守らねばならないことをはっきりと告げる。

親「昨晩、あなたが帰ってきたのは門限を過ぎてからだったわね。それは認められないわ。これからは夜十時半ぴったりに間に合うようにしなさい」
娘「十時半なんて、早すぎるわ。不公平よ！　他の子はみんな、まだ家になんか帰っていない時間よ。そんなに早く家に帰ってきなさいって言われたって、無理よ」
親「そう。お母さんが強引に帰宅させることはできないわね。でも、その時間にあなたに帰宅していて欲しいと思っていることは伝えておくわ」
娘「知らない！」

言葉の上では「知らない！」と言っても、子どもの心には残ります。十時半の門限は、外出するたびに、彼女にプレッシャーを与え続けるでしょう。
子どもが、親の命令に従うつもりはないといった発言をしたとしても、この時点では危険な問題が起きているわけでなく、また、子どもは本心では親に逆らうつもりがない場合があります。悔しまぎれに、自分にマイナスが生じない範囲で「従わない」と言っているだけなのかもしれません。

もうやめよう！

母「サンディ、ママの金のイヤリングを見なかったかしら？」
娘「ああ、私の部屋にあるかもしれないわ」

母「ママの大切なアクセサリーを使わないで、って言ったはずよ」
娘「そうだった？」
母「勝手にママの物を持っていかないでちょうだい」
娘「だってリンダのパーティにつけていくアクセサリーがなかったのよ！　ママは、あのときいなかったじゃない」
母「自分のイヤリングをつければいいでしょう？　お誕生日にとても素敵なのをあげたわよね」
娘「どうしていつもママは私にガミガミ言うの？　いい加減、構わないでよ！」
母「その口のきき方は何？」
娘「話し方をとやかく言われる筋合いはないわ」
母「屁理屈《へりくつ》を言うのはやめなさい！」

など、など。

次のようにはできないでしょうか‥

母「サンディ、ママの金のイヤリングを見なかったかしら？」
娘「ああ、私の部屋にあるかもしれないわ」

母「そう、ありがとう」

それはあまりに難しいという場合には‥

母「サンディ、ママの金のイヤリングを見なかったかしら？」

娘「ああ、私の部屋にあるかもしれないわ」

母「ありがとう、サンディ。でもね、お願いだから、ママの大切なアクセサリーを持っていかないでね。前にもお願いしたけれど」

娘「そうだった？」

おしまい。

＊＊＊

言い争いというものは、こちらか、さもなければ、相手がとどめの一言を言うまで終わりません。親の言い分を何としてでも子どもに理解させたいという気持ちはわかりますが、何かを伝えようと思うなら、さっと言って、後は黙るというのが最も賢いやり方です。親があまりにくどくどと言い続けると、親の言うことが重要で、子どもの言うことなどどうでもいい、つまり、子どもは親に従うべきだと主張しているようにとられてしまいます。これでは、本来の問題はどこへやら、意地の張り合いになるだけです。

「ちょっと待ってください！　相手にとどめの一言を言わせてあげる、なんてとんでもない！」と思う人もいるでしょう。確かに、それは、口で言うほど容易なことではありません。そう思います。

とどめの一言をどちらが言うかで争うときは、相手にそのチャンスを渡してしまうのが最も楽なやり方です。

思春期の子どもの反抗は、流れの中で観察すると二極化の現象として捉えることができます。権威主義的な親の管理に対する子どもの反発心と、自律性を獲得しつつある子どもに対する親の理解不足が、こうしたパターンの形成につながっているのです。ところで、これまで主として目に見える行動に対してこのような分析を行ってきましたが、二極化は、行動に影響を及ぼすのと同様に、ものの捉え方にも大きな影響を及ぼします。その点について、次に見ていきましょう。

心の目で

人生とは複雑です。だからこそ、私たちは、それを説明しようとします。そうして得られた説明は、自らの体験に意味を見出したり、自らの行動を正当化したりするのに役立ちます。

「私が息子を怒鳴りつけたのは当然です。私が言うことに、あの子は全く敬意を払わないんですから」

親がティーンエイジャーのことを「反抗的だ」とか「ふてぶてしい」と考えるようになると、それそのものがバランスを欠いた見方であるばかりでなく、視野もどんどん狭くなります。「反抗的な若者」のイメージにそった出来事ばかりが目につき、それだけを記憶に留めていくようになるからです。

たとえば、「娘はわがままで、だらしない」と思っている母親は、娘が夜遅くまで帰宅しなかったり、遅刻ギリギリになって親が車で送っていかなくてはならなくなったときのことばかり記憶に留め、夕食の手伝いをしてくれたり、進んで皿洗いを申し出てくれたときのことは覚えていません。そして、娘が何か要求してくるたびに、母親は、自分の人生における重要な人物がそうであったように、（娘もまた、私の気持ちなど、本当はどうでもよいと思っているのだわ）といった思い込みを強くしていきます。そうなれば、娘もまた、ショッピングモールまでの送迎を母親に断られた回数や、友達と一緒に過ごしたいと言って咎《とが》められたことばかりをはっきりと記憶するようになるでしょう。そして、（私が何をしたって、決してお母さんを満足させることなどできないわ）という思い込みを強め、母親の気持ちを気遣うのをやめてしまうようになります。この親子は、これまで見てきたような単純な支配と反抗のサイクルにはまったわけではありません。より厳密に言えば、それぞれが親の支配的な出来事や子どもの反抗的な出来事ばかりに着目してしまって、身動きできなくなっているのです。

このように偏った、頑《かたく》なな思い込みがあると、親も子も、互いの言葉に反応し、すぐに言い争いを始めるようになります。その例を示しましょう。

＊　＊　＊

ルースの娘、アビーが、「金曜日の夜、友達のリンダの家に泊まりたいんだけど……」と言い出しました。

ルースは、「金曜日の外泊は認めたくないわ。自宅にいて欲しいの」とはっきり伝えました。娘のこうした希望は、自分のことしか考えないわがままさのように感じていました。

アビーの顔が赤くなりました。彼女はいつも喧嘩腰で、まさに今もそうでした。「どうしてダメなの？」とアビーは食い下がりましたが、母親が何と答えるかは問題ではありませんでした。母親が反対する理由をどんなに並べたてたとしても、アビーは言い負かすつもりだったからです。

母親のルースには、本当のところ、外泊を反対する理由などありませんでした。ただ、娘の最近の行動があまりに軽率で、頭にくることが多かったので、今回の外泊に反対していました。そのため、「私がそうして欲しくないの、それが理由よ」と、わけのわからない返事しかできずにいました。

「ママったら、何それ！　私はどうやってでも行くわ！」

「いい加減にしなさい！　ママは、もう、疲れたわ。とにかく、金曜日の夜は、自宅にいること。以上！」頬を紅潮させながら、母親は言いました。

「どうして友達と会ったらいけないの？　もう、こんな家にいたくない」アビーは不満の声をあげました。

＊＊＊

このようなやりとりに覚えはありませんか？

「一事が万事」、いつもそうとばかりに相手の言動を捉えてしまったために、このような言い争いが生じているという点に注目してください。相手の反応によって、互いにイライラを募らせていっています。アビーは、単に、友達の家に泊まることを母親が許可してくれないということで怒っているわけではありません。**母親は自分のすること全てに反対する**といって怒っているのです。アビーからすれば、母親は**理不尽で、威張り散らしていて、支配的で、ずるい**のでしょう。とはいえ、親なんてこんなものですよね。

同様に、母親の方も、単に、娘が友達の家に外泊したいと言い出したことに関して怒っていたわけではありませんでした。娘が**自分のことしか考えないこと**に怒っていたのです。母親は、アビーのことを、**思慮が浅く、わがままで、生意気な子**だと思っていました。でも、ティーンエイジャーなんて、皆、そんなものです。

自分との関わりでしか子どもを捉えないと、親は子どもをある種の思い込みに当てはめてしまいがちです。やりなさいと言ったことをやらなければ、この子は「聞き分けがない」と考えるでしょう。しかし、ひとつの出来事を捉えて、あたかもそれが全てであるかのように、ティーンエイジャーに対して、「聞き分けがない」「無責任だ」といったレッテルを貼るような親は、逆に、子どもからは「批判的」で「支配的」といったレッテルを貼られてしまいます。そうなれば、親子は互いに不満を募らせ、クーポン券のようにそれらを貯め込んでいくだけです。利用価値のないクーポン券を貯め込んで、いったい何の意味があるというのでしょう。

ところで、親はよく子どものことを「怠け者だ」と言いますが、これもまた、親の歪んだ認知によるものなのでしょうか？　いいえ、そんなことはありません。確かにティーンエイジャーは、家にいるときにはゴロゴロしていることが多いものです。でも、それは、彼らにとって家が安心できる場所、子どもっぽい部分を出せる場所だからです。ティーンエイジャーが、しっかりとした、思慮分別のあるふるまいをするのは、通常、家以外の場所であり、親はなかなか目にすることができないということを心に留めておいてください（原注2）。

子どもの言動を「一事が万事」と捉えてしまわないためには、子どもがどうありたいと考え、親にどのように見られたいと思っているのかという点を大切にすることです。このように考える癖がつけば、子どもの行動を理性的に捉えることができるようになるでしょう。

本章では、まず、思春期の子どもの反抗というのは、子どもを親の言う通りにさせようとすることに反応して起きているということ、そして、この「管理しようとして余計に反抗される」というサイクルは、相手を画一的なイメージに当てはめ、敵対視するために生じているということを説明してきました。つまり、ティーンエイジャーと言い争いになるのは、彼らが反抗的であるからではなく、ある種の対人パターンがあって、そこから生じているのです。人は相手の目に見える行動にもとらわれ、また認知的な思い込みにも支配されることを説明し、人の行動は、物事をどのように捉えるかに基づくということも強調しました。しかし、親とティーンエイジャーとの間で生じる二極化を完全に理解するためには、子どもが大人へと成長していく過程で家族システムがどのように変化していくのかという文脈からの理解が必要です。それについては次章で見ていくことにしましょう。

物事の捉え方は様々です。ティーンエイジャーが理不尽な態度をとっているように思われるときには、どうすれば子どもの言動を理解できるか、試行錯誤してみてください。

（原注2）子どもは二十歳になっても、三十五歳になっても、実家を訪ねた途端、十代の頃に戻るものです。

パート
III
複雑な問題について

第九章

子どもが思春期を迎えると、家族はどのように変化するか

ティーンエイジャーの子どもを持つ親からすれば、子どもの変化についてあれこれ言われるのは大きなお世話というものでしょう。わが子が大人になるにしたがって、それまでのルールが通用しなくなってきているというのに、その調整が追いつかず、気付けば、絶えず子どもと言い争うような日々を送っているからです。

「十一時までに帰りなさいってどういうこと？　そんなのおかしいわ！」

「お母さんは、いったい私をいくつだと思っているの？」

あまり知られていないことかもしれませんが、思春期に変化するのは、子どもだけではありません。思春期は、家族システムそのものにも変化をもたらします。

ヒーロー物語

私たちは、必ずしも常に、家族をシステムとして捉えているわけではありません。実際、子どもが成人になるまでの成長物語は、大抵、親への依存から脱却し、大人になって未来をつかみとろうとする若者の奮闘として描かれ、ティーンエイジャーと親との間で生じる対立の多くは、子どもがアイデンティティや本当の自分を探求する過程で生じるものとして理解されています。とりわけ、ティーンエイジャーというのは、自らの運命を切り開く、自分自身の物語のヒーローになりたいと願うものなのです。

私たちは、スーパーマンやワンダーウーマン、ローン・レンジャーといったヒーローたちの物語を傍《かたわ》らに成長してきました。そして、少し成長してからは、現実生活の中にヒーローを見出します。マーティン・ルーサー・キング、エレノア・ルーズベルト、ネルソン・マンデラ。このような人々はひとつの象徴でもありました。彼らはそれぞれの境遇を克服し、真の自由を獲得した存在に思え、私たちは少しでも彼らに近づきたいと考えたものです。しかし、このとき、漠然と、克服したいと思っていた「境遇」が人間であるがゆえに持つ、家族との逃れようのない結びつきであるということに気付くのはもう少し先のことでした。

ヒーローの敵役と言えば、考えるまでもなく、「悪役」でしょう。ヒーローが、そのぴかぴかの鎧《よろい》を必要とするように、悪役もなくてはならない存在です。ティーンエイジャーは、なにかと親をこの「悪役」に仕立て上げます。それは、親によって、厳格で時代遅れのルールを押しつけられ、自由を奪われるように感じるからです。

よちよち歩きの幼児が、家の中を探検しようと思ったら、安全な親の膝の上を離れなくてはならないように、思春期の若者も、誰かを愛し、働くという大人の世界に飛び込んでいくためには、家族という殻に守られた安全な場所を手放さなければなりません。そのため子どもは親に対して批判的な態度を示すようになります。親の考えに異議を唱え、偽善を暴き、長年にわたり影響を受けてきた偏った物の見方を徐々に脱却していくのです。このように子どもから挑戦状を突きつけられることを、親子双方にとって良いことだ、必要なことだ、と親が考えられれば問題はありません。しかし、多くの場合、親は自分の立場を脅かされたように感じ、反撃に出てしまいます。そうなると、対立はエスカレートし、わかり合えることがないまま、結局、子どもは独立し、家を出ていくということも少なくありません。

傷だらけとはいえ、親が、子どもの憧れのヒーローであり続けたいなら、思春期を迎えたわが子を、困ったやつだと決めつけず、良い部分と悪い部分の両方を併せ持った存在として捉えることが必要です。それができれば、子どもは親をヒーローとして見続けてくれるでしょう。ヒーローであれ、悪役であれ、同じ物語の中の存在です。つまり、家庭生活がうまくいくのも、悪くなるのも、誰か個人のせいではなく、いろいろな人が様々に交わり合う中で生じることなのです。思春期の混乱を、子どもの気分の変わりやすさや恩知らずな性質のせいにしてしまうのは、ひとつには、親が子どもは成長するものだということを本当には理解していないことによります。家族というのは、暗黙裡《あんもくり》に厳格なルールに支配され、なおかつ個々人が相互に影響を及ぼし合って変化していく組織です。そのため、家族の中でのそれぞれの役割も、時間とともに変化していきますが、親はその変化への対応が遅れがちです。

自信があって、揺るぎない親は、思春期の混乱に対しても、子どもが大人になるために自己主張の訓練をしているのだと理解し、寛容な態度で、その言動を大切に扱います。たとえば、ティーンエイジャーの息子から、「**どうして、**夜十二時までに家に帰らなくてはいけないの！」と怒って文句を言われても、そのような親は、子どもの考えに適切に応答し、耳を傾けようとするでしょう。息子は、門限を何時が適当だと考えているのか？　それまでの時間、何をしたいのか？　誰と一緒なのか？　それらを理解した上で、親として、最終的に門限を何時にすべきか、再度検討します。このとき、必ずしもルールを変える必要はありません。しかし、やみくもにこだわるのもいけません。保護者としての最終決定権を握りながらも、子どもも、自分で物事を適切に判断できるだけの能力を備えつつあることを考慮し、いま一度、門限をどうすべきかについて考えます。この時期、子どもは、幼さゆえに親から指示されないといけない立場（「父親の言うことは黙って聞くもんだ！」）から、より対等に近い立場（「父さんは、おまえのことが心配なんだよ。おまえとしてはどういう計画でいるんだろう、聞かせてくれないか」）へ成長し、必然的に親子関係も転換しているからです。親が最終的に下した決定は、子どもの意に沿わないものであったとしても、説得力のあるものでなくてはなりません。

＊＊＊

「父さん、この週末、ジョシュアと一緒にスキーに行ってもいい？」と、十六歳になるキースは父親に尋ねました。

「彼のご両親も一緒かい？」

「ううん、行かない」

「じゃあ、ダメだ。大人の付き添いなしで、週末に出かけるのは、十六歳ではまだ早すぎるよ」

「えー。父さんは僕を信用していないの？」

「信用しているとも。だけど、時と場合によっては、心配もするんだよ。今回のように、雪の降る週末、おまえたち二人で山道をドライブするのは、賛成しかねるな」

「父さんは、僕のことを信用している、って言うけど、僕が何かしたい、と言うたびに、いつもダメって言うじゃないか」

「そうだな、おまえとジョシュアだけでなく、誰か年上の人が一緒なら、スキーに行かせてやってもいいとは思うんだが。彼のご両親が行けないというのなら、誰か他に付き添ってくれそうな人はいないのかい？」

「ねぇ、ジョシュアのお兄さんに運転してもらって、一緒に行くっていうのはどう？　それならいいよね？」

「ジョシュアのお兄さんはいくつだい？」

「二十五歳だよ」

「そうだな、お兄さんが一緒に行ってくれるというなら行ってもいいだろう。でも、父さんは、ジョシュアのお兄さんのことを知らないから、最終的な許可を出す前に、彼に会わせてくれないか」

「今すぐ、ジョシュアに電話をかけるよ。もし彼のお兄さんが僕たちと一緒に行ってくれるって言ったら、今から、彼らに来てもらっていいかな、そうすれば、父さんは、お兄さんに会えるでしょ？」

「それなら、いいだろう」

　このケースの父親は、単に息子の気持ちを理解するためだけでなく、応答的傾聴を行いながら、最終的な決定プロセスに息子を関わらせています。父親としては、もともと妥協する気があったのでしょう。親としての懸念を伝え、その点を解決するにはどうしたらよいかを息子にしっかり考えさせ、その上で、主張を通してあげています。このように、子どもとの関係をうまく築けている親というのは、どちらの意見を通すかという点で、子どもと張り合ったりはしません。子どもの気持ちに耳を傾けるだけでじゅうぶん争いを避けられる場合もありますが、このケースのように、意図的に妥協して、結論を共に導くことが、最善かつ、最も合理的に、親の威厳を保つ方法になる場合もあります。

＊　＊　＊

思春期というのはティーンエイジャーが自分らしさを見出す時期であると先に述べました。それは、間違いなくその通りなのですが、同時に、家族の在り方を見直す時期でもあります。

健全な家族というのは、親子の間に明確でほどよい透過性を備えた境界が存在します。このような家庭では、親密さと独立性がバランスよく維持され、それぞれが、家族の一員であるという意識を持つと同時に、個人の自由を確立しています。境界が硬く、ばらばらな家族のように、親子のコミュニケーションが不十分なわけではなく、また、境界が曖昧《あいまい》で、絡み合った家族のように、自由に人生を追求できないほどに自分の領域（子どもだけでなく、大人自身の領域

思春期というのは不調和を正す時期です。ティーンエイジャーは人格の再形成が必要であり、家族は家族の在り方の再構築が必要です。

も）を脅かされてはいないからです。

思春期になって、親子の間に少し距離が生じるのは、ティーンエイジャーが大人になっていくために必要な自律性を育むためなのです。

> 境界と言えば、賢明な親というものは、思春期の子どもを管理できるのは家の中のことに限られると心得て、子どもとあまり言い争うことはありません。

親からの自立

思春期のテーマは、分離と独立です。この時期、子どもは、依存した親との関係から脱皮し、社会の中に自分の居場所を築くことが求められます。この分離と独立は、一方がうまくいくことによって、もう一方の達成が促進されるというように、密接に関連するものです。子どもが思春期を迎えてから、なにかと争うことが増え、そのような状況をなんとかしたいと思う場合には、親は、一歩下がって、あまり口出しせず、社会の中で子どもが直面する困難に対し、援助する程度にとどめておいた方がよいかもしれません。

現実の生活では、多くを想定したとしても、それほどたいしたことが起きるわけではありません。しかし、思春期の若者がかなりの時間を費やす幻想の中では、実に様々なことが起きてきます。たとえば、ティーンエイ

> 子どもは、親との言い争いを楽しいと思ってやっているわけではありません。しかし、言い争いによって、親から自立し、自分ひとりの力でやっていく不安を和らげている部分があります。

ジャーは、絶えず性的関心に振り回され、同時に、「みだらな考え」を抱いてしまったという罪悪感に苦しみます。唇を濡らし、妖しくふるまうブリトニー・スピアーズの最新のビデオにくぎづけになった次の瞬間、そんな性的関心にとらわれてしまった自分に、恥ずかしさをおぼえ、苦しむのです。

もちろん、ティーンエイジャーが格闘しているのは、性的関心ばかりではありません。自分はいったい何者であり、どのようになりたいのか。タバコや、お酒、薬物といった後ろめたさを伴う快楽にどの程度、耽溺《たんでき》するのか。あるいは万引きをしたり、タトゥを入れたり、大学進学競争を断念するようなことを恰好いいと思っているような仲間に加わるのか否か。彼らは次から次へとそういった問題に答えを出していかねばなりません。禁欲主義が思春期の若者の心をとらえるのは、ひとつには、それによって罪悪感と恥の意識を自分の中から、拭い去ることができるからでしょう。ティーンエイジャーは、世界をより良い場所にしたいと思い、また、いかがわしい欲望を自分の中から一掃したいと考えます。人生に理由と意味を求め、自分自身の人格を陶冶《とうや》し、性的な、あるいは、攻撃的な衝動の高まりをなんとかコントロールしようとするのです。

また、彼らは宣教師になることを夢見たり、『アンネの日記』のアンネ・フランクや『ライ麦畑でつかまえて』のホールデン・コールフィールドのような理想主義的（訳注1）ヒーローが登場する本の中に

（訳注1）現実に妥協することなく、理想とする人生、社会などを追求する立場。

安らぎを求めます。「動物の肉だから」という理由で肉類を食べるのをやめる子がいれば、さらに欲望をそぎ落とし、ほとんど何も口にしなくなる子もいます。

我々の文化では、相変わらず、少女たちの最大の悩みは自分の外見に関するものであり、ティーンエイジャーたちの実に多くが、自分の身体について不安を感じ、自信を持てずにいます。親が「あなたは素敵よ！」と説得しようとすれば、話はかみ合わないまま、悪くすると、逆効果になりかねません。ティーンエイジャーというのは、自分自身の内的葛藤に向き合うことよりも、親と喧嘩することにエネルギーを使いがちだからです。

ここで、人間の性質についての打ち明け話をしましょう。それは、最も処理しがたい葛藤は、しばしば投影される（訳注2）ということです。たとえば、母親に反抗的な五歳の男の子のことを考えましょう。その子の父親は、妻である母親に対して、腹を立てながらも、直接怒りをぶつけられずにいることがわかりました。この父親の真の葛藤は、親密性や独立性なのでしょうが、子育てに関して妻に文句を言う方が楽なため、そうした葛藤は外在化され、子どもは反抗を繰り返している可能性があります。同様に、「うちの奥さんは、僕に何の楽しみも許してくれないんだ」と話す男性は、実は、男性自身が欲望を持つことに対して非常に葛藤的でした。また、権威的な人物といつも対立しているある三十歳の男性は、支配的な親との未解決の問題を持っています。このように、神経症的で、なかなか乗り越えることができない葛藤には、何かの置き換えが生じている可能性を考えてみると役立ちます。

ティーンエイジャーが親に口ごたえするのは、もちろん、思い通りにしたいことがあるからですが、それだけではなく、親と喧嘩をすることで、自分の中にある葛藤に向き合うのを避けているという部分もあります。この時期の子どもは、心の中に、「従順であること」と「罪を犯すこと」、「快楽を追求すること」と「立派な行いをすること」、「勝手きままにふるまうこと」と「自制すること」、といった対立する思いをいくつも抱えています。親との闘いに明け暮れるということは、結局、葛藤と向き合おうとせず、幼い自分にしがみつき続けることになります。そのような子どもは、親に喧嘩をふっかけ、延々と言い争いを繰り返すことで大人になろうとしません。

思春期の子どもが離れるのに苦労するのは、家族からではなく、この子どもっぽい関係のあり方です。子どもは自分の心の中で格闘し、また、親との間で格闘します。それは、葛藤や不安、罪悪感、恥、あるいは抑うつ気分といったものを自分の中で処理しきれなくなると、親との関係に外在化するからです。

思春期は、また、性衝動と同様、攻撃衝動が急激な高まりを見せる時期でもあります。若者はそれらの衝動コントロールに手を焼き、その矛先《ほこさき》を向ける対象を、自分の周囲に探し求めます。この衝動の表れ方は人によって様々ですが、最もありがちなのは、子どもじみた依存的関係に後戻りすることへの防衛として、親を敵にして闘うという傾向です。

（訳注2）自分に起きていることを他人に起きていることのように見なすこと。

親は、当然ながら、子どもの挑発に慣れていないため、ティーンエイジャーによる言葉の攻撃にさらされると、言い返さずにはいられません。次のような言葉を子どもから投げかけられたとき、一般に親はどのような反応をするものか考えてみましょう。

挑発的な若者の言葉	親がよくやりがちな反応
「どうでもいいよ」	A
「嫌よ、やらないわ！」	B
「やりたくなったらやるよ」	C
「くそったれ！」	D

（最後の若者の言葉は、私のお気に入りです。私の年代では、こんなセリフを親に吐くことなど想像できなかった、というのが、お気に入りの第一の理由です。もうひとつの理由としては、目の前の問題について何と言ったらいいのか思いつかないときでも、親をイライラさせることができるからです）

もし、みなさんの頭に浮かんだ反応が次のようなものだったら……

A「そういう言い方をするなら、私にも考えがあるわ」とか、「そう、じゃあ、一週間の外出禁止を言い渡したとしてもいいわけね」

B「ダメ、やるのよ！」とか、「これは通告よ！」

C「どうせ、やらないでしょ」とか、「とにかく、やりなさい、やればいいのよ」

D「**今、何て言ったの?!**」とか、「親にそんな口をきいていいと思っているの！」

おめでとうございます！　みなさんは典型的な親として認定されることでしょう。どうしたらティーンエイジャーから葛藤を置き換えられずにすむのでしょう。それは、釣り人に捕まらないために魚がとるべき行動と同じです。相手の誘いに乗らなければいいのです。

なぜ思春期の子どもは、本心を語らないのか？

相手の誘いに乗らないというのは、もちろん、口で言うほど簡単ではありません。ティーンエイジャーというのは、人をやりこめることに関しては達人です。彼らは、そうしたスキルを、友達との間で鍛え上げているからです。自分のことをダサいと感じるようなとき、他人の鼻をへし折ることで、自分が傷つかないようにする術《すべ》も友達との間で身につけていきます。彼らは、集団になると、あからさまに相手を馬鹿にするようなところがあります。子どもというのは、他人に対して、非常に残酷になりうるものだ、ということを心に留めておいた方がいいでしょう。ただし、親を馬鹿にするようなときには、彼らは必ずしも本心をそのまま言葉にするわけではありません。

子どものセリフ	心の声
「どっちでも……」	（あぁ、やんなっちゃう。いい加減、ガミガミ言うの、やめてくれないかな）
「大丈夫？」	（そんなに興奮しちゃって、馬鹿みたい）
「わかったわ、ママ」	「どっちでも……」よりは礼儀正しいが、基本的には（干渉しないでよ）
「はい、父さん」	（はー、意味、わかんない。頭、悪いんじゃない？）
皮肉っぽい表情	（親なんて気にする必要もないでしょ。本心を打ち明けるつもりなんてないから）

これらのセリフや、それに伴う馬鹿にした表情は、人を非常に傷つけます。しかし、大抵、ぼかして伝えられるため、これらから身を守ることは容易なことではありません。なぜティーンエイジャーは、本心を口にしないのでしょう？　それは、思っていることをそのまま口にすることによって、親から返ってくる反応を恐れているからでしょう。言いにくいことは、大抵、間接的に伝えられるものです。

生意気な態度のティーンエイジャーに、あなただったら、どう対応しますか？　反撃しますか？　その場を立ち去りますか？　あるいは、生意気な、その態度について、子どもと話し合おうとしますか？　おそらく、「反撃する」というのが、最も一般的な反応でしょう。しかし、残念なことに、そうすると、結局、さらに反撃されて、言い争いは一層激化するだけです。もし私が戦略派のセラピストで（実際はそうではありませんが）、ちょっと意外な方法を勧めたいと思ったら（決して勧めたいとは思いませんが）、反撃するよりは、「泣き出してみたら？」と提案するでしょう。

何はさておき、私が好むのは二番目の戦略です。誰かに気持ちを傷つけられたとき、私はその場を立ち去るようにしています。そして、全く口をきかず、二、三日、そのままで過ごします。専門的には「すねる」としてよく知られるこの戦略、すばらしい方法のひとつであることは間違いありません。私は、古き良き日の四歳頃には、この戦略を身につけていました。

その他、ティーンエイジャーに不愉快なことを言われたとき、「話し合う」という対応もあるでしょう。話し合うのは、必ずしも、出来事のすぐ後である必要はありません。みなさんはどうかかりませんが、少なくとも私は、誰かに傷つけられた直後に、冷静に話す自信がないからです。

起こった事実について話をするということによって、互いをやたら批判し合う必要がなくなることを、子どもに気付かせることができます。どんなことで不愉快な気分になったのかを説明すればよいのです。誰かに傷つけられたとき、そのことを最も直接的に伝えようと思ったら、「そういう言葉には傷つくのよ」と言うのが一番です。

たとえば、娘に、「あなた、なかなかいい音楽の趣味をしているわね」と伝えたとき、「あらママ、ママでもこの音楽の良さがわかるんだ」といった、親を馬鹿にしたような反応が娘から返ってきた場面を想像してみてください。このようなそっけないあしらいに傷ついたことを率直に伝えるためには、「そんなふうに言われたら、ママが傷つくのはわかるでしょう。ママにも感情があるのよ、そうでしょ?」などと言うとよいでしょう。

また、子どもというのは、親の行動の矛盾や、一貫性のなさ、あるいは、子どもにダメだと説教しながら親自身がやっていることなど、親のあらゆる落ち度を見つけ、それを大げさに取り上げるような面があります（親に従わない言い訳の材料にもしばしば用いられます）。粗探しばかりされれば、誰でも、嫌な気分になり、普通は反撃したくなるでしょう。しかし、たとえば「そんなふうにからまれたら、お母さんだって嫌な気分になるわ」というように、自分の感情を言葉にして説明する習慣を身につけておけば、子どもに反撃してやりたいという衝動を抑えることができます。ただし、「そんなことばっかり言うなんて、あなたって本当に嫌な子だと思うわ」というように、一見、自分の感情を説明しているようで、実は反撃するということにならないように気を付けてください。

ここまでは、思春期の子どもから腹の立つようなことを言われても、挑発をかわし、言い争いに発展させないようにしましょう、という話でした。しかし、思い出してください、あなたは親です。ただ「反撃しない」ということ以上に、もっとできることがあるはずです。応答的傾聴を用いて、子どもの辛辣《しんらつ》な発言の背後にどのような気持ちがあるかを明らかにすることもできるのです。

「お母さんのことをずるいって思うの？」
「そんなふうにやり返したいような気持ちにさせてしまったのは、お母さんの何がいけなかったのかしら？」

繰り返しになりますが、何が起きているのかを理解したいのであれば、このような問いに対する答えを親が本当に知りたいと思っていることが子どもに伝わらないといけません。

＊　＊　＊

いかに子どもを手放しながら同時に管理するか。これは思春期の子どもを持つ親が直面する課題です。まず、ティーンエイジャーの生活は、もはや親の管理できる範囲を超えたという事実を受け入れなくてはなりません。飲酒や喫煙、セックス、薬物使用といった若者の行為の多くは、家の外、親の目の届かない範囲のことです。こういったことをあまりに管理しようとすれば、結局は、不必要な口論を子どもとの間で繰り返すことになるでしょう。さもなければ、子どもは、嘘をついて、こそこそとやるようになるだけです。

私がここで言っている「手放す」とは、子どもを管理できるという幻想を捨てるということです。子どもに関心を持たないようにするということではありません。どこに誰と行って、何をする予定なのか、といったことを、子どもに一切尋ねないとしたら、親は自分に関心がないと子どもに思われてしまうかもしれません。それは少し問題です。思春期の子どもを手放すということは、世話をするのをやめるとか、話をしなくなるということではありませんが、この十年ほど、あなたの生活の中心にいた、かわいいわが子を失うということを意味するのは確かでしょう。愛情いっぱいに抱きしめ、何でも話してくれた子ども、できるだけ多くの時間をママ、パパと一緒に過ごしたがっていたあの子どもはいなくなります。

思春期の反抗には、二つの目的があります。それは、親に反抗的な態度をとることで、親から自立、独立していこうとする

親が子どもを手放すということは、ティーンエイジャー自身に、自らの行動に対する責任をとらせる、ということでもあります。たとえば、子どもが、朝、自分で起きてこなかったら、学校に遅れようが遅れまいが、子ども自身で対処させるようにしましょう。

子ども自身の成長と、家族のあり方の再調整です。

変形するひとつのシステムとして家族を捉えるなら、ティーンエイジャーというのは、先頭に立って、その変化を推し進める役割を担った存在と言えます。自律性を育む過程で、彼らは、家族との結びつきを弱め、親との関係性を再定義していくのです。親も話が通じない相手ではありません。家族は変化していくものだということを理解しています。ただし、親が想定している変化は**ゆっくり**したものですが、ティーンエイジャーはせっかちです。彼らは、聞き分けよく行動していたかと思うと、その次の瞬間、神経質になったり、感情的になったりして揺れ動きます。そんな子どもが自律性を求めて行動しようとすれば、親は家族のつながりを維持しようと、古いルールを子どもに強要してくるでしょう。親は子どもから大人への移行はゆっくりの方がよいと思っている（「この子が信頼できる行動をとれるようになったらね……」）のに対し、ティーンエイジャーは変化を早く推し進めたいと思っている（「もっと私のことを信頼してよ」）ため、親子の対立は避けられません。

ティーンエイジャーが、家族の中だけで通用してきた狭いものの考え方を改め、自分の中に眠っている可能性を見出し、友達や先生から高い評価を得たいと思うのであれば、あえて、より広い現実の中で冒険しなくてはなりません。そのためには、いつも親のご機嫌をとる必要がなく、また、逆に、いつも反抗する必要のない親子関係の下で、じゅうぶんな安心感を体験できていることが重要です。

子どもは、幼いときには、親を無条件に慕い、そのそばにいることで強さを引き出しているところがあります。それに対し、思春期になると、子どもは親を拒絶するようになります。あるいは、拒絶とまではいかなくとも、無条件に親に忠誠を誓うということがなくなります。そして、子どもは、自分に備わる力を見出そうとして、親と距離を置くようになっていきます。自尊心を高めるためには、自分に力があり、また、人生の方向性を親に示してもらう必要がないということを自分に対して証明しなくてはならないのです。「お願い、お母さん、私にやらせて、自分でできるから！」

思春期になると、親に対する子どもの感情は、突然、一八〇度方向転換します。それは、かつては親密でありたいと願っていた相手との間に距離を置く必要性がいかに差し迫ったものであるかを表しています。このように親から離れることは、実際には、ティーンエイジャー自身が親を拒絶しているにもかかわらず、喪失体験として、かなりの悲しみと痛みを子どもにもたらします。

子どもには、親と距離をとろうとしながらも、一方で、親との親密性を求めるような矛盾した部分があります。そのため、情緒的に親から離れようとしたかと思うと、愛情を求めたりといったことを予測できないままに繰り返します。さっきまで、そりが合わないと親を拒絶していたティーンエイジャーが、いまだに親を必要とするのです。頑固に自分の考えを押し通そうとしていた次の瞬間には、「ママ、私、何を着たらいいの？」といったように、不安でいっぱいになり、すっかり自信を失くしています。凍った道路を運転する酒に酔ったドライバーを追跡しているようなものと考えれば、こうした時期の子どもの気持ちに共感することは難しいことではありません。

つながりを保つこと

四十一歳になるアイリーン・カールソンは、結婚後、三歳から十七歳までの六人の子どもをもうけました。どの子も手がかかるのですが、とりわけ、二番目の子、十五歳のダレンとの間では口論が絶えませんでした。ダレンは弟や妹そして母親になにかとからんでくるのです。弟のロビー（十一歳）や妹のチェルシー（八歳）が何からまくできなかったり、のろのろしていたりすると、ダレンは「まぬけ」「のろま」とからかいます。ロビーもチェルシーも、当然のごとく、泣き出し、結局、「ダレン、黙りなさい！」と母親が割って入って、小さい二人をかばわなくてはなりません。「ダレンは見境なくちょっかいを出すんです。大人に対してもそうです。あの子は悪ふざけのつもりだと思うんですけれど、しばしば度を越しています」と母親は私に訴えました。

母親が最もイライラしたのは、夕食を作っていて忙しいときに、ダレンにしつこくからまれることでした。彼女が作業をしようとすると、ダレンは近くに寄ってきて、体をぶつけてきます。彼女が無視していれば、ダレンは、ますますしつこくやり続け、結局、母親は我慢できなくなって、「いい加減にしなさい！」と彼に注意することになります。さらに、頭にきたときには、怒鳴ったり、木のスプーンでお尻を叩いたりすることもあります。ただし、ダレンもそれなりの年齢になって、体も大きくなってきたので、母親に代わって、大抵、父親がお仕置きをしています。

もう十五歳とはいえ、ダレンは、まだまだ母親にかまってもらいたいのでしょう。思春期の子どもというのは、親に反発し、若者文化の新しい体験に胸躍らせているにもかかわらず、なおも家族を必要とするものです。彼らにとって家族とは、落ち込んだり、傷ついたり、疲れたりしたときに帰ってくる、いわば避難場所なのです。

ダレンと母親のやりとりが示しているように、家庭内で起きる問題の多くは、こうして解決されることなく、いつまでも同じパターンを繰り返しがちです。最初、ダレンにからまれて、母親は無視していました。無視できなくなると、叱りつけ、それでもダレンがやめないときには、また同じことを繰り返します。しかし、これでは問題は解決されません。私たちの多くは、効果がないにもかかわらず、このように同じことをただ繰り返してしまっています。

＊　＊　＊

この母親がダレンに応答的傾聴を行ったとしたらどうでしょう。夕食の準備中、まとわりついてきたダレンに、その日の様子を具体的に尋ねてみてもよいかもしれません。

「今日、サッカーの練習はどうだった？」
「あの新しい数学の先生はどんな感じ？」
「今日は学校で何かおもしろいことをした？」

親を煩わしく感じつつも、まだそばにいたいと思うダレンの願いは（それは当然ながら、彼の気分次第とはいえ）、驚くほど多くのティーンエイジャーたちが抱く思いでもあります。

＊　＊　＊

もうすぐ高校二年生になる十六歳のトレヴァーは、母親、継父、妹、腹違いの弟と一緒に住んでいました。トレヴァーは、家族との関係を次のように語っていました。

「家族で一緒に過ごす時間は、みんなで教会に行くときぐらいです。母さんが日曜日の夕食を作っても、家族は別々の時間にそれを食べますし。僕は、大抵、他のみんなが食べ終わるまで外にいて、その後、テレビを見ながら食べています」

「昔は母さんとも仲良かったんですが、今はあまり話さなくなりました。『今日は、どうだった？』って母さんに聞かれることはあっても、それもそんなに多くありません。もっと母さんと話ができたらいいのにと思います」

「母さんは、僕の日常でどんなことが起きているか知らないでしょう。本当の自分を僕は見せていないから。ときどき母さんと話をしようかとも思うんですけど、母さんの方に聞いてくれる様子がなかったりして、結局、何も話さずに終わってしまいます。母さんとはあまり喧嘩をしません。たぶん、僕が母さんを避けているからだと思います。口論になるとしたら、週末に僕がどこかへ行きたいと思っていて、それを母さんが許してくれないときぐらいです。宿題とか、家の手伝いとか、もっとちゃんとやって欲しいって母さんは思っているんだと思います。でも、僕だって少しはゆっくりしたいんです。高校がどんなに大変か、母さんはわかっていないと思います」

「母さんに愛されているのはわかります。でも、僕に対してあまり関心はないと思います。小さいときには、いろいろと気にかけてくれたけれど、今は、僕がイライラしていても、楽しい気分でいても、気付かないでしょう。母さんは、僕の話を聞いてくれません。僕が何かを言おうとすると、それをさえぎって、母さんの方が、一方的に話し始めるんです。どうして『あなたは今日一日どうだった？』とか、『学校で何をしたの？』って、ただ僕の話を聞こうとはしてくれないのかな。母さんと話したいです。僕は家族の誰ともしゃべっていないんです」

＊＊＊

以前のような親密さが母親との間で失われ、トレヴァーは寂しく感じていますが、かといって、母親を責めたりはしません。毎朝、早く起きて、仕事に行くことが母親にとってどれほど大変なことか、現実に、彼は痛いほどわかっているからです。多くのティーンエイジャーは、経済的かつ精神的にいかに大きなプレッシャーを親が背負っているか、想像する以上にわかっているものです。このように親の大変さに敏感すぎる子どもは、親に対して甘えたり、助けを求めたりできない可能性があります。ティーンエイジャーが親について語る言葉を聞くと、不満と思慕の念の両方が入り混じった複雑な感情を親に対して抱いていることがわかります。

＊　＊　＊

十五歳になるホイットニーは母親と弟と一緒に住んでいました。「お父さんが家を出ていってしまってからも、家族の時間はそれなりにちゃんととっていたと思います。私は十歳にもなると、自分で計画を立てて、あちこちへ友達と出かけるようになり、またお母さんもいつも仕事やデートで慌ただしくしていましたが、教会やボーイフレンドの家に行くときには私や弟を無理やりにでも連れていったし、夕食もいつも一緒に食べていました。一緒に夕食を食べるのは好きだったと思います。ただ、いろいろと話をしてはいましたが、重要なことを語り合うことはありませんでした。十二歳ぐらいになると、お母さんとは言い争いが絶えなくなりました。私が友達としたがることをお母さんにいつも反対されたからです。夕食は親子喧嘩の時間になりました。今、私を大事に思ってくれているのは友達だけです」

＊　＊　＊

ティーンエイジャーに話をしてもらうためには、適度な距離と親密さが必要だということを親は認識しておかなくてはなりません。紛らわしいですか？　とにかくこのことを心に留め、子どもに向き合えば、それほど混乱することはありません。思春期には、アイデンティティの確立と親密な人間関係の形成という一対の発達課題がありますが、これらは実際、連動して達成されるものだからです。他者と本当の意味で親密になるためには、自律していることが必要ですし、「自分とは何者なのか？」という答えは、誰かを愛し、誰かに愛されていることによって導かれる面があるのです。

ある程度の距離をとりながらも、親にしっかりと支えられている子どもは、思春期をどのように体験するものでしょうか。それでもなお、思春期が揺れ動き、混乱をもたらす時期であることに変わりはありません。しかし、自分を受け入れてくれる家族にしっかりとつなぎ留められている子どもは、自分の新しい考えが、どの程度、他者に受け入れられるかを知るための「共鳴板」や、新しいチャレンジを行うための「実験場」、そして、何かあったときに戻ることのできる「基地」を携え、この混乱に向き合っているようなものです。このような安定した支えとなる家族を持つ子どもは、躊躇《ちゅうちょ》なく世界へ飛び出すことができるでしょう。家族が待つわが家は、必要に応じて戻ることができる安全な港だとわかっているからです。ティーンエイジャーはどこかに属している感覚（家族のアイデンティティ）を保持しながら、個人のアイデンティティを築き上げていくものなのです。

ところで、この年代の子どもが親を必要としているという話など信じられないと思う人もいるかもしれません。そのような人たちは「わが家のティーンエイジャーは、全く口をききませんから」とよくこぼします。次はそのことについて考えてみましょう。

消え去りし子ども

ティーンエイジャーの子どもが親を避けるようになり、そばにいてもほとんど話をしなくなると、親は拒絶されているように感じます。子どもからシャットアウトされるのはこたえます。

「一度でいいので、腰を下ろして、息子と話をしたいものです。ものわかりの悪い親ではないつもりなのですが」

ティーンエイジャーは、親から詮索されたり、批判されたりするのが嫌で、親と話すのを避けるようになります。このように子どもが無口になり、打ち解けなくなるのは、思春期はプライバシーを必要とするものだという心理学的観点から理解することもできますが、そのような親子関係を築いてしまった結果として見ることもできます。

ティーンエイジャーを自立した一人の人間として捉えずに、親に対して無礼か礼儀正しいか、あるいは、協力的であるか非協力的であるか、というように、親子関係からのみ捉えていると、私たちは子どもが日々どれほどのプレッシャーに耐えて生きているかということを簡単に忘れてしまいます。

だぼだぼのズボンをはき、リップグロスを光らせ、社会のしきたりや慣習を馬鹿にしながら、商店街を騒々しく、闊歩《かっぽ》している、あのティーンエイジャーたち。彼らは、ひどいストレスにさらされて生きています。次のような世界で成長していくということを想像してみてください。いつなんどきテロリストに襲われるかもしれず、日光浴をすれば癌《がん》になり、セックスをしようものなら命にかかわる病気になりかねません。あなたの教会の牧師が実は子どもに性的被害を与えていたなんてこともなきにしもあらず、公害のせいで地球の大気には穴があき、しかも酸性雨が全ての湖と小川に降り注ぐ……。十四、五歳の子どもが考えるような簡単なことではありません。

また、現代のティーンエイジャーたちは、幼いときから、勝ち抜くことに対して、大変なプレッシャーをかけられてきました。最も良い学校に入るための競争は幼稚園に始まり、それで終わりではありません。高校生になる頃までには、当人がそれを望むかどうかにかかわらず、中流階級の子どもたちのほとんどは、良い大学に入るために普段の成績はもちろん、大学進学適性検査でも良い成績を収めなくてはならず、さらには、課外活動に励むことが求められるのです。

そして、もちろん、ティーンエイジャーなら誰しも時代を問わず直面してきた自己意識による苦悩に現代の若者も向き合わねばなりません。外見へのとらわれのために、学校にいれば、一日中、じろじろ見られているような苦痛を感じ、セックスに夢中になれば悩まされ、思春期の若者というのは、自分がどこか人とは異なるように思う、傷つきやすい存在なのです。人に見られていると思うほどに、彼らは内向的になっていきます。何を考えているのかと問われれば、「別に」としか答えません。人目を避け、他人に干渉されない自分だけの時間を求めます。

自分の部屋に引きこもったティーンエイジャーは、そこで、気持ちを整え、傷ついた心を休めます。しかし、朝になって、目が覚めれば、夢の世界から追い出され、再び、大変な現実世界へ出ていかねばなりません。彼らは、緊張から解放され、大きな不安から逃れられる、夕方の時間を待ち遠しく思っていることでしょう。人の視線を気にせず、音楽に耳を傾け、夢の世界に没入している間は、自分の弱さや悩みから、しばしの間、解放されます。そんなときに、その日、学校であったことを話すような気分には到底なれません。

誰もが他人に干渉されない自分だけの時間を時には必要とするものですが、とりわけ思春期の若者にとってはそれが重要です。この時期、急激に変化する身体や精神によって、彼らは常に人から見られているかのように感じるからです。

「でも、あの子は友達とは話をするんですよ」とあなたは思うかもしれません。確かに、その通りです。でも、友達は彼らの話に耳を傾けています。

「うちの子はちっとも話をしてくれないんです」といった不満を訴える親は、大抵、子どもが話を始めると、戒めるか、説教をするか、指導するか、安請け合いするか、言い争うか、文句をつけるか、問い詰めるか……、そんな対応をしてしまっています。子どもが自分の内面生活を親から隔てる幕をゆっくりと下ろし始めるのは、そのような親の対応に反応するからです。お互いの気持ちの行き来がなければ、コミュニケーションは成り立ちません。コミュニケーションは（それが失われることも)、双方向的なものなのです。

＊　＊　＊

シーラと娘のベッキーは、以前はとても仲の良い親子でした。ところが、ベッキーが中学二年生になったあたりから親に打ち解けて話をしなくなり、シーラは、そのことを悲しく感じていました。それでも、できる限り、娘とのコミュニケーションを図り、言い争いばかり繰り返す険悪な関係にならないよう、シーラは努力していました。十六歳になる息子のエリオットとは、まさに、そのような関係になってしまっていたからです。

シーラは、娘に対して腹が立つようなことがあったときには、その場を離れ、口論がエスカレートしないようにしていました。そして、気持ちを落ち着かせながら、二人の間で起きた出来事を書きとめ、客観的な把握に努めました。また、少し時間を空けてから(多くは夕食後などに)、娘と改めてその出来事について話し合うようにもしていました。次にシーラとベッキーの間で起きた最近の口論の様子を例として紹介しましょう。

CDショップから、ベッキー自身が注文していないCDが何枚も届いたときのことでした。母親のシーラは「そのCDショップに手紙を書きなさいね」とベッキーに注意をしました。たまたまそれを耳にした兄のエリオットが「何、何の手紙?」と知りたがりました。

「それは、ママの手紙よ」ベッキーは馬鹿にしたように答えました。その言葉には(私には手紙を書く義務なんてないわ。ママったら、また煩わしいことをしつこく言って！）という思いがこめられていたのは明らかでした。

「嘘でしょ！　これはママの問題ではないわ、ベッキー、あなたの問題よ」そう言いながら、母親のシーラは、あまり冷静ではありませんでした。

「もう、ママったら。ちょっと冗談を言っただけでしょ！」とベッキー。

「あなたって、**とっても**ふざけた子ね」シーラは、そう言い残し、台所へ入っていきました。

その日の夜のことです。シーラは、娘の前で苛立ってしまったことに少々バツの悪さを感じながらも、この出来事について、ベッキーと話をする時間を設けました。そして、「あのときのやりとりに、ママは本当にがっかりしたわ。『ママの手紙』って言っていたけど、なんで『ママの手紙』なの？」とベッキーに尋ねました。

「ママ、まだそんなこと言っているの？　あれはちょっとした冗談だって言ったでしょ！」ベッキーは答えました。

「口のきき方に気をつけなさい！」シーラが注意しました。

ベッキーは口を閉ざしました。そして、なぜ、ＣＤショップにベッキーが手紙を書くべきなのか、そのような注意を与えたときにベッキーに茶化され、シーラがどのような気持ちになったのか、といったことをシーラが説明する間、静かに聞いていました。ベッキーは、うなずいてもいました。しかし、何に対しても、「はい、ママ」としか言いませんでした。

＊＊＊

シーラは娘と折り合おうと努力していましたが、うまくいきませんでした。ここまで読んだみなさんは、何がいけなかったのかお気付きでしょう（他人が犯した間違いはすぐわかるものです）。シーラは、言い争いをエスカレートさせないように、いろいろと工夫していました。そこまではよかったと思いますが、夜、お互いの気持ちが冷静になったところで行った話し合いに、実際のところ、問題がありました。というのは、シーラが、娘の話に耳を傾けるよりもむしろ自分の考えを説明することに一生懸命になってしまった点です。

＊＊＊

では、シーラはどのように言えばよかったのでしょう。以下に示してみましょう。

「あのときは、本当に悲しかったわ。それで、つい、怒ってしまったのだけれど、後で考えてみると、私は、この件に関して、あなたがどう思っているかを理解していないことに気付いたの。改めて、この点、理解したいのだけど、私が『手紙を書きなさいね』と言ったことについて、あなたはどのように思ったのかしら？」

このように働きかけても、最初のうち、ベッキーは、この件を棚上げにしようとするだけかもしれません。思春期の子どもというのは、親に対して、なかなか素直に心を開こうとしないものです。親はどうせ子どもの言い分に耳を傾けるつもりなどないという思い込みが根底にあるからです。もし、そうなら、シーラは、次のように言ってみるとよいでしょう。「ベッキー。ああいうやりとりになってしまって、ごめんなさいね。今は、あなたがどんなふうに感じているのか本当に知りたいと思っているのよ」

誰かとの間で生じた行き違いをなんとかしたければ、次のような定式が役立つでしょう。この手順に従えば、あなたが、本当に話を聞かせて欲しいと思っていることが、相手にはっきりと伝わります：「①起きてしまったことについては、残念に思う。②私は、自分の気持ちについてはわかっているけれど、③このことに関してあなたがどんな気持ちでいるか聞いていなかった。そのことに気付いたので、④あなたの考えを聞かせて欲しい」

＊　＊　＊

ティーンエイジャーの気持ちに適切に応答しながら、話を聞くということは、子どもが話していることを（たとえ、「放っておいてよ！」という言葉でも）そのまま受け入れるということです。親が聞きたいと思うような話を子どもにさせることではありません。ところで、ティーンエイジャーは、話題によっては、話してもいいと思える心の状態にならないと、なかなか親と話したがらないということがよくありません。たとえば、彼らはあまりに内的なことや、自分の弱さが露呈するような話をすることを好みません。それゆえ、学校で長い一日を過ごした後のように、何を話題にしても内面に触れることのように感じられ、人と話したくない瞬間というのもあります。学校で五、六時間、他人の目に晒《さら》され続けた後などは、とにかく一人になりたいと思うことも多いでしょう。そのようなときに、彼らはよく「別に」という言葉を使いますが、これは、はにかんでいるからとか、遠慮しているために用いられているのではなく、自分を守るために使われているということも覚えておいてください。今、その話題を持ち出されると落ち込むから話したくないということを彼らはメッセージとして伝えているのです。子どものプライバシーを尊重してあげましょう。関心を持つことは大切ですが、無理強いはいけません。話をしたがらないときには、いつでも聞く用意があることを示しながら、子どもがその気になるのを待つのです。

子どもが話をしたいと思ってくれるかどうかは、その内容もさることながら、タイミングも重要です。忙しい親は、子どもと一緒に過ごせる貴重な時間をできるだけ有効に活用したいと思い、子どもの日常にどんなことが起きているのか、親の都合やペースで、全て聞き出そうとしてしまいます。しかし、当の子どもが同じ気分でいるとは限りません。「○○の時に、親子で有意義な会話をしよう」といった計画は、もともと立てられるようなものではないのです。子どもというのは自分から話したいと思ったときでなければ、真剣な話をしてくれません。そして、そのような瞬間は、大抵、日常の何でもないときに、自然に訪れます。親子が一緒にいるからといって、常に、子どもとの間で意味ある交流ができるわけではないのです。

また、みなさんは、子どもの生活にどんなことが起きているのかということに心から関心を持ち、子どもの話をただ**聞きたい**と思っているのかもしれませんが、子どもは、そのことを知りません。親が子どもと話したがるのは何かをチェックしようとしているからだと、大抵の子どもは考えます。監視員のように思われたくなければ、そうではないということを子どもに納得させる必要があるでしょう。

子どもに何かを尋ねるときには、尋問されていると受け取られないよう気を付けてください。また、子どもの意見を価値あるものとして親が認識していることが伝わることが大切です。

「ルーシー、あなた、倫理学の授業をとったわよね。生徒が拳銃やドラッグを所持していないかをチェックするために、生徒用ロッカーを警察に調べさせる件について、あなたはどう思う？」

純粋な質問だと子どもに思われるように話の流れを大切にしてください。ティーンエイジャーというのは、大人の考えを押しつけるための前置きにすぎないような質問には非常に敏感だということを忘れてはいけません。

＊　＊　＊

「ルーシー、あなた、倫理学の授業をとったわよね。生徒が拳銃やドラッグを所持していないかをチェックするために、生徒用ロッカーを警察に調べさせる件について、あなたはどう思う？」

「よくわからないわ、ママ」


このように、子どもからつれない返事が返ってきたとしても、必ずしもそれが「話をしたくない」ということを意味しているとは限りません。親が本気で子どもの話を聞きたいと思っているのか、わからないため、とりあえずそんな返事をしている可能性もあります。子どもが打ち解けるように、最初に、一つか二つ、簡単でかつ具体的な、つまり、答えやすく、脅威にならない質問をしてみるとよいかもしれません。


「ルーシー、あなたの学校では、もう、警察によるロッカーの無作為調査は終わったの？」

「ううん、まだよ。どうして？」

「新聞で読んだけど、警察は、多くの高校で調査を始めているそうよ。それで、あなたの学校でもやったのかしらと思って。あなたがそれについてどう思っているのか、ちょっと気になったの」

「警察が、全生徒の個人ロッカーを調べるなんて、横暴だと思うわ。二、三人の生徒がドラッグを売って捕まったからって、それだけで他の人たちまで自分の権利を侵されるべきではないでしょ」


口の重いティーンエイジャーに対しては、彼らの考えや意見に親が本当に関心を持っていることを示さなくてはならない場合が少なくありません。そのためには、子どもが興味を持ち、なおかつ、脅威にならないような話題を選択し、単純な質問から話を始めるのもひとつの方法です。子どもの考えに関心を示し、もっと話を聞きたいという姿勢が伝われば、大抵の子どもは、心を開き、話し始めるでしょう。

＊　＊　＊

子どもが親に心を開いて、自由に話をする気持ちになるか、またそれはいつか、という点は、子どもが期待するような反応を親が返せるかどうかにかかっています。親から批判されることなく、じゅうぶんに話し合えるということが伝われば、子どもは話をしてくれるでしょう。逆に、それが伝わらなければ、子どもは話そうとはしません。また、これ以上、話したくないと思ったら、話さなくてもよいということ、話したくなったときにはいつでも聞く用意があることも、しっかりと子どもに伝えてください。そうすれば、子どもにとって適当なタイミングで親に心を開いてくれるでしょう。

ティーンエイジャーの話に「耳を傾ける」というと、穏やかで冷静な会話を連想するかもしれませんが、必ずしもそうとは限りません。子どもの心の中にある、満たされない思いや怒りが叫び声をあげながら外に出てくることもあります。自分の苛立ちの原因を言葉にするために、大声で叫んだり、ドアをガシャンと閉めたり、家具を壊してしまうようなこともあるでしょう。このように激しく怒ったり、叫んだりして、どたばたしているからといって、そこに対話がないわけではありません。親が耳を傾けることをやめず、子どもを理解しようとしている限り、対話は成立しています。

ティーンエイジャーが、自分の気持ちをはっきりと表現する能力を身につけるためには、練習が必要です。友達、夢、希望、挫折、憧れ、悩み、そして、人づきあいの不安など、自分の中に湧き起こる様々な思いを表現できるということは、人間にとって非常に大切な能力です。しかし、中には、自分の感情を言葉にすることを学ぶ機会がなく、また、細やかに気持ちを汲み取りながら話を聞いてくれる人に恵まれてこなかった子どもがいます。彼らは、自分の中の感情を調整することがうまくできず、失望や拒絶、怒りといった避けがたい感情をどのように落ち着かせたらいいかがわかりません。そのように、困難な状況からうまく回復する能力を持っていない子どもは、慰めと気晴らしを求めて、ドラッグや飲酒、性的逸脱といった方向へ逃避することになります。

> 子どもから言葉があふれ出たときに、そこからさらに爆発を引き起こしたいと思うことがあったら、何かの拍子で以下のことを試してみてください：子どもの話を聞かず、言い争いを続け、とどめの一言を言う。思う存分そうしたあと、出口を封じて、憤っている子どもを拘束する。

＊　＊　＊

子どもの思春期というのは、ほとんど必ずと言っていいほど、家族全体にとっても大変な時期です。しかし、いくら大変だからといって、それほどまでに、ひどく対立したり、傷つけ合ったりする必要はありません。この時期は、家族全員に、充実感や活力を与えてくれる可能性もあるからです。思春期の子どもというのは、様々な世界へとつながるパイプ役を担っています。彼らは、新しい流儀や新しい考え、新しい情報、そして新しい言語までも、家族に持ち込み、親が時代遅れにならないよう、気を引き締めさせてくれる存在なのです。とはいえ、新しい考えを吹き込まれるということは、しばしば、かき乱されるということでもありますが。

また、思春期の子どもは親に対して批判的になります。親の信念に異議を唱え、偽善を暴き、そして長年影響を与え続けた先入観をその土台から切り崩していきます。このような子どもの言動を、親が、子どもにとっても、自分にとっても良いことと考え、その価値を正しく評価できればよいのですが、えてして、親は脅かされているように感じ、反撃してしまいがちです。そうなると、衝突は次々にエスカレートしていき、なかなか沈静化しません。多くの場合、子どもが家を出ていく段階になって、ようやく終止符が打たれます。

思春期というのは、大抵の人にとって、親との関係を大人のレベルに引き上げる最後のチャンスです。ここで、親に対する思春期的な感情をしっかりと克服するようにしたいものです。そうでないと、誰かと親密になるたびに、親に対して示すような幼い反応を、その相手にも繰り返すようになってしまうからです。

第十章

言い争いが避けられそうにない場合
――最悪の状況での応答的傾聴活用法

応答的傾聴を誠実に試みると、それが、様々な場面で、言い争いになりそうな緊張した状況を和らげるのに役立つということがわかります。しかし、その一方で、言い争いをうまく回避できそうにない場合や、回避できたかもしれないのに、学んだことを実践に移す前に、冷静さを失ってしまう、といった場合もあるでしょう。おめでとうございます！　それこそ現実の世界に生きているという証。この世界は魔法など、一切、存在しません。本章では、相手の話に耳を傾けるのが困難な状況をいくつか紹介し、子どもが親に投げ込む変化球に、いかに対処すべきか、考えていきたいと思います。

細かいテーマごとに論を進めるのではなく、まずは、応答的傾聴を行うにあたって、問題になりやすい場面をいくつか紹介することから始めます。そこから浮かび上がってくるテーマについて考えていきましょう。

＊　＊　＊

皆で集まって夕食を食べていたときのことです。六歳のオリビアは、大人たちのテーブルにやってくると、そこで歌を歌いたいと言い始めました。他の子どもたちは、自分のピザを食べ終わって、テレビを見ています。オリビアの父親は、オリビアに、「それじゃあ、歌ってごらん」と言いました。オリビアは、歌を歌い始め、歌い終わると、もう一度その歌を歌いたがりました。父親は、応答的傾聴を学んでいましたが、このようなとき、はたして彼は、オリビアが本当はどうしたいと思っているのかを知るために応答的傾聴を行うべきでしょうか。オリビアは、親から突き放されているように感じているのかもしれないし、他の子どもたちから、のけ者にされているように感じているのかもしれません。

このように、友人をもてなしている最中であっても、親は応答的傾聴を用いて、わが子が何に悩んでいるのかを知るべきなのでしょうか？　答えは、場合によりけりです。もしオリビアがものすごくつまらなそうにしていたら、次のように、気持ちを聞いてあげるとよいでしょう。

「どうしたの、オリビア？　テレビは見たくないの？」

六歳の子どもが、仲間外れのように感じ、寂しそうにしていたら、その気持ちを聞いてあげるための時間を、一、二分、とってあげた方がよいと思います。ただし、それ以上、長い時間をとる必要はありません。その後は、「今は、大人たちで話をする時間だからね」と子どもに伝えれば、それでじゅうぶんです。

この例は、子どもの話を聞いてあげる場合、いつ、どの程度の時間、それに費やすかを判断することの難しさを表しています。健全な家族には、親子の間に明確でほどよい透過性を持った境界があるものです。大人には、自分自身のための時間を持つ権利があり、子どもは自立することを学ばなければなりません。そのため、このような場合には、子どもが加わることのできない、大人だけの活動があるということを、六歳の子どもにも示すという基本方針でいるとよいでしょう。ただし子どもに指示を与える前には、短時間であっても、気持ちを聞いてあげるとよいと思います。その方が、おとなしく指示に従うからです。最初に子どもに「どうしたの？」と尋ね、少し話を聞いてから、「みんなと遊んでおいで」と言えば、子どもの気持ちに寄り添いながらも世代間の境界を区切ることができます。ディナーパーティで、大人の関心を六歳の子どもに集めるということは、子どもと大人の間の境界を曖昧《あいまい》にするということで、よいことではありません。

＊　＊　＊

十三歳のクリスティーンは、彼女の散らかった部屋のことで、いつも父親と言い争ってばかりいました。ある日、クリスティーンがテレビを見ていたときのことです。父親が、「コマーシャルになったら、その間にでも、自分の部屋を掃除したらどうかね」と言いました。「はぁ？」というような表情を父親に向けるクリスティーン。父親は、自分の言っていることはごく普通のことだと思っていましたが、娘の反応は「何言っているの？」とばかりに反抗的でした。クリスティーンに部屋を片付けさせたいという父親の思いをかなえつつ、クリスティーンのメンツをつぶさないようにするには、どのように応答的傾聴を使えばよいでしょうか？

ここで検討すべき問いが二つあります。一つ目は、子どもは何歳になったら自分の部屋について管理を任されるべきか、という問いです。十三歳？　十六歳？　三十五歳？　二つ目の問いは、何かに熱中している最中に誰かに邪魔をされたら、**あなただったら**どう思うか、というものです。

何歳になったら自分の部屋の管理を子どもに任すべきか、ということも重要な問題ですが、このケースでは、父親が声をかけたタイミングがよくありませんでした。面倒な仕事をやろうとしないことについて、十三歳という年齢の子どもと話し合おうと思ったら、双方が冷静な気持ちでいるとき、そして、子どもが何かに熱中していないときを選ばなくてはいけません。

応答的傾聴を効果的に用いるには、親は、自分の感情を抑制する努力が必要です。というのも、子どもに一方的に命令するのではなく、話し合いたいと思うなら、適切な時が訪れるのを待たなければならない場合が多いからです。クリスティーンのケースでも、よいタイミングをとらえ、「今晩、テレビをつける前に、父さんはおまえに自分の部屋を掃除してもらいたいんだが」と、はっきりと伝えられるとよかったのだと思います。ところで、先にも触れましたが、子どもが自分の部屋を掃除しないのは、自分がそれをする必要性を感じていない、という可能性があります。この問題に関しても、応答的傾聴を行って、子どもがどのように思っているかを聞き出してみるとよいでしょう。くれぐれも、子どもが心を開いて話をしようと思うタイミングをとらえることを忘れずに。

＊　＊　＊

車の中で、あなたとティーンエイジャーの娘が、ヒップホップのエミネムを楽しく聴いていたら、下の八歳の娘が、「そのラジオを消して！」と強い調子で言ってきた、という場面を想像してみてください。八歳の娘は、その種の音楽が本当に嫌いなのかもしれません。あるいは、ただ自分の思うようにしたいだけということもあるでしょう。特に、母親と姉が仲良くしていて、疎外感を抱いているとしたら、そんな気持ちになるものです。ティーンエイジャーの娘と八歳の娘、二人が相手のとき、どのように応答的傾聴を用いるとよいでしょうか？

このような場合、考えるべき問題が二つあります。ひとつはどのラジオ番組を聴くかということに関して、子どもたちの意見が合わないときの解決法です。

これについては、親であるあなたが最も良いと思う方法で決めればいいと思います。あなたは、大人であり、子どもたちを管理しているのは自分だということを自覚していることが必要です。親が聴きたいと思うものを選んでもいいし、子どもたちに順番に選ばせてもいいと思います。親が管理する立場にあることを忘れない限り、実際、どういう方法をとってもかまいません。

第二の問題は、どのようにして、この二人の子どもに対して応答的傾聴を行うか？　つまり、タイミングの問題です。車中で繰り広げられる子ども同士の小競り合いを、辛抱強く聞いていられる親もいることでしょう。しかし、私はそれほど辛抱強くありません。そういう努力をしてみようとさえ思いません。ですから、そのようなとき、私は、子どもたちに二分間、時間を与え、二人で意見の不一致を解決するように言います。もし、子ども同士ではそれができなかった場合、そのような場合に限って、私が介入して、解決するようにします。この件についてそれぞれがどのように感じているかを知るための応答的傾聴は、後で、個別に話をする時間が取れるまでは行いません。

＊　＊　＊

この変形で、子ども一人に対して親二人が一緒に、応答的傾聴を行うということは可能か、という問題についても考えてみましょう。

そのような場合は、何はさておき、夫婦が心を合わせて、子どもに対峙《たいじ》するということが重要です。夫婦で不一致な点に関しては、どちらかが妥協したり、とことん話し合ったりして、解消しなければなりません。夫婦が一致団結し、お互いをサポートして子どもに向き合うということが最も大切であり、それができていれば、子どもに対して、親が二人で効果的に応答的傾聴を行うことも可能でしょう。しかし、妻、夫、子ども、いずれかの不安をかきたてるような問題の場合は、親と子どもと一対一で話をした方が楽だと思います。

＊　＊　＊

子どもが両親を互いに張り合わせようとしている場合に、応答的傾聴を行うとしたらどのような注意が必要でしょうか？

ここで問われる真の問題は、親の姿勢です。子どもが、あなたではない、もう一人の親に対する不満を口にするのを耳にし、あなた自身の中にもその配偶者（あるいは、別れた配偶者）に対する不満があった場合には、思わずその不満に同調したくなるものです。しかし、そこで、子どもを味方に引き入れたいという衝動を抑えることが重要です。

子どもは、両親が一体となって応援してくれるほど、何事も一生懸命頑張れるものです。また、子どもには、無意識のうちに、親の考えや感情、行動などを取り入れ、自分の性格を形成していく部分があります。それゆえ、子どもの前で、もう一方の親の威信を傷つけるようなことを言ったり、批判したりしてはいけません。子どもの不満に同調し、もう一方の親を一緒になってやりこめるようなこともいけません。子どもの気持ちに共感的であったとしても、子どもの不満に同調する必要はないのです。
では、子どもが、もう一方の親について不満を言うとき、どのように反応したらよいのでしょう？　そのようなときは、セラピスト役を演じてみてください。まず、子どもの気持ちに耳を傾け、共感します。ただし、「あなたの言うことは正しいわ」とか「私もそう思うわ」といったことを言ってはいけません。特に、聞き手である、あなたの個人的な不平不満をつけ加えて、子どもに同調するのは禁物です。

人は、自分にどれほど至らない点があったとしても、それを認めたくないと思うものです。幸運にも、神は、我々に責任をなすりつける相手、夫（妻）を授けてくださいました。しかし、子どもの前では、その幸運を使わずにおきましょう。

あなたが離婚を経験しているとして、別れた配偶者の方が、あなたよりも自分のことをよく理解してくれると、子どもから言われたときには、どのように反応したらよいでしょう？　その場合も、同様に、セラピストのごとく、話に耳を傾け、共感してあげてください（ただし、あなたがかなり傷つく可能性があります。そのときは、どうぞご友人から慰めを……）。

＊＊＊

母親が早く帰宅してみると、十三歳になる娘のデニースが二人の少年とリビングにいました。彼らは、コンピュータで音楽を聴いている最中でした。特に何か起きている様子はありません。母親は少し驚きながらも、少年たちに「いらっしゃい」と挨拶《あいさつ》し、自己紹介をしてくれるよう頼んだだけで特に怒ったりはしませんでした。デニースは友達に帰ってもらうべき時間であることがわかっているようでした。少年たちが帰った後、母親はデニースに言いました。「今日みたいなことは感心しないのは、あなたもわかっているわよね。大人のいない家で男の子と過ごせば、いろいろなことが起きるものよ。たとえあなたが望まなかったとしてもね。安心してお友達と一緒に過ごせる場所を見つけるといいわ。ボウリングをしたり、映画に行ったり、バスケットボールをしたり、ね」そして、母親は、どうして家で過ごすことになったのか、説明してくれるようデニースに求めました。

このような対応は、応答的傾聴なのでしょうか、それとも無責任な子育てなのでしょうか？　母親はデニースに対して、「大人のいない家で男の子と過ごせば、どんなことが起きるか」ということにもっと触れるべきではなかったのでしょうか。

それは、何を目的にするかによります。自分の行動に責任を持って、ルールに従うことを娘に教えたいと思っていたのなら、これ以上言う必要はなかったと思います。しかし、娘の怒りを爆発させたかったのであれば、また別です。子どもは、自分でも悪いとわかっていながらやってしまったことが見つかったとき、自分の愚かしさを恥ずかしく感じているものです。にもかかわらず、さらに追い打ちをかけるように、親から厳しく言われると、最初はいけないことをしてしまった**自分**に対して抱いていた自己嫌悪が、意地悪な**親へ**の怒りに変わってしまいます。自分のとった行動について、子どもが既に恥ずかしく感じているときには、あまり厳しく対応しすぎない方が、子どもも責任を持った行動をとるようになるでしょう。

こうした状況では、罰を与えるよりも、応答的傾聴を行うべき理由が他にもあります。それは、ティーンエイジャーに対して、何らかのルールを設けるときには、そのルールに従うことを子ども自身が納得していることを確かめることがとても大切だからです。納得していないルールに従わせようと思ったら、親は、二十四時間、探偵のように見張っていなくてはなりません。

＊＊＊

問題になりやすい場面をいくつか挙げてきましたが、これまでの章で触れてきた二つのテーマが再び浮かび上がってきたように思います。ひとつは、応答的傾聴と効果的なしつけというテーマ、そして、もうひとつは、応答的傾聴と家族メンバー間の境界というテーマです。両者には密接な関係があります。しっかりとしたしつけがなされ、親子の間の境界が、明確で、ほどよい透過性を持つほど、子どもの気持ちを汲み取りながら話を聞くことは容易になります。言い換えれば、常に、子どもの気持ちを汲み取りながら話を聞くようにしていると、家族機能は向上し、望ましい親子の境界が形成されるということです。

しつけと応答的傾聴

先ほどのデニースの母親は、十三歳になる娘が自宅で二人の少年と過ごしていた場面に遭遇《そうぐう》しても、娘を罰しませんでした。この例を読んで、しつけという点で疑問を感じた人もいるかもしれません。なぜこの母親は娘を罰するべきではなかったのか？　子どもは、重要なルールを明らかに破ったわけです。そうですよね？

しつけが効果を発揮するか否かというのは、親がどのような判断をし、どのような心構えでいるかによる面があります。母親は、デニース自身、大人のいない家に、二人の少年を招いてしまったことは、いけないことだったと自覚し、それについて後悔している、と考えました。そのため、ここで、さらなる罰を与えて追い込めば、娘は、自分がやったことに対する罪の意識を低下させ、逆に自分を罰した母親に腹を立てるだろうと、論理的に判断したのです。

先ほど、効果的なしつけとはどのような心構えでいるかにもよる、と言いましたが、それは次のようなことを意味しています。しっかりと子どもを管理できていて、適切な対応をしてい

子どもには、自分がどのように行動すれば、どのような結果を招くのかということを、できる限り自然の成り行きから学ばせてください。してはいけないことをした場合も、親が叱るのではなく、自ら反省できるようにすることが大切です。

ると思っている親ほど、積極的に子どもの話に耳を傾けます。そのような親は子どもに何を言われても、たじろぐことがありません。大人であるという自信に満ちています。いちいち、わが子と争う必要を感じていません。つまり、そのような親は、子どもと争っても仕方がないことには手を出さず、ここぞという問題に関しては、子どもを言う通りにさせるという自信があるのです。

もう少し、具体的に考えてみましょう。代理で、中学二年生の教師を一日務めることになったと仮定します。そのとき、あなたはどのような気持ちでその場に臨むかを想像してみてください。心配になるでしょうか？　気後れしてしまうでしょうか？　不安になるでしょうか？　子どもたちが言うことを聞いてくれず、途方に暮れてしまったらどうしようと思うでしょうか？　子どもたちを静かに座らせ、礼儀正しく、聞き分けよくさせなくてはと考えるでしょうか？　海軍の新兵訓練担当の軍曹だったなら、このような役割を与えられたとき、心配になると思いますか？　子どもが好きで、子どもを大切に扱う人だったら、この仕事についてどのように感じるでしょう？　子どもたちがどのように反応するだろうかと心配して過ごすのと、子どもたちが興味を持っていることはどんなことだろうとわくわくしながら過ごすのとでは、その一日の流れにどのような違いがあると思いますか？

具体的にどのようなやり方でしつけようかとあれこれ考えるよりも、ここぞというときには、子どもを従わせることができるという自信を持つことの方が、はるかに大切です。とはいえ、わが子をしっかり管理できていると自信がありさえすれば、子どもとの関係がうまくいくというわけではありません。

親子の間の境界と応答的傾聴

親が応答的傾聴を用いようとする際に遭遇する難題の多くは、境界に関わる問題です。これまで見てきたように、親子の間の境界が、明確でほどよい透過性を備えたものであれば、自由にコミュニケーションを交わすことができ、同時に、ある種の大人の活動に子どもが立ち入ったり、また、子どもの生活に親が介入しすぎたりするのをしっかりと防いでくれます。それに対して、境界が硬すぎると、親子の間でのコミュニケーションは少なく、親はわが子の話にあまり耳を傾けません。また、境界があまりに曖昧だと、相手の気持ちに寄り添って話を聞くということは、より一層困難になります。というのも、そのような混沌とした親子関係では、物事を決めるたびに議論になってしまうからです。なにかと立ち入ってくるような親には子どもは話そうなどとは思わないでしょう。

子どもは、なにかと口出ししてくる親とはあまり話そうとしません。そういう親の「助言する」とか「提案なんだけど」は、子どもにとったら余計なお世話というものです。

親子間の境界が硬いのはよくないし、かといって、曖昧なのもよくない、というのは、もっともな考えなのですが、では、明確でほどよい透過性を備えた境界とはどんなものなのかというと、解釈が分かれるところです。というのも、私たちは、多くの場合、自分たちが育ってきた環境の境界が基本だと思っているからです。では、どのように考えるとよいのでしょうか？

私の助言として、まずは、あなたの家族は、絡み合った家族なのか、それとも関与し合わない家族なのかを見極めることです。絡み合った家族というのは、夜も寝室のドアを開け放し、家族全員がそれぞれのことに口を挟み、親はつまらない子どもの行動にまでいちいち関心を持って、しょっちゅうおしゃべりをしに部屋を訪れ合ったり、電話をかけ合ったりする、といった特徴を持っています。コミュニケーションは盛んですが、プライバシーはあまり守られません。自分ひとりで何かを決めるということもほとんどありません。絡み合った家族では、個人を基準に決断を下すのではなく、多くの場合、家族の期待に沿った決断をします。

それに対して、関与し合わない家族では、プライバシーはしっかり守られますが、子どもに関わる重要な問題を親は把握していません。また、愛情を伝え合うことも少なく、頻繁に部屋を訪ねたり、電話をかけ合ったり、物事を共有し合ったりしないという傾向があります。

もし、あなたの家族が絡み合った家族であると感じるならば、次の点を心に留めておくとよいでしょう。それは、あなたは、なにかと口出しして、必要以上に子どもの生活を管理したがり、感情的に行動してしまう可能性があるということです。一方、あなたの家族が関与し合わない家族であるならば、あなた方親子は、必要なコミュニケーションをとっていない可能性があります。

最初の例に登場した六歳のオリビアは、夕食をとっている大人の輪の中に入って、歌を歌いたがりました。これはまさに境界の問題です。絡み合った家族の親ならば、このように大人だけで過ごしている場に、六歳の子どもが出入りすることを許してやってもよいと考えるかもしれません。歌を歌いたいというオリビアの願望を寛大に受け入れることはしても、大人のためのディナーパーティに、子どもが加わってはいけないと線を引くことは苦手です。一方、関与し合わない家族の親は、子どもが入り込んではいけない大人の時間があるということをきっぱりと子どもに伝えることができますが、入り込もうとする子どもの気持ちを理解しようとはしません。

テレビを見ている十三歳の子どもに対して、「自分の部屋を掃除しなさい」と親が言い、口論になったケースからも、境界の問題が浮かび上がります。個人的な意見ですが、子どもが十歳ぐらいになったら、自分の部屋をどのようにするかは子どもに任せてもよいのではないかと私は思っています。しかし、私は、わが子の自室の扱いに関して、自分の考えを押しつける気がないのと同じように、よその親がこの問題についてどう対処するかに関して、私の考えを押しつけるつもりはありません。とは言え、子どもに何かをやらせようと思ったら、どんなことであれ、子どもの気持ちをじゅうぶんに尊重し、子どもが他の何かに夢中になっている最中には話しかけないようにした方がよいとは思いますが。

他人からあれこれ言われる筋合いはないと子どもが思っているようなことに、親が干渉し、親子喧嘩が勃発《ぼっぱつ》するという場合があります。たとえば、母親のジョアンが、娘のアリシアに、ソファで勉強をして欲しくないと言ったときも、まさにそうです。「ソファで宿題をやったって集中できないでしょ」と母親は考えましたが、アリシアにしてみれば大きなお世話です。

集中できるか、できないかは、親が決めることではありません。なんでもかんでも手を出してしまう親というのは、子どもに決定を任せてよい問題と、親が決定すべきと思われる重要な問題の区別を曖昧にしてしまいがちです。(原注1)どの問題は子どもが決めればよく、どの問題は親が決めた方がよいのでしょう？　判断はみなさんにお任せします。ただし、次のことは心に留めておいてください。あなたが絡み合った家族の中で育ってきたのならば、子どもに対して指図すべき問題かどうか、よくよく考えた方がよいでしょう。一方、もしあなたが関与し合わない家族の中で育ってきたのだとしたら、あなたが子どもだった古き良き日々には親が関わるなどとは考えられなかったようなこと（たとえば、宿題をきちんとやったかどうかといったこと）などにも、積極的に関わった方がよいかもしれません。

本章で既に検討した例に、車の中で聴くラジオについて、二人の子どもの好みが一致しなかった場合、どのようにしたらよいかというものがありました。テーマに即した理想的な例ではありませんでしたが（それにしても私はいつになったら目的にぴったり合うように例を作り上げられるので

（原注1）本当は、親の願望であるにもかかわらず、それを認めたくないがために、子どもがそう望んでいると置き換えて語るような場合があります。もし、ジョアンが、娘にソファで勉強して欲しくないと思うなら、「お母さんはあなたにソファで勉強して欲しくないの」と話した方がすっきりします。

しょう?!)、あのシナリオは、親がきょうだい間の競争意識にどのように対処するべきかという問題を提起していました。次にそれについて考えてみましょう。

きょうだい間の競争意識

きょうだい間の競争意識というのは、昔からよく使われてきた言葉です。子どもたちが喧嘩をしているですって? ご心配なく、それは、いわゆる、きょうだい間の競争意識によるものです。きょうだいで喧嘩ばかりしているということに頭を悩ませ、沈んでいるような親御さんがいたら、そのように言ってあげてください。

兄弟姉妹は、なぜこんなにも喧嘩をするのでしょうか? それは、彼らが、お互いを羨《うらや》ましく思っているからです。年上の子どもは、自分の居場所を奪った年下の子どもに嫉妬し、年下の子どもは、お兄ちゃんやお姉ちゃんの自分にはない能力や、特別扱いを羨みます。きょうだいが、ある程度、反発し合うのは自然なことです。

一般に、親は、きょうだい同士の喧嘩をあまり好ましくは思いませんが、こうした喧嘩は、避けがたいものであると考える方が賢明です。競争は自然に生じるものであり、競争をすることで、子どもは、たくましくなり、立ち直る強さを身につけていきます。また、喧嘩することで、子どもたちは、自己主張の仕方、自分の権利の守り方、さらには、喧嘩が際限なく続いたときの最終的な折り合い方などを学ぶのです。とはいえ、きょうだい喧嘩を通じて、これらを子どもたちが身につけていけるかどうかは、親の対応次第と言っても過言ではありません。

大抵の親は、子どもがきょうだい喧嘩を始めたら、どのように対応するかというレパートリーをそろえています。というのも、親というのは、子どもの喧嘩をほうっておくのに耐えられず、わが子を管理するのが親の義務だと過剰に考えがちだからです。しかし、子どもを説得するところから始まって、最終的には彼らを罰するということまで、あらゆる段階で親が介入してしまうと、当の子どもは、自分たちで喧嘩を解決するチャンスを失います。

子ども同士の喧嘩の取り扱いで親が犯してしまう最も大きな過ちは、子どもたち自身で対立を解決する機会を奪うことです。親がわが子に対して、あまりに一生懸命にきょうだい仲良くということを**教え込もう**とすれば、子どもは、子ども同士でうまくやっていくことを**学ぶ**機会を取り上げられてしまいます。あいにく、子どもの喧嘩に口出しすると、少なくとも一時的には喧嘩が収まるため、親はそのような介入を繰り返してしまいますが、それで事態が収束するわけではなく、喧嘩は必ず再燃します。ここで、その典型的な例を紹介しましょう。

家族が夕食の席に着こうとしたとき、アダムとマットは、誰がどこに座るかをめぐって口論を始めました。「僕がパパの隣に座るんだ」「ダメ、ここは僕の席だよ」「違うよ、ここが僕！」とうとう、母親が「二人とも、喧嘩をするなら、自分の部屋へ行きなさい」と割って入りました。口論はいったん収まりましたが、後で必ず再燃します。いつもそうなのです。

子ども同士の喧嘩には立ち入らず、過干渉な親にならないようにしてください。子どもたち自身で解決させるようにしましょう。

「わかりました。でも子どもたちが互いに手を出し始めたらどうしたらいいのですか？」

そういうこともあるでしょう。しかし、親が、どこかで間に入ってくれるということを当てにできるなら、子どもたちは何をやっても大丈夫と思ってしまうものです。そうなると、彼らはなんのひっかかりもなく喧嘩をエスカレートさせていってしまいます。一度、間に入ってしまうと、子どもは、「フランクが僕をぶった！」というように、いつも言いつけにやってくるようになるでしょう。親が子どもに代わってその場を収めてやっている限り、子どもたちで、事を収めるようにはなりません。

家族の中に「きょうだい」というくくりを置いて、親との間の境界をしっかりと引くようにしてください。そうすれば、どのようなことは子ども同士の問題で、どのようなことは親が関与すべき問題なのかが見えてくるでしょう。夜、何時に寝るのか、誰を最初に寝かすのか、車の中で子どもが大騒ぎするのを許容するかどうか、といったことは、もちろん、親が関与すべき問題です。それに対して、裏庭で「○○が△△のことを□□と言った！」とか、今回は助手席に誰が座るのかとか、よくありがちな「どっちが先に手を出した」といったことは、子ども同士の問題です。子どもたちで折り合うことを学ばせましょう。

子どもがきょうだい喧嘩を始めたり、きょうだいの文句を親に訴えに来たようなときに、親としてできる最善のことは、子どもの気持ちに理解を示しながらも、「自分たちでなんとか解決してみなさい」と彼らの能力に対する信頼を伝え、その場を立ち去ることです。次に例を示しましょう。

＊　＊　＊

子1「ママ、オーエンが、僕の部屋に入って、僕のトレーナーを持っていっちゃったんだよ、それなのに、返してくれないんだ」

子2「あれは、**僕の**トレーナーだよ。おまえのは、洗濯場にあるじゃないか」

子1「ほらね？　僕が言った通りでしょう。オーエンにセーターを返すように言ってよ」

母「あなたたち二人なら、この問題をきっとうまく解決できるわ。ママはマティーニでも飲みましょ、それじゃ！」

＊　＊　＊

世代間の境界が曖昧な場合、子ども同士の喧嘩であっても、親が解決するべきだと、親は思いがちです。その一方で、世代間の境界が硬い場合、子どもがどのような気持ちでいるか、きょうだいに対してどのような不満を感じているかさえも聞くべきではないと思う親がいます。次にその例を示しましょう。

＊＊＊

「このチビのくそったれ！」大声で叫びながら、トッドが家の中へ駆け込んできました。それからちょっと遅れて、妹のジェニファーが、泣きながらやってきました。「パパ、トッドったら、車寄せのところで、自転車に乗るなって言うのよ！」

さて、どうしよう？ 父親のラルフは、子どもたちがひどい言い争いをしても、大して気にしません。それなのに、なぜ子どもたちは、自分たちの喧嘩に父親を引っ張りこもうとするのでしょう？

「僕は友達とスケートボードをしていたんだよ。だから、ジェニファーに言ったんだ、僕たちが滑《すべ》り終わるまで待ってててって。なのに、ジェニファーったら、僕たちが滑っている傾斜路のまん前で自転車に乗るって言うんだ」

「あそこにはじゅうぶんなスペースがあるだろう。おまえだけの車寄せではないんだし」

父親のラルフは、これ以上、この件について聞く気はありませんでした。子どもたちが、自分たちの口喧嘩を親に解決してもらおうと未だに思っていることにイライラしてもいました。知り合いには、このようなとき、子どもたちの間に割って入るタイプの親もいますが、自分はそんなことをするつもりはありません。それゆえ、子どもたちの話を聞く気はありませんでした。「すまないが、この問題は、おまえたち二人で解決すべきだと思う。さあ、もう向こうに行きなさい」

ジェニファーとトッドは、父親が本気でそう言っているのがわかったので、それぞれ、自分の部屋に上がっていきました。しかし、彼らは、それっきり。二人で解決すべきことはありません。これで終わりです。実際のところ、車寄せには、子どもたちが遊ぶにはじゅうぶんなスペースがありました。しかし、二人ともイライラした気持ちは収まらないままでした。

父親に訴えに来たとき、子どもたちは何を思っていたのでしょう？　ラルフは、そのことを、少しも理解していませんでした。彼は、わが子の気持ちについて考えたことなど一度もなかったのです。

トッドは、自分が友達と遊んでいると、いつもジェニファーが邪魔しに来ることに腹を立てていました。しかし、それをどうすることもできずにいました。母親から、「ジェニファーは、小さな女の子なのだから、いじめてはダメよ」と言われていたからです。なぜ、ジェニファーはトッドの邪魔をしても許されるのでしょう？

一方のジェニファーはというと、トッドが彼の友達の前で自分のことを「チビ」呼ばわりしたことに腹を立てていました。どうしてトッドは、いつもあんなに意地悪なのでしょう？　ジェニファーは、「妹が自転車に乗るためのスペースを作ってあげなさい」と父親からトッドに言ってもらいたかったわけではありません。そんなことは自分で解決できます。しかし、友達の前で、意地悪なことを言って、平気で妹を泣かせるような兄のことを、大人のように無視するのは、まだ小さいジェニファーにとっては難しかったのです。

＊　＊　＊

この家では、母親は子どもとの距離が近すぎ、父親は距離を置きすぎでした。母親は、子どもたちの間で生じた問題は子どもたちで解決するという機会をじゅうぶんには与えていませんでした。一方の父親は、子どもたちの気持ちが混乱し、慰めを必要としているときでさえ、彼らの話に耳を傾けようとせず、親子の間に厳格な境界を定めていました。

ここで心に刻んでおいて欲しいことがあります。それは、わが子の気持ちに耳を傾けるということと、彼らの問題を解決しようとすることは、全く別のことだということです。父親のラルフが子どもたちの話をもっと丁寧に聞いていたら、彼らは親に喧嘩を解決してもらおうと思っていたわけではないことがわかったでしょう。ただ気持ちが収まらなかったのです。そのようなとき、子どもの話に耳を傾けてやることは、決して悪いことではありません。親が犯しがちな誤りというのは、わが子の動揺は親である自分が取り除いてやらなければならないと思ってしまうことなのです。

ラルフは、子どもたち一人一人と話をする時間を作り、どんなことがあったのかを尋ね、彼らの感情に共感を示してあげてもよかったのではないかと思います。その際には、もちろん、自分の意見を述べたり、どちらかの味方をしたり、子どもたちの喧嘩を解決しようとしてはいけません。

親子の間に明確で、ほどよい透過性を備えた境界があるということは、子ども同士の喧嘩に親が介入することは最小限に抑え、同時に、混乱している子どもの気持ちには寄り添い、耳を傾けてあげるような関係性が築かれているということです。子どもの話に耳を傾けることと、親の思う通りにしようとすることは別のことという認識がここでは大切です。

＊＊＊

本章の冒頭で、私は、応答的傾聴を行うにあたって、親が疑問に感じる点について考察し、どのようなテーマが浮かび上がってくるか見ていきましょう、と言いました。きょうだい間の競争意識に関する考察を通じて、子どもたちと効果的なコミュニケーションを図るためには、バランスが大切だということがわかりました。寛容で理解があり、子どもの求めに応じ、喜んで話を聞くといった姿勢は必要ですが、そこに熱が入りすぎて、親の思う方向に子どもを導こうとしてはいけません。

応答的傾聴は、親にとって、家族内の言い争いを減らすための手段です。同時に、物事の捉え方の転換をもたらす手段でもあります。というのも、言い争いをしないようにするということは、対話の主導権を握ろうとするのをやめるということだからです。

二人の人物が、自分の考えを相手にわからせようと同時に思うことで、言い争いが生じます。しかし、応答的傾聴を行えば、親は自分の言い分を押し通すことから、なぜ子どもがそのように考えるようになったのかを理解しようとする姿勢に切り替わり、このような争いを解消することができます。

子どもを手放せない親というのは、子どもが何をするかだけでなく、何を言うかについても親の思う通りにしようと考えます。これでは、言い争いがなくなるはずがありません。応答的傾聴について、理解するのは容易かもしれませんが、それを実際に効果的に用いるためには、子どもを思い通りにすることを諦めるだけの強さが親には必要です。

「ちょっと話があるんだけど、いいかな？」

以前にも述べましたが、テレビを見ている最中の子どもに、「自分の部屋を掃除しなさい」と言うのは、タイミングがよくありません。言い争いを避けるためには、この「タイミング」という問題は、想像以上に重要です。

これまでわが子との間で生じた言い争いのうち、そうなることが全く予想できなかったものはどれぐらいあるでしょう？　おそらく、それほど多くないのではないかと思います。この点について、検証する時間をとってみようと思う人は、子どもとの間で言い争いになりかけたら、その場面を書き留める、ということを数日間やってみてください。言い争いになりがちな典型的な場面を次に挙げてみましょう。

• 子どもが何かの言い訳をしている最中、それは違うでしょ！　と口出ししたくなるようなとき。

- 親に対する口のきき方がなっていないと思ったとき。
- つまらないことできょうだい喧嘩をしているとき。
- 本当に嫌がることを子どもにさせようと思うとき。
- 子どもが立ち入って欲しくないと考えているようなことについて、子どもに尋ねるとき。
- 何らかの雑用をしないことに関して子どもを叱りたいと思うとき。
- 親としては許可しがたいことを子どもがやりたいと言い張るとき。

このエクササイズから最大限の効果を得たいと思うならば、これらの例をヒントに、子どもとの間で起こりうると予想される喧嘩のリストを作成してみてください。

次に、あなたが作成した親子喧嘩になりそうな場面リストのうち、口うるさく言いたくなる衝動を抑えたら、喧嘩にならずにすみそうなことはいくつぐらいあるか、数えてみてください。また、それでもなお、親として、これだけはどうしても言いたいと思うような場合、その口火を切る時と場所をうまく選ぶことによって、喧嘩を防ぐことができそうな場面はいくつぐらいありますか、考えてみてください。

＊　＊　＊

タイラーと母親は、タイラーの生活態度をめぐっていつも喧嘩ばかりしていました。学校から帰ったら、着替えて、宿題をやるように、何度も母親は注意しますが、タイラーの態度は一向に改善しません。母親が言えば、いつも「わかった、やるよ」とは答えます。それでも、実際にやらないので、母親がまた叱ると、「ごめん」と謝ります。毎回その繰り返しです。

タイラーの両親が私のところに相談にやってきたときには、息子の態度に、彼らはほとほとうんざりし、「息子とどう向き合ったらいいのか、助言してください」と話しました。両親の話から、タイラーは自分の感情を言葉にするのが得意ではなさそうに思えました。そのような彼に、面と向かって、直接問題を突きつけるのは、良い方法ではないでしょう。そこで、私は、直接話す代わりに、タイラーに短い手紙を書くことを提案し、彼らはその案に同意しました。手紙はおそらく父親を差出人とする方が効果的だろうと考えました。タイラーは父親をはぐらかすことには慣れていなかったからです。(原注2)

タイラーの両親は次のような手紙を書きました：

親愛なる　タイラー

学校から帰って、おまえがすべきことをめぐって、最近は、いつも言い争いになってしまっているね。そのことを、母さんも私も、悲しく思っています。やらなくてはならないことを全てうまくこなすために計画を立ててみてはどうかと思うのだけれど、どれぐらいあったらその計画を立てられるだろうか。二十四時間？　それとも、二日？　これなら、うまくこなせるとおまえが考える計画を、週末までに、作って、見せてくれないか。その計画には、宿題の時間や制服から着替える時間、犬を散歩に連れていくことの他、おまえがしたいこと、たとえば、テレビゲームをする時間やインターネットをする時間なども書き加えてください。

愛しているよ
父さんより

この手紙を渡して、タイラーが、実際に、放課後の行動計画を作り上げたことは、両親にとって、嬉しい驚きでした。そして、それにより、ぐんと言い争いが減ったのです。

＊　＊　＊

当然のことながら、言い争いに発展しそうだからといって、簡単には先送りできない会話もあります。朝、「スクールバスに遅れちゃうから、急いで支度をしなさい」と子どもに言うのを、夕食

（原注2）一般に、母親よりも父親の方が、より気楽に子どもと話し合いができるものです。というのも、母親は、子どもの行動を日々管理する責任の大半を押しつけられ、そのことで手一杯だからです。二つの教訓：①よりよい家庭生活を送るために、子育てに関する責任のバランスを夫婦で見直してみましょう。②子どもと、もっと気楽に話をしたいのであれば、子どもを管理しようとしてはいけません。

後まで引き延ばすということはありえません。ティーンエイジャーのわが子が外出しようとしているときに、誰とどこへ行くのかを知りたければ、「お友達は玄関にいるの？」といった質問も先送りすることはできません。

次に、この件に関連した質問を紹介しましょう。私の友人から寄せられたものです。

「十四歳になる娘のジェーンは、学校へ行く服に着替え、下へ降りてくるのですが、スカートは短すぎるし、シャツはピチピチ。母親はショックを受け、『そんな恰好で学校に行ったらダメでしょ』と注意しています。しかし、『私の着ているもののどこがいけないのか教えてよ』とジェーンに言い返されると、母親はなんと答えていいかわからないままに、つい、『まるで売春婦みたいじゃない』と言ってしまいます（これは、かつて母親自身が自分の母親から一度ならず言われた言葉でした）。母親がこのような反応をせずに、応答的傾聴を行うには、どうしたらいいでしょう。具体的に教えてください」

この母親が『まるで売春婦みたいじゃない』などと娘に言わない方がよかったのは明らかです。とはいえ、そのようなことを最初から言おうと思っている人はいないでしょう。つい口がすべる、ということが人間にはあるものです。子どもが自分で選んだ洋服を、学校に行くにはふさわしくないと親から否定されれば、子どもは腹を立てます。どのような言い方をしたところで、その会話は楽しいものにはなりません。だからといって、そのまま注意をせず、学校に行かせるわけにもいきません。このようなとき、親にできることと言えば、簡潔に伝えることを心がける、ということに尽きます。

もうひとつ、別の例を挙げましょう。

ある九歳の子どもの話です。彼は、両親が買い物に行っている間に、芝刈りをして親を喜ばせようと思い立ちました。そして、帰宅した両親が目にしたものは、動力芝刈り機を使っている息子の姿。びっくりした両親は、「親がいないときに、こんな道具を使ったらダメでしょ」と、息子を叱り飛ばしました。叱られた少年からすれば、無理もないことですが、腹が立つやら、悔しいやら。親は、それまで一度も、動力芝刈り機の使用に関するルールを息子には伝えていませんでした。当然、わかっているものと思っていたからです。このようなとき、叱る代わりに応答的傾聴を行うことができるでしょうか？

親が聖人のようになって？　子どもが危険なことをしたときにも動揺しないで？　あなたはどうかはわかりませんが、私は、外出から戻って、わが子が動力芝刈り機を使っているような危険な場面に出くわしたら、気が動転してしまうと思います。

親がどれほど気を付けていたとしても、子どもをブスッとさせるようなことを言ってしまうことはあります。どうしても言わなければならなくて、言うときもあれば、親自身、冷静さを失って思

> 理解してもらおうと思って、長々と話をすると、子どもは罰を受けているかのように感じ、かえって逆効果のことがあります。親があれこれ言えば言うほど、子どもは耳を貸さなくなるものです。

わず言ってしまう場合もあります。私たちは誰しもそうです。そのため、子どもから反発されないようにするにはどうしたらよいかを学ぶことは有益ですが、常にそうした事態を避けられると考えるのは間違いです。

次に、私が、カップルカウンセリングを始めた初期に学んだことを紹介しましょう。セラピーを求めるカップルは、大抵、よく喧嘩をしていますが、セラピーが始まると、セッション中にも、喧嘩の話を持ち出します。

彼「彼女はいつも……」

彼女「だって、それは、彼が一度も……」

彼「でも、それは、彼女がいつも……」

攻撃的な怒りの表現から、彼らの心の底にある、より傷つきやすい感情を見出し、その理解を助けるのがセラピストの役割です。

「彼は冷酷なろくでなしです」という言葉の奥底には、「私、寂しいんです、ほうっておかれている気がするんです」という思いがあるかもしれません。

また、「彼女はとんでもなくガミガミうるさいんです」という言葉の奥底にも、「彼女に僕の時間をどんどん奪われ、呑み込まれそうです」という不安があるかもしれません。

両者共に、喧嘩を引き起こしていた、心の奥底の思いが明らかになると、安心し、今後は喧嘩をせずにコミュニケーションが図れるようになるのではないかと楽観します。しかし、必ず、その後、彼らはまた喧嘩をします。おそらくそれは本当に痛みを伴う喧嘩となり、彼らは、すっかり打ちひしがれ、絶望的になるでしょう。セラピーで体験した、あの進歩は全て幻想だった……。絶望的だ……。私たちは、もう、**決してうまくやっていけはしない**だろう……。そんな思いに駆られるのです。

そして、がっかりし、自分たちは決してうまくやっていけるようにならないと考えるカップルは、少なくともある部分では、正しいということに私は気付きました。もし、「相手とうまくやっていく」ということが、喧嘩を絶対にしないことなら、それをやり遂げられる人は、まずいないからです。

大切なことは、喧嘩の後、できるだけ早く、関係を修復するということです。どのように仲直りしたらよいのかわからないという人がとる行動パターンには次のようなものがあります。まず、決して謝らないか、謝りすぎてしまう。何日間も不機嫌になる。お互いに口をきかない。常に、相手が先に謝るのを待つ。ご自分のパートナーを観察すれば、きっと、この他にも付け加えることができるでしょう。

ある程度の喧嘩が起きてしまうのは仕方ないとしても、起きてしまった後にそれらをうまく収められるようにするということが大切だという点に関しては、親子喧嘩も同じです。

喧嘩をした後に、それをうまく収める秘訣は、応答的傾聴を活用することにあります。子どもに「あなたの言い分は自分なりに理解しているつもりなんだけれど、それが合っているか確信がないの」と伝え、「どのように考えているのか説明してくれないかしら」と頼むのです。しかし、応答的傾聴を駆け引きの道具にしてはいけません。本当の意味で応答的傾聴を行うには、じゅうぶんな配慮をし、子どもが語ることに心から関心を持つことが必要です。

見識のある親というのは、わが子の考えや気持ちを自分はわかっているなどとは、考えません。だからこそ、そのような親は、積極的にわが子の話に耳を傾け、その考えや気持ちを知ろうとするのです。

ほどよいコミュニケーション

自己啓発本(原注3)には、次のような問題があります。まず、「人間の気質は限りなく改善可能である」という仮定を教え込むという点です。また、子育てに関する本であれば、あたかも完璧な親になれる技があるかのように書かれている点も問題です。現実には、親であるというのは、完璧にこなすことなど不可能な仕事です。多くの場合、自分が正しいと思うことをしながら、どうにかこうにかその状況を切り抜けているというのが実際のところでしょう。もちろん、常に改善の余地というものはあります。本書を執筆したのも、気持ちを汲み取りながら子どもの話に耳を傾けることによって、子どもとのコミュニケーションは改善していくものだ、ということを示すことが目的でした。

ただし、親子のコミュニケーションをよりよいものにすることができるといっても、完璧なものにできると考えるのは間違いです。

このセクションのタイトルを見て、心理学者ドナルド・ウィニコット（Donald Winnicott）による「ほどよい母親」という、あの絶妙に表現された用語を思い出した人もいるでしょう。[32] ウィニコットは、子どもの成長には、愛情深い環境が必要であるけれども、その環境は必ずしも完璧である必要はない、ということを指摘しています。つまり、**ほどよい子育てが可能な、普通に期待できる環境**でじゅうぶんである、と言っているのです。

完璧でなくていいという考えは、既にしばしば耳にしているかもしれません。しかし、もしそれで、多くの親が抱いてしまっている罪悪感という重荷を軽くできるのなら、やはり繰り返し述べる必要があるでしょう。

わが子への接し方を改善していくにも限界があると親が悟ることは、非常に大切なことです。というのも、頑張ればもっとできるはずだという、「ご立派な」考えは、究極、子どもの生活を親が思うようにしてもよいというあまり感心できない考えにつながるからです。また、コミュニケーションに関して言えば、「物事は完璧にすることができる」と考えると、大部分の問題は防

> 親が罪悪感を抱きながら子育てをしていると、子どもも同じように罪悪感を抱くようになってしまいます。

（原注3）ちなみに、本書は、自己啓発本ではありません。家族内コミュニケーションの弁証法に関する専門書です。

ぐことができる、とか、誤解は常に話し合われなければならない、という誤った考えに行きついてしまいます。

みなさん、ご存じと思いますが、問題を常に回避するということは不可能です。「決して子どもを怒鳴りつけない」「迎えに行くのに遅れない」「約束を忘れない」といったことができるなどと思ってはいけません。自分の娘に対して「まるで売春婦みたいじゃない」と言ったことはないかもしれませんが、誰もが、親として、しまった！　と後悔するようなことをしているはずと私は確信します。でも、気にしてはいけません、誰もがやっていることなのですから。

心に留めておいて欲しいことは、私たちは誰でも皆、過ちを犯し、子どもたちもそうだ、ということです。意見の相違も、喧嘩も避けることはできません。しかし、起きてしまった出来事について話し合うことはできます。それは少し時間が経過して、双方が冷静になってからでよいのです。

＊＊＊

私の知り合いの父親は、問題が起きたときには、後で事態の収拾をはかるように、という私の助言を肝に銘じていました。そのため、息子との間で、かなり不愉快な出来事があった翌日、彼は過剰に反応してしまったことを息子に謝りました。そして、息子に次のように伝えました。

「あのようにおまえに怒鳴りつけるべきじゃなかったね。しかし、私が繰り返し、テレビを消して、宿題に取りかかるように言っても、おまえは無視しただろう。ああいうとき、怒りを抑えることが非常に難しいということに自分でも気付いたよ」

この父親は、表向きは息子に謝っているようですが、結局は説教をしてしまっています。それは、親は正しく、親の望むように行動しない子どもが間違っているという思い込みがあるからでしょう。私たちは、なかなかこの思い込みが捨てられません。この父親の「謝罪」には、次のような裏のメッセージが込められていました。

「自己中心的な」（形容詞）：自分の視点からしか物事を見ない。他者の視点を考慮する能力がほとんどないか、あるいは全くない。

「おまえを監督する立場にありながら、ひどい行動をとってしまってすまなかった。でも、あれは、おまえがいけなかったんだ。だから、私は、おまえに、するべきこと、してはいけないことを教えてやらなくてはいけない」

ぜひとも、喧嘩や行き違いがあったときには、そのことについて、子どもと話をするようにしてください。ただし、親が正しく、子どもが間違っていると言い張るのは禁物です。

＊　＊　＊

シャロンが二階の自分の机で仕事をしていたとき、娘のミシェルが階段を下りていく音が聞こえました。「出かけるの？」とシャロンは声をかけました。

「なーにー？」ミシェルが、階段で叫びます。

「出かけるの？」シャロンは、声を大きくして繰り返しました。

「ママに言ったでしょ、車でナオミの家に行くって」ミシェルはイライラした声で言いました。

「ママの計算器、どこにあるか知らない？」シャロンが尋ねました。

「なーにー？」ミシェルが怒鳴り返しました。

「ママの計算器、どこにあるのか知らない？」シャロンが、大きな声で繰り返しました。

「昨日、ママに返したわよ！」ミシェルは甲高《かんだか》い声でわめきながら、玄関のドアをパシャンと閉めて出ていってしまいました。

シャロンは、娘の口調にひどく傷つきました。（**親にあんな口のきき方をするなんてありえない！　あんな言い方、誰であっても、絶対許されないわ。私はただ、ちょっと質問しただけよ！**）とシャロンは思いました。腹の虫がおさまりません。

少しして、冷静になってから、シャロンは仕事に戻りました。それからしばらくして、仕事を終え、朝食をとろうと階段を下りながら、シャロンは再び考えていました。（簡単な質問をしただけなのに、あんなふうに親に向かって怒鳴るのは良くないということを、ミシェルに伝えなくては。でもどうやって？）蒸し返せば、ミシェルがまたすごく怒ることが想像できました。彼女は、少なくとも週に一回は、これといった理由もなく、母親に当たり散らすようなところがあり、今回のことも彼女に話をしたところで、効果があるとは思えません。

よく考えてみれば、出かけようとしているときに、二階から大きな声であれこれ言われたことにミシェルは腹を立てたようにも思えます。そういえば、ミシェルは、母親が自分の話したことをしばしば忘れてしまうのでイライラすると、何度か言っていました。今さら、起きてしまったことについて話したところで、何か意味があるでしょうか？　シャロンは、もう、このことについて、娘に何も言わない方がいいのでしょうか？

＊　＊　＊

私なら次のようにアドバイスします。この母親が、不愉快な口のきき方をされるのはよい気分ではない、ということを娘に言ったとしたら、その真意はどこにあるのか、まず考えてみましょう。それから、みなさんは聞いたことがないでしょうか。世の中には、些細なことで、カッとなるタイプの人がいるものです。もし、そういう人と一緒に住んでいるとしたら、ある程度はそういう事態を予測しておかなくてはいけません。シャロンは、あのような言い方をされたときに嫌な気分になったことをミシェルに伝えるという、選択肢があります。また、いったいなぜミシェルがあんなにもイライラしたのかを理解するという選択肢もあります。ミシェルは出かけようとしているときに、大声で呼ばれたことにイライラしたのかもしれません。既に話してあった予定を、母親が忘れてしまったことに腹を立てていたのかもしれませんし、あるいは、計算器をまだ返していないでしょ？　と疑われたように感じて不愉快だったということもあったかもしれません。

シャロンは、これらのどの点からもミシェルと話をすることができたわけですが、その真意はどこにあると思いますか？　わが子を自分の思う通りにしたいと思う親と結局は同じとは考えられないでしょうか。シャロンがミシェルに、どうしてイライラしているの？　と尋ねたとしても、彼女の本当の目的は、ミシェルの思いを理解しようというのではなく、態度が悪いと娘を責めることにある可能性はないでしょうか？　それから、もうひとつ。先ほど挙げたような理由から、ミシェルが母親に腹を立てていたとしても、ミシェル自身、母親にひどい口のきき方をしてしまったことを認識していて、そのような態度をとったことについて、反省している部分がある可能性は？　このようなことを様々に考えながら、シャロンは娘に対して、どうするのがよかったのか、あなたなりの答えを導いてみてください。もうひとつ例を挙げましょう。

＊＊＊

あらゆる点で、パトリックは、良い子でした。宿題はきちんとこなします。家の手伝いも嫌がりません。一緒にいると本当に楽しい息子でした。しかし、パトリックには、父親をものすごく怒らせてしまう悪い癖がひとつだけありました。父親に何度注意されても、自分の汚れた食器を流しに運ぶのを忘れてしまうのです。彼は、自分が使ったお皿やお茶碗をリビングのソファの上にいつも置きっぱなしにしていました。

父親は、穏やかにパトリックに「お皿を置きっぱなしだよ」と注意したり、ゆっくり対話できる時間をとって、この癖をどうして直して欲しいのか説明しようとしたりしました。パトリックが自分のお皿を片付けないのには何か理由があるのか尋ねてみたりもしてみました。父親が何を言っても、何をしても、パトリックは、お皿を置きっぱなしにしたことを謝りはするものの、同じことを繰り返し、何の効果もなさそうでした。パトリックは、単純に忘れてしまっているようにも見えますし、もし仮に覚えていたとしても、大したこととは思っておらず、つい置きっぱなしにしてしまっているようにも見えました。

＊＊＊

どうしたらいいのでしょう？　父親の対応としては三つの選択肢が考えられます。まず、第一に、我慢したり、怒ったりしながら、子どもに小言を言い続けるという対応（大抵の親はこれを選択します）。第二に、息子が行動を改めるよう、厳しく、一貫して罰を与えるという対応。第三の対応が、ほうっておくというものです。息子が汚れたお皿をソファに置きっぱなしにすることは見逃せないほど嫌なことであり、また、息子には礼儀の身についていない大人になって欲しくないと思っていたとしても、お皿の片付けのことでイライラし、息子との会話が不愉快なものになるのはもったいないと思えば、この件はほうっておくという考え方もあるでしょう。

親として子どもに、どのようなルールはしっかり守らせ、どのようなルールには目をつむるかは、当然ながら、あなた次第です。ただ、私は話をしても解決していかない問題がたくさんあるということを伝えたいのです。

子どもと話をしてもあまり意味がない、という判断はどのようにしたらよいのでしょう？　たとえば、母親に対して不愉快な口のきき方をする娘と、そのことに関して話し合うのは意味がないことでしょうか？　食べたお皿を台所に戻し忘れてしまうことについてはどうでしょうか？　このようなとき、次のことを自分自身に問いかけてみてはどうか、というのが私のアドバイスです。あなたは、同じような会話を以前にしたことがありませんでしたか？　それは良い効果をもたらしましたか？

あら、あら！　なんだか唐突に、物事について話し合ったところで意味がないと私は言い出しているように聞こえるでしょうか？　本書の目的は、子どもとの言い争いを、実りある対話に転換する方法をみなさんにお伝えすることにあったはず……確かにそうでした、でも……。

はい、本書の目的は、親が、わが子との言い争いを減らすのを助けることにありました。**しかし**、そのためには、単に応答的傾聴という特定のスキルを身につけさえすればいいというわけではありません。応答的傾聴は、親子の力関係のバランスを転換させることがその基盤にあります。私の言う転換とは、親の視点から子どもの視点への転換、ということであり、具体的には、こちらが言いたいことを繰り返すのではなく、子どもの言い分に耳を傾けるように変えるということです。

しかし、転換はそれだけにとどまりません。子どもの視点で物事を捉えられるようになるということは、自分自身の視点に縛られた状態から抜け出すということです。そのように転換していくことは、正直言って、簡単なことではありませんが、それだけの価値があることです。

文献

（1）Gordon, T.（1970）. *Parent Effectiveness Training*. New York : Wyden.

（2）文献（1）の p.53, 81.

（3）Bateson, G.（1979）. *Mind and nature*. New York : Dutton.

（4）Stern, D.（1980）. *Diary of baby*. New York : Basic Books.

（5）Bateson, G.（1951）. Information and codification : A philosophical approach. In J. Ruesch & G. Bateson（Eds.）, *Communication : The social matrix of psychiatry*. New York : Norton.

（6）Kerr, M. E., & Bowen, M.（1988）. *Family evaluation*. New York : Norton.

（7）アメリカ精神医学会　精神障害の診断と統計の手引き第４版（一九九四）より一部抜粋。

（8）Meyrowitz, J.（1985）. *No Sense of Place*. New York : Oxford University Press.

（9）Stern, D.（1985）. *The interpersonal world of the infant : A view from psychoanalysis and developmental psychology*. New York : Basic Books.

（10）Nichols, P.（1995）. *The lost art of listening*. New York : Guilford Press.

（11）Trollope, A.（1881）. *Barchester Towers*. New York.

（12）Laing, R. D.（1967）. *The politics of experience*. New York : Pantheon.

（13）Wolf, E.（1980）. Developmental line of self-object relations. In A. Goldberg（Ed.）, *Advances in self psychology*. New York : International University Press.

（14）Sroufe, A.（1989）. Relationships, self, and individual adaptation. In A. Sameroff & R. Emde（Eds.）, *Relationship disturbances in early childhood*（pp.88-89）. New York : Basic Books.

（15） Neville Chamberlain　未発表の日記
（16） Kagan, J. (1984). *The nature of the child*. New York : Basic Books.
（17） 文献（9）の p.216.
（18） Rancer, A. S. (1998). Argumentativeness. In J. C. McCroskey, J. A. Daly, M. A. Martin, & M. J. Beatty (Eds.), *Communication and personality : Trait perspectives*. Cresskill, NJ : Hampton Press.
（19） Infante, D. A., Chandler, T. A., & Rudd, J. E. (1989). Test of an argumentative skill deficiency model of interpersonal violence. *Communication Monographs*, 56, 163-177.
（20） Andonian, K. K., & Droge, D. (1992). *Verbal aggressiveness and sexual violence in dating relationships : An exploratory study of the antecedents of date rape*. Paper presented at the annual meeting of the Speech Communication Association, Chicago.
（21） Bayer, C. L., & Cegala, D. J. (1992). Trait verbal aggressiveness and argumentativeness : Relations with parenting style. *Western Journal of Communication*, 56, 301-310.
（22） Thomas, A., & Chess, S. (1977). *Temperament and development*. New York : Brunner/Mazel.
（23） Kagan, J. (1984). *The nature of the child*. New York : Basic Books.
（24） たとえば Tieger, P., & Barron-Tieger, B. (1997). *Nurture by nature*. Boston : Little, Brown.
（25） Forehand, R., Wells, K., & Sturgis, E. (1978). Predictors of child noncompliant behavior in the home. *Journal of Counsulting and Clinical Psychology*, 46, 179.
（26） Skinner, B. F. (1953). *Science and human behavior*. New York : Macmillan.
（27） Ferster, C. B. (1963). Essentials of a science of behavior. In J. I. Nurnberger, C. B. Ferster, & J. P. Brady (Eds.), *An introduction to the science of human behavior*. New York : Appleton-Century-Crofts.
（28） Patterson, G. R., & Reid, J. B. (1970). Reciprocity and coercion : Two facets of social systems. In C. Neuringer & J. Michael (Eds.), *Behavior modification in clinical psychology*. New York : Appelton-Century-Crofts.
（29） Gottman, J. (1999). *The marriage clinic : A scientifically based marital therapy*. New York : Norton.

(30) Gilligan, C., Lyons, N., & Hanmer, T. (1990). *Making connections : The relational worlds of adolescent girls at Emma Willard School.* Cambridge, MA : Harvard University Press.

(31) 文献（30）の p.265.

(32) Winnicott, D. W. (1965). *The maturational process and the facilitating environment.* New York : International Universities Press.

訳者あとがき

子育てを難しいと全く感じることのない「幸せな」親御さんというのは世の中にどれほどいるのでしょう。頭では無意味だと感じながらも大声で怒鳴ってしまったり、何度も何度も同じことを指示して、結局従わせることができずに終わって、空しい気持ちを味わったり。「自分ひとりだったらどんなに楽だろう」と、ふと思ってしまう親御さんも少なくないのではないでしょうか。しかし、子育てを大変だと感じるのは、それだけわが子を大切に思い、真剣に向き合っている証だと思います。

この本は、そのような子どもへの愛情にあふれ、日々、悪戦苦闘している親御さんに向けて、わかりやすく書かれた子育ての指南書です。著者のマイケル・P・ニコルスは、アメリカ、ヴァージニア州にあるウィリアム・アンド・メアリー大学心理学部教授であり、長年、家族に向けた心理療法に携わってきました。彼の代表的著書 "*Family Therapy : Concepts and Methods*" は、二〇一二年に第十版を重ね、家族療法の基本テキストとして広く専門家に読み継がれています。その堅い肩書きや輝かしい研究業績とは裏腹に、彼の話は一般にもわかりやすく、テレビ番組などでひっぱりだこのゲストスピーカーとしても活躍中です。本書も、そうした彼のユーモアに富んだ語りそのままに、多くの具体的な場面を挙げながら、わが子が大人になるまでの時間、どうすれば無意味な言い争いをすることなく、「ほどよい親子関係」を築いていけるか、その指針を示したものになっています（彼は人間味にあふれた臨床家であり、「子育て」に決して完璧を求めません）。

本書の中で、ニコルス博士は、子どもの気持ちに寄り添い、その主張に耳を傾けることの大切さを説き、そのための方法として「応答的傾聴」というスキルを提唱しています。このように書くと、こうした育児関連の本に触れる機会の多い読者の方には、それほど目新しい内容には映らないかもしれません。私自身、初めて本書に触れたとき、とても当たり前のことを言っているように感じました。しかし、ページを進めるごとに、また読み直すたびに、彼の伝えようとしている内容の深い意味を知り、また新しい発見をし、本書がとてもユニークで魅力的であるということがわかりました。それは、実際の子育ての中で、あるいは大切な人とのかかわりの中で、さらなる気付きと希望の光をもたらしてくれるものと思います。

最後になりましたが、本書の翻訳機会を提供してくださり、辛抱強く長きにわたってサポートしてくださった編集の桜岡さおりさん、専門的用語などに関する私の質問にいつも丁寧に助言をくださいました京都大学の岡野憲一郎先生、国際基督教大学カウンセリングセンターの皆さんに、この場をお借りして心よりお礼申し上げます。

ニコルス博士がいたずらっこのように、そこかしこで仕掛けるユーモアに笑いながら、皆さんに、本書に親しんでいただけたら幸いです。

平成二十六年十月

訳者を代表して　加藤直子

索引

あ

か

さ

た

な

は

ま

や

ら

わ

■著者

マイケル・P・ニコルス（Michael P. Nichols, PhD）

ウィリアム・アンド・メアリー大学（ヴァージニア州ウィリアムズバーグ）心理学部教授。“*The Lost Art of Listening*”や“*No Place to Hide*”，サルヴァドール・ミニューチンとの共著 “*Family Healing*” など著書多数。彼の講演は人気があり，多くのテレビ番組にゲストとして出演している。ニコルス博士は，家族療法の教育，実践家であるばかりでなく，マスターズ重量挙げ大会の全米チャンピオンでもある。

■訳者

加藤直子（かとう　なおこ）

1968年東京生まれ。京都大学教育学部卒。国際基督教大学大学院教育学研究科修了。臨床心理士。
現在，九段坂病院心療内科，国際基督教大学カウンセリングセンター所属。

赤塚麻子（あかつか　あさこ）

1969年東京生まれ。学習院大学大学院人文科学研究科イギリス文学博士前期課程修了。翻訳家。学習院大学外国語教育研究センターなどで非常勤講師。

佐藤美奈子（さとう　みなこ）

愛知県生まれ。1992年名古屋大学文学部文学科卒業。現在は翻訳家としての活動のかたわら，英語の学習参考書・問題集の執筆にも従事。星和書店より訳書多数。

わが子との言い争いはもうやめよう！
幸せな親子関係を築く方法

2014年12月11日　初版第1刷発行

著　者　マイケル・P・ニコルス
訳　者　加藤直子，赤塚麻子，佐藤美奈子
発行者　石澤雄司
発行所　株式会社 星和書店
〒168-0074　東京都杉並区上高井戸1-2-5
電話　03（3329）0031（営業部）／03（3329）0033（編集部）
FAX　03（5374）7186（営業部）／03（5374）7185（編集部）
http://www.seiwa-pb.co.jp

 ISBN978-4-7911-0892-3